U0912901

中华现代学术名著丛书

目录学发微 古书通例

余嘉锡 著

商务印书馆
创于1897 The Commercial Press

2019年·北京

图书在版编目(CIP)数据

目录学发微　古书通例/余嘉锡著.—北京:商务印书馆,2011(2019.10重印)
(中华现代学术名著丛书)
ISBN 978-7-100-07680-7

Ⅰ.①目…　Ⅱ.①余…　Ⅲ.①古籍—目录学—研究—中国②古籍整理—研究—中国　Ⅳ.①G257②G256.1

中国版本图书馆CIP数据核字(2011)第028809号

权利保留,侵权必究。

本书据中华书局1963年版、
上海古籍出版社1985年版排印

中华现代学术名著丛书
目录学发微　古书通例
余嘉锡　著

商　务　印　书　馆　出　版
(北京王府井大街36号　邮政编码100710)
商　务　印　书　馆　发　行
北京通州皇家印刷厂印刷
ISBN 978-7-100-07680-7

2011年9月第1版　　开本880×1240　1/32
2019年10月北京第2次印刷　　印张10　插页2
定价:35.00元

余嘉锡

(1884—1955)

出版说明

百年前，张之洞尝劝学曰："世运之明晦，人才之盛衰，其表在政，其里在学。"是时，国势颓危，列强环伺，传统频遭质疑，西学新知亟亟而入。一时间，中西学并立，文史哲分家，经济、政治、社会等新学科勃兴，令国人乱花迷眼。然而，淆乱之中，自有元气淋漓之象。中华现代学术之转型正是完成于这一混沌时期，于切磋琢磨、交锋碰撞中不断前行，涌现了一大批学术名家与经典之作。而学术与思想之新变，亦带动了社会各领域的全面转型，为中华复兴奠定了坚实基础。

时至今日，中华现代学术已走过百余年，其间百家林立、论辩蜂起，沉浮消长瞬息万变，情势之复杂自不待言。温故而知新，述往事而思来者。"中华现代学术名著丛书"之编纂，其意正在于此，冀辨章学术，考镜源流，收纳各学科学派名家名作，以展现中华传统文化之新变，探求中华现代学术之根基。

"中华现代学术名著丛书"收录上自晚清下至20世纪80年代末中国大陆及港澳台地区、海外华人学者的原创学术名著（包括外文著作），以人文社会科学为主体兼及其他，涵盖文学、历史、哲学、政治、经济、法律和社会学等众多学科。

出版“中华现代学术名著丛书”，为本馆一大夙愿。自1897年始创起，本馆以“昌明教育，开启民智”为己任，有幸首刊了中华现代学术史上诸多开山之著、扛鼎之作；于中华现代学术之建立与变迁而言，既为参与者，也是见证者。作为对前人出版成绩与文化理念的承续，本馆倾力谋划，经学界通人擘画，并得国家出版基金支持，终以此丛书呈现于读者面前。唯望无论多少年，皆能傲立于书架，并希冀其能与“汉译世界学术名著丛书”共相辉映。如此宏愿，难免汲深绠短之忧，诚盼专家学者和广大读者共襄助之。

商务印书馆编辑部

2010年12月

凡　　例

一、“中华现代学术名著丛书”收录晚清以迄20世纪80年代末，为中华学人所著，成就斐然、泽被学林之学术著作。入选著作以名著为主，酌量选录名篇合集。

二、入选著作内容、编次一仍其旧，唯各书卷首冠以作者照片、手迹等。卷末附作者学术年表和题解文章，诚邀专家学者撰写而成，意在介绍作者学术成就，著作成书背景、学术价值及版本流变等情况。

三、入选著作率以原刊或作者修订、校阅本为底本，参校他本，正其讹误。前人引书，时有省略更改，倘不失原意，则不以原书文字改动引文；如确需校改，则出脚注说明版本依据，以“编者注”或“校者注”形式说明。

四、作者自有其文字风格，各时代均有其语言习惯，故不按现行用法、写法及表现手法改动原文；原书专名（人名、地名、术语）及译名与今不统一者，亦不作改动。如确系作者笔误、排印舛误、数据计算与外文拼写错误等，则予径改。

五、原书为直（横）排繁体者，除个别特殊情况，均改作横排简体。其中原书无标点或仅有简单断句者，一律改为新式标点，专名号从略。

六、除特殊情况外，原书篇后注移作脚注，双行夹注改为单行夹注。文献著录则从其原貌，稍加统一。

七、原书因年代久远而字迹模糊或纸页残缺者，据所缺字数用“□”表示；字数难以确定者，则用“（下缺）”表示。

总　　目

目录学发微

前　言

中国的古书浩如烟海，历代各门各类的著作极其丰富。要知道这些丰富的遗产的内容、历代学术的源流、书籍存亡的情况，除检阅历代史书中的《艺文志》或《经籍志》以外，还可以寻检其他历代的私人所著或公家所修的目录书。这些目录书可以丰富我们关于书籍的知识，我们可以根据目录找书来读，也可以从中初步了解书籍的时代、著者、性质、内容等等。由此可知目录书对我们很有用。

不过，历代的目录书很多，各书的编排、分类和内容性质不尽相同，要利用这类书，不能不先理解这类书的性质、体制、作用和源流。这就是传统的目录学所要阐述的主要内容。换言之，要利用目录书，应当先通晓目录学。

以前专门讲述目录学的书籍不多。余嘉锡先生这本《目录学发微》是创作较早而又比较有系统的著作。其中对目录书的体制、目录学的源流、历代目录书类例的沿革阐述甚详。著者于一九三二年至一九四八年间在北京各大学讲授目录学时，即以此印为讲义，但始终没有正式出版。后来学者辗转援用，甚且付印，足见大家对这部书很重视。现在根据著者晚年增订本校正标点，特为印出，以供研究目录学和目录学史者参考。

周祖谟

一九六二年七月

目　　录

一　目录学之意义及其功用

目录之学，由来尚矣！《诗》、《书》之序，即其萌芽。及汉世刘向、刘歆奉诏校书，撰为《七略》、《别录》，而其体裁遂以完备。自是以来，作者代不乏人，其著述各有相当之价值。治学之士，无不先窥目录以为津逮，较其他学术，尤为重要。今欲讲明此学，则其意义若何，功用安在，不可不首先叙明者也。

《隋志》言："刘向等校书，每一书就，向辄别为一录，论其指归，辨其讹谬，叙而奏之。"章学诚所谓"刘向父子，部次条别，将以辨章学术，考镜源流"也。《校雠通义叙》。其后作者，或不能尽符斯义，辄为通人所诋诃。虽自《通志·艺文略》目录一家已分四类，总目、家藏总目、文章目、经史目四类。继此枝分歧出，派别斯繁，不能尽限以一例，而要以能叙学术源流者为正宗，昔人论之甚详。此即从来目录学之意义也。吾国学术，素乏系统，且不注意于工具之述作，各家类然，而以目录为尤甚。故自来有目录之学，有目录之书，而无治目录学之书。盖昔之学者皆熟读深思，久而心知其意，于是本其经验之所得以著书。至其所以然之故，大抵默喻诸己，未尝举以示人。今既列为学科，相与讲求，则于此学之源流派别，及其体制若何，方法若何，胥宜条分缕析，举前人之成例加以说明，使治此学者有研究之资，省搜讨之力，即他日从事著作，亦庶几有成轨可循。今之所讲，其意盖在于此。

目录之书有三类：一曰部类之后有小序，书名之下有解题者；书名下论说，名称屡变，详见后目录书之体制三。以普通均呼之为解题，姑用以立说。二曰有小序而无解题者；三曰小序解题并无，只著书名者。昔人论目录之学，于此三类，各有主张，而于编目之宗旨，必求足以考见学术之源流，则无异议。今取诸家之说，分类撮举之于下。

属于第一类者，即有小序解题之书目。现存者如晁、陈书目，《通考·经籍考》，《四库提要》之类是。《隋书·经籍志·簿录类》论云："古者史官既司典籍，盖有目录以为纲纪。体制湮灭，不可复知。孔子删《书》，别为之序，各陈作者所由。韩、毛二《诗》，亦皆相类。其实齐、鲁《诗》亦皆有序，清儒马国翰、陈寿祺诸家所辑《遗说》可考，此因齐《诗》魏代已亡，鲁《诗》亡于西晋，故但举毛、韩二《诗》耳。汉时刘向《别录》、刘歆《七略》，剖析条流，各有其部，推寻事迹，疑则古之制也。自是以后，不能辨其流别，但记书名而已。博览之士疾其浑漫，故王俭作《七志》，阮孝绪作《七录》，并皆别行。大体虽准向、歆，而远不逮矣。"

观《隋志》之持论，掊击诸家，推尊向、歆，盖以向之《别录》，每书皆有叙录，歆之《七略》，群篇并举指要，于书之指归讹谬，皆有论辨，见前。剖析条流，至为详尽，有益学术，故极推崇。荀勖《中经簿》，上承《七略》，下开四部，至为重要，而《隋志》谓其"但录题及言，盛以缥囊，书用缃素，至于作者之意，无所论辨"。见篇首总论，下同。其于勖之不满，溢于言表。此后自东晋义熙，以及宋、齐、梁、陈、隋，并有官撰目录，而为书皆只数卷，并不著解题，所谓"不能辨其流别，但记书名而已"。至王俭依据《七略》，《玉海》卷五十二引俭序云："今依《七略》更撰《七志》。"阮孝绪斟酌王、刘，《广弘明集》卷三《七录序》云："今所撰《七录》斟酌王、刘。"是皆取法前修，宜可免于讥议。然于《七志》，则谓其“不述作者之意，但于书名之下，每立一传。……文义浅近，未为典则”。于《七录》，则谓其“分部题目，颇有次序，割析辞义，浅薄不经”。由是言之，则凡目录不著解题但记书名者，固薄其浑漫，视为无足重轻；即有解题者，若其识解不深，则为美犹有憾。盖王俭之《志》，惟详于撰人事迹，于指归讹谬，少所发明，阮氏《七录》，或亦同之。故虽号博览之士，卒难辞浅薄之诮。观其一则曰“于作者之意，无所论辨”，再则曰“不述作者之意，未为典则”，则知凡目录之书，实兼学术之史，账簿式之书目，盖所不取也。唐时目录家，如毋煚、释智升之徒，其所主张，率同斯旨。

〔**毋煚《古今书录序》**〕见《旧唐书·经籍志》　夫经籍者，开物成务，垂教作程，圣哲之能事，帝王之达典。去圣已久，开凿遂多，苟不剖判条源，甄明科部，则先贤遗事，有卒代而不闻，大国经书，遂终年而空泯。使学者孤舟泳海，弱羽凭天，衔石填溟，倚杖追日，莫闻名目，岂详家代，不亦劳乎！不亦弊乎！将使书千帙于掌眸，披万函于年祀，览录而知旨，观目而悉词，经坟之精术尽探，贤哲之睿思咸识，不见古人之面，而见古人之心，以传后来，不愈其已。

〔**释智升《开元释教录序》**〕　夫目录之兴也，盖所以别真伪，明是非，记人代之古今，标卷帙之多少，摭拾遗漏，删夷骈赘，提纲举要，历然可观也。

宋王尧臣等作《崇文总目》，每类有序，每书有释，盖祖向、歆之成规。郑樵作《通志·校雠略》，乃极不满之，谓其文繁无用。清初朱彝尊得《总目》钞本于天一阁，已无序释，因为之跋，归狱于樵。

修《四库全书》时，即用其本著录。《提要》信朱氏之说，所以罪樵者尤至。虽其考证不免谬误，然可见编录书目，均当有解题，乃为尽善也。

〔**朱彝尊《曝书亭全集·崇文总目跋》**〕见卷四十四

《崇文总目》，当时撰定诸儒，皆有论说，凡一书大义，为举其纲，法至善也。其后若《郡斋读书志》、《书录解题》等编，咸取法于此。故虽书有亡失，而后之学者览其目录，犹可想见全书之本末焉。范氏天一阁有藏本，展卷读之，只有其目，当日之叙释，无一存焉。乐平马氏《经籍考》，述郑渔仲之言以排叱诸儒，每书之下必出新意著说，嫌其文繁无用。然则是书因渔仲之言，绍兴中从而去其序释也。案《经义考》卷二百九十四"著录类"朱氏案语与此略同。

〔**《四库全书总目提要》卷八十四《崇文总目提要》**〕

原本于每条之下具有论说。逮南宋时，郑樵作《通志》，始谓其文繁无用，绍兴中遂从而去其序释。考《汉书·艺文志》本刘歆《七略》而作，班固已有自注。案欲驳郑樵之说，当详考《七略》、《别录》之体例。今只举《班志》为说，不知樵说正是根据《艺文志》，是仍不足以服樵也。《隋书·经籍志》参考《七录》，互注存佚，亦沿其例。案《隋志》佳处在每类之序论。若只每书下注存佚，则其文亦已略矣。《唐书》于作者姓名不见纪传者，尚间有注文以资考核。后来得略见古书之崖略，实缘于此，不可谓之繁文。郑樵作《通志》二十略，务欲凌跨前人，而《艺文》一略，非目睹其书，则不能详究原委，自揣海滨寒畯，不能窥中秘之全，无以驾乎其上，遂恶其害己而去之。此宋人忌刻之故智，非出公心。

厥后托克托等作《宋史·艺文志》，纰漏颠倒，瑕隙百出，于诸史志中最为丛脞，是即高宗误用樵言，删除序释之流弊也。案《宋志》之丛脞，与郑樵绝不相干。宋人官私书目存于今者四家，晁氏、陈氏二目，诸家藉为考证之资，而尤袤《遂初堂书目》及此书，则若存若亡，几希湮灭。是亦有说无说之明证矣。《崇文总目》之无序释，与郑樵初无关系。杭世骏《道古堂集》卷二十五已驳朱氏之说，钱大昕《养新录》卷十四考之尤详。

〔又《直斋书录解题提要》〕 其例以历代典籍分为五十三类，各详其卷帙多少，撰人名氏，而品题其得失，故曰解题。古书之不传于今者，得藉是以求其崖略；其传于今者，得藉是以辨其真伪，核其异同。亦考证之所必资。

〔王鸣盛《十七史商榷》卷一〕 目录之学，学中第一紧要事，必从此问涂，方能得其门而入。然此事非苦学精究，质之良师，未易明也。自宋之晁公武，下迄明之焦弱侯一辈人，皆学识未高，未足剖断古书之真伪是非，辨其本之佳恶，校其讹谬也。

〔孙诒让《温州经籍志叙例》〕《籀高述林》卷九 中垒校书，是有别录，释名辨类，厥体綦详。后世公私书录，率有解题。自汲宋之《崇文》，逮熙朝之《四库》，目诵所及，殆数十家，大都繁简攸殊，而轨辙不异。而于篇题之下，沓迻叙跋，目录之外，采证群书，《通考》经籍一门，实创兹例。朱氏《经义考》祖述马书，益恢郛郭。观其择撢群艺，研核臧否，信校雠之总汇，考镜之渊棷也。

〔王先谦《郡斋读书志叙》〕见王刻本卷首 《史志》仅列诸目，不若簿录家阐明指要，并其人之姓字里居，生平事迹，展卷褰列，资学者博识尤多。自宋晁子止创为此学，按此学之从来远矣，非晁氏所创。即就有宋一朝言之，亦先有董逌之《广川藏书志》，并不始于晁氏也。陈氏振孙继之，并为后儒所宗仰，而晁氏尤冠绝。

以上所举诸说，其意大要有六：一、述作者之意，论其指归，辨其讹谬。《隋志》。二、览录而知旨，观目而悉词。不见古人之面，而见古人之心。毋煚。三、一书大义，为举其纲，书有亡失，览其目录，犹可想见本末。朱彝尊。四、品题得失，借以求古书之崖略。辨今书之真伪，并核其异同。《提要》。五、择撢群艺，研核臧否，为校雠之总汇，考镜之渊棷。孙诒让。六、阐明指要，资学者博识。王先谦。凡此诸说，所以明目录学之功用详矣。然皆指有解题者言之也。

属于第二类者，即有小序无解题之书目，如《汉书·艺文志》、《隋书·经籍志》是也。然《汉志》本之《七略》，《七略》原有解题，班固删去之，而但存其《辑略》之文，散入各家之后以为之序，此特欲删繁就简，非以解题为无用也。《隋志》因之。至于小序之作法，则章学诚"辨章学术，考镜源流"二语尽之矣。

〔章学诚《校雠通义叙》〕　校雠之义，盖自刘向父子，部次条别，将以辨章学术，考镜源流，非深明于道术精微、群言得失之故者，不足与此。后世部次甲乙，纪录经史者，代有其人，而求能推阐大义，条别学术异同，使人由委溯源，以想见于坟籍之初者，千百之中不十一焉。

〔又《原道》篇〕一之二　刘歆《七略》，班固删其《辑略》而存其六。颜师古曰："《辑略》，谓诸书之总要。"盖刘氏讨论群书之旨也。此最为明道之要,惜乎其文不传。今可见者,惟总计部目之后,条辨流别数语耳。案班固条辨流别数语,即是刘歆《辑略》。章氏以为别有讨论群书之语,误甚。即此数语窥之,刘歆盖深明乎古人官师合一之道,而有以知乎私门初无著述之故也。

〔又《互著》篇〕三之一　古人著录,不徒为甲乙部次计。如徒为甲乙部次计,则一掌故令史足矣,何用父子世业,阅年二纪,仅乃卒业乎？案此语亦误甚。《汉志》云:"刘向校书,每一书已,向辄条其篇目,撮其指意,录而奏之。"盖每书皆先校而后著录,故今所传向诸书叙录,皆言"所校某书若干篇,除重复定著若干篇,已杀青,书可缮写"。是校雠已定,书可缮写之时,乃作一录,故其事不得不缓。今乃言古人著录,"父子世业,阅年二纪"。若向、歆两世相继,仅成一书目者,亦可笑矣！盖部次流别,申明大道,叙列九流百氏之学,使之绳贯珠联,无少缺逸,欲人即类求书,因书究学。古人最重家学,叙列一家之书,凡有涉此一家之学者,无不穷源至委,竟其流别,所谓著作之标准,群言之折衷也。

〔又《补校汉书艺文志篇》〕十之二　《汉志》最重学术源流,似有得于太史《叙传》,及庄周《天下》篇、荀卿《非十子》之意。此叙述著录,所以有关于明道之要,而非后世仅计部目者之所及也。

〔朱一新《无邪堂答问》卷二〕　刘中垒父子成《七略》一书,为后世校雠之祖。《班志》掇其精要,以著于篇后。谓小序。惟郑渔仲、章实斋能窥斯旨,商榷学术,洞彻源流,不惟九流诸子各有精义,即词赋方技亦复小道可观。目录校雠之学所以可贵,非专以审订文字异同为校雠也。……世徒以审订文字为校雠，而校雠之途隘；以甲乙簿为目录，而目录之学转为无用。多识书名，辨别板本，一书估优为之，何待学者乎？

案据《风俗通》引刘向《别录》，释校雠之义，言校其上下得谬误为校，详见后目录学之体制四。则校雠正是审订文字，渔仲、实斋著书论目录之学，而目为校雠，命名已误，朱氏之说非也。特目录不专是校雠板本耳。

章氏著《校雠通义》，盖将以发明向、歆父子校雠之义例。然于向、歆之遗说实未尝一考，仅就《汉书·艺文志》参互钩稽而为之说。故其言曰："刘歆《七略》亡矣，其义例之可见者，班固《艺文志注》而已。"《互著》篇三之二。夫《七略》《别录》虽亡，其逸文尚散见于诸书。章氏时，马国翰、洪颐煊、姚振宗辑本皆未出。章氏不长于考证，故未能搜讨。况刘向校书叙录，今尚存数篇，即《别录》也。说见后。章氏仅知其校雠中秘，有所谓中书、外书、太常书、太史书、臣向书、臣某书，《校雠条理》篇七之二。而于录中立言，所以论其指归辨其讹谬者，不置一言，故其书虽号宗刘，章氏书第二篇名《宗刘》。其实只能论班。其所最推重者，《汉志》总计部目之后条辨流别之语也。其所谓辨章学术，考镜源流者，亦即指此类之序言之，其意初不在解题之有无。不知刘向之《别录》，其于学术源流功用为更大也。然章氏书虽多谬误，而其人好为深湛之思，往往发为创论，暗与古合。即此"辨章学术，考镜源流"二语，亦非好学深思心知其意者不能道。以《隋志》及毋煚之说考之，然后知此非章氏一人之私言，盖天下之公言也。目录家所当奉为蓍蔡者矣。

属于第三类者，即无小序解题之书目。现存者如唐、宋、明《艺文志》，《通志·艺文略》，《书目答问》及各家藏书目录皆是。此类各书，不辨流别，但记书名，已深为《隋志》所讥，然苟出自通人之手，则其分门别类，秩然不紊，亦足考镜源流，示初学以读书之门径，郑樵所谓"类例既分，学术自明"，不可忽也。

〔郑樵《通志》卷七十一《校雠略·编次必谨类例论》〕

学之不专者，为书之不明也。书之不明者，为类例之不分也。有专门之书，则有专门之学；有专门之学，则有世守之能。人守其学，学守其书，书守其类。人有存殁而学不息，世有变故而书不亡。以今之书校古之书，百无一存。其故何哉？士卒之亡者，由部伍之法不明也，书籍之亡者，由类例之法不分也。类例分，则百家九流各有条理，虽亡而不能亡也。又曰：类例既分，学术自明，以其先后本末具在。观图谱者可以知图谱之所始，观名数者可以知名数之相承。谶纬之学，盛于东都。音韵之学，传于江左。传注起于汉、魏，义疏盛于隋、唐。睹其书，可以知其学之源流。或旧无其书而有其学者，是为新出之学，非古道也。

〔又《编次必记亡书论》〕　古人编书，必究本末，上有源流，下有沿袭。故学者亦易学，求者亦易求。谓如隋人于历一家，最为详明。凡作历者几人，或先或后，有因有革，存则俱存，亡则俱亡。唐人不能记亡书，然犹记其当代作者之先后，必使具在而后已。及《崇文》、《四库》，有则书，无则否。不惟古书难求，虽今代宪章亦不备。

〔又《编次失书论》〕　书之易亡，亦由校雠之人失职故也。盖编次之时，失其名帙。名帙既失，书安得不亡也。

〔又《泛释无义论》〕　古之编书，但标类而已，未尝注解，其著注者人之姓名耳。案刘向校书，其叙录存者数篇，其所以为说者至详,安得谓只注人之姓名。盖经入经类,何必更言经?史入史类,何必更言史?但随其凡目,则其书自显。惟《隋志》于疑晦者则释之,无疑晦者则以类举。今《崇文总目》出新意,每书之下必著说焉。案此乃向、歆、王俭、阮孝绪之成法,安得谓《崇文总目》始出新意。樵最推重《隋志》,又尝引用《七录》,不知何以于二书所叙源流略不一考。据标类自见,何用更为之说?且为之说也,已自繁矣,何用一一说焉?至于无说者,或后书与前书不殊者,则强为之说,使人意怠。

〔章学诚《校雠通义叙》〕 郑樵生千载而后,慨然有会于向、歆讨论之旨,因取历朝著录,略其鱼鲁豕亥之细,而特以部次条别,疏通伦类,考其得失之故,而为之校雠。盖自石渠、天禄以还,学者所未尝窥见者也。案此是论樵之《校雠略》,非指其《艺文略》也。

郑樵著《通志》,既作《艺文略》,又自论其叙次之意,为《校雠》一略以发明之。必知此,乃能读其《校雠略》。樵既主张编书必究本末,使上有源流,下有沿袭,以存专门之学;则刘向每校一书,必撰一录,足以考见学术之源流,实千古编目之良法。而樵独注意于类例,谓"类例既分,学术自明",遂讥《崇文总目》之序说为泛释无义,宜为朱彝尊及《四库提要》之所讥。然考之樵之《艺文略》,虽不免牴牾讹谬,而其每类之中,所分子目,剖析流别,至为纤悉,实秩然有条理。盖真能适用类例以存专门之学者也。如《易》一类,凡分古《易》、石经、章句、传、注、集注、义疏、论说、类例、谱、考正、数、图、音、谶纬、拟《易》十六门,此郑氏自创之新意。新、旧《唐志》虽间分子目,不若是之详也。盖樵所谓类例者,不独经部分六艺，子部分九流十家而已。则其自谓“类例既分，学术自明”者，亦非过誉。然此必于古今之书不问存亡，概行载入，使其先后本末具在，乃可以知学术之源流。故又作编次必记亡书论，则樵之意可以见矣。后人讥樵但编次历代史志，不必真见其书，以为无裨考证，不知樵之意在此不在彼也。但樵既已为之于前，后人若复效之，则是叠床架屋，徒取憎厌。故樵之作未有能效之者。乃缘此但记书名之目录，争自附于樵，非樵之所乐闻也。书目诸无序释而能有益于学术者，自樵之外，惟张之洞所作，庶几近之。自《唐书》以下史志，皆无序释，《千顷堂书目》亦然，而同为目录学中重要之书，则以其包举一代，为考证所不可少，故又当别论。

〔张之洞《书目答问·略例》〕　读书不知要领，劳而无功。知某书宜读而不得精校精注本，事倍功半。今为分别条流，慎择约举，视其性之所近，各就其部求之。又于其中详分子目，以便类求。一类之中，复以义例相近者使相比附，再叙时代，令其门径秩然，缓急易见。凡所著录，并是要典雅记，各适其用。总期令初学者易买易读，不致迷罔眩惑而已。自注：弇陋者当思广其见闻，泛滥者当知学有流别。

张氏略例自言“详分子目，以便类求”，“义例相近，使相比附”，则张氏盖能适用郑氏“类例既分，学术自明”之法者也。而其有功于学者，尤在“视其性之所近，使各就其部求之”，不愧为指导门径之书。盖郑氏之类例，在备录存亡之书，以见专门学之先后本末，为古人之意多。张氏之类例，在慎择约举，以使初学分别书之缓急，为今人之意多也。编撰书目，不附解题，而欲使其功用有益于学术，其事乃视有解题者为更难。

综以上诸家之说观之，则其要义可得而言。属于第一类者，在论其指归，辨其讹谬。属于第二类者，在穷源至委，竟其流别，以辨章学术，考镜源流。属于第三类者，在类例分明，使百家九流，各有条理，并究其本末，以见学术之源流沿袭。若欲便于读者，则当令其门径秩然，缓急易见。以此三者互相比较，立论之宗旨，无不吻合，体制虽异，功用则同。盖吾国从来之目录学，其意义皆在"辨章学术，考镜源流"，所由与藏书之簿籍、自名赏鉴、图书馆之编目仅便检查者异也。

目录之书，既重在学术之源流，后人遂利用之考辨学术。此其功用固发生于目录学之本身，而利被遂及于学者。然亦视其利用之方法如何，因以判别其收效之厚薄。今举古人利用目录学之最早者数事，以明其例：

一曰，以目录著录之有无，断书之真伪。

〔班固《汉书·东方朔传》〕 朔之文辞，此二篇最善。按此二篇者，《答客难》及《非有先生论》也。其余有《封泰山》、《责和氏璧》及《皇太子生禖》、《屏风》、《殿上柏柱》、《平乐观赋猎》、《八言》《七言》上下、《从公孙弘借车》，凡刘向所录朔书具是矣。师古曰："刘向《别录》所载。"世所传他事皆非也。师古曰："谓如《东方朔别传》及俗用五行时日之书，皆非实事也。"

〔《后汉书·张衡传》〕 初，光武善谶，及显宗、肃宗因祖述焉。自中兴以后，儒者争学图纬，兼复附以妖言。衡以图纬虚妄，非圣人之法。乃上疏曰："刘向父子领校秘书，阅定九流，亦无谶录。按录谓《别录》，即校书之序目也。言未为谶作序目。

成哀以后，乃始闻之。”

二曰，用目录书考古书篇目之分合。

〔**郑玄《目录》**〕 《曲礼》者，以其篇记五礼之事。祭祀之说，吉礼也。此于《别录》属制度。《礼记正义》卷一引，以后每篇引郑《目录》，皆有此于《别录》属某篇语，不备引。

〔**又**〕 名曰《乐记》者，以其记乐之义，此于《别录》属乐记。盖十一篇合为一篇，谓有《乐本》，有《乐论》，有《乐施》，有《乐言》，有《乐礼》，有《乐情》，有《乐化》，有《乐象》，有《宾牟贾》，有《师乙》，有《魏文侯》，今虽合此，略有分焉。《礼记正义》卷三十七引。

〔**又**〕 冠礼于五礼属嘉礼，大、小戴及《别录》此皆第一。《仪礼正义》卷一引，以后每篇引《郑目录》，具详大戴与小戴及《别录》次序之异同，今不备引。

三曰，以目录书著录之部次，定古书之性质。

〔**《南史·陆澄传》**〕 又与王俭书：“郑玄所注众书，亦无《孝经》，且为小学之类，不宜列在帝典。”俭答曰：“……仆以此书明百行之首，实人伦所先。《七略》、《艺文》并陈之六艺，不与《苍颉》、《凡将》之流也。”

四曰，因目录访求阙佚。

〔《隋书·牛弘传》〕 弘以典籍遗逸,上表请开献书之路。曰:"今御出单本合一万五千余卷,部帙之间仍有残缺,比梁之旧目,止有其半。至于阴阳河洛之篇,医方图谱之说,弥复为少。若猥发明诏,兼开购赏,则异典必至,观阁斯积。……"

五曰,以目录考亡佚之书。

〔《隋书·牛弘传》〕 案刘向《别录》及马宫、蔡邕等所见,当时有《古文明堂礼》、《王居明堂礼》、《明堂图》、《明堂大图》、《明堂阴阳》、《太山通义》、魏文侯《孝经传》等,并说古明堂之事,其书皆亡,莫得而正。此弘所上《明堂议》中语。

六曰,以目录书所载姓名卷数,考古书之真伪。

〔《唐会要》卷七十七〕 开元七年,诏《子夏易传》近无习者,令儒官详定。刘子元议曰:"《汉书·艺文志》,《易》有十三家,而无子夏作传者。至梁阮氏《七录》,始有《子夏易》六卷,或云韩婴作,或云丁宽作。然据《汉书·艺文志》韩《易》有二篇,丁《易》八篇,求其符合,则事殊隳刺者矣。……必欲行用,深以为疑。"……司马贞议曰:"……案刘向《七略》有《子夏易传》,但此书不行已久,今所存者多非真本。荀勖《中经簿》云'《子夏传》四卷,或云丁宽所作',是先达疑非子夏矣。又《隋书·经籍志》云'《子夏传》残阙,梁时六卷,今三卷',是知其书错谬多矣。"

〔又〕　王俭《七志》引刘向《七略》云:"《易传》子夏,韩氏婴也,今题不称韩氏,而载薛虞记,其质粗略,旨趣非远,无益后学。"

《别录》成书未久,班固著书即加引用。以张衡之博洽,其考学术之源流亦据以为断。目录学之功用,依此可知。后人应用此学者,方法虽多,大抵不出此数类,至用此种方法,于考证是否精密,乃另一问题。而古人皆已开其先声,知此学之发达最早。至二六两条所得功用,又非有解题不可。且目录之功用,非仅如此而已。其尤重要者,在能用解题中之论断,以辨章古人之学术。如班固引刘向语以论贾谊、东方朔,引向、歆语以论董仲舒,盖皆《七略》、《别录》之说,尤非但记书名之目录所能办也。具载后目录书之体制二,此不复详。

虽然,以上所言数事,皆是用之以考古,则或疑为考证家专门学问,非普通学人之所需。然目录之学为读书引导之资,凡承学之士,皆不可不涉其藩篱,其义以张之洞言之最详。

〔张之洞《辅轩语·语学》论读书宜有门径〕　泛滥无归,终身无得。得门而入,事半功倍。或经,或史,或词章,或经济,或天算地舆。经治何经,史治何史,经济是何条,因类以求,各有专注。至于经注,孰为师授之古学,孰为无本之俗学;史传孰为有法,孰为失体,孰为详密,孰为疏舛;词章孰为正宗,孰为旁门;尤宜抉择分析,方不至误用聪明。此事宜有师承。然师岂易得?书即师也。今为诸君指一良师,将《四库全书总目提要》读一过,即略知学术门径矣。

〔《书目答问》“谱录书目之属”自注〕 此类各书，为读一切经史子集之途径。

张氏之语虽若浅近，然实深知甘苦之言。必明此义，而后知目录之书为用最广，为学至切。但欲求读其书而知学问之门径，亦惟《四库提要》及张氏之《答问》差足以当之。若《答问》中所举之《古今伪书考》、多武断。《文选注引书目》、《三国志注引书目》二书多误谬。尚不足以语此，无论藏书家书目也。

二　目录释名

目录之名，起于刘向、刘歆校书之时。《汉书·叙传》云："刘向司籍，九流以别，爰著目录，略序洪烈。"叙《艺文志》。《文选》注引《别录·列子目录》，王康琚《反招隐诗》注。《七略》言"《尚书》有青丝编目录"，《文选》任彦升《为范始兴求立太宰碑表》注引。是其事也。

考《汉志·兵书略》序云"武帝时，军政杨仆招摭遗逸，纪奏兵录"，则校雠著录，其来久矣，特不知其时有目录之名与否耳。其后郑玄注《礼》，遂用《别录》之体，作为《三礼目录》。《隋志·礼类》《三礼目录》一卷，郑玄撰，梁有，陶宏景注，亡。玄又作《孔子弟子目录》一卷，见《隋志·论语类》。以人名为目，与书之目录不同。然其命名，亦是沿于刘向也。《四库提要》乃谓目录之名昉于郑玄，卷八十五"目录类"小序云："郑玄有《三礼目录》，此名所昉也。"失考甚矣。目录之书，《隋志》谓之簿录，《旧唐志》乃名目录，自是以来，相沿不改。

案《隋志》自《晋义熙以来新集目录》以下，命为目录者凡十六部，则目录之名，为晋以后之所通用。但用作部类之名，则始于《旧唐志》耳。

何谓目录？目谓篇目，录则合篇目及叙言之也。《汉志》言："刘向校书，每一书已，辄条其篇目，撮其旨意，录而奏之。"旨意即谓叙中所言一书之大意，故必有目有叙乃得谓之录。录既兼包叙目，则举录可以该目。故向所奏上之篇目旨意，载在本书者谓之录，编集别行者谓之《别录》也。其所以又有目录之名者，因向之著录起于奉诏校书。当时古书多篇卷单行，各本多寡不一。向乃合中外之书，除其重复，定著为若干篇，遂著其篇目以防散佚，且以见定本之与旧不同。篇目之后，又作叙一篇，发明其意，随书奏上。因编校之始，本以篇目为主，故举目言之，谓之目录也。诸书所载向、歆之奏，亦或谓之叙录。《晏子》、《说苑》、《山海经》。盖二名皆举偏以该全，刘师培《古书疑义举例补》有此例。相互以见意耳。实则录当兼包叙目，班固言之甚明。其后相袭用，以录之名专属于目，于是有篇目而无叙者亦谓之目录。又久之而但记书名不载篇目者，并冒目录之名矣。

案向、歆奏上之叙，今散见各书者，或题目录，或题叙录，或不题名目，其例不一。然考《战国策》叙云"护左都水使者光禄大夫臣向言，举此一句明例，以后衔名均略去。所校中《战国策》书"，末云"臣向所校《战国策》书录"；《荀卿新书》叙云"所校雠中《孙卿》书"，末云"所校雠中《孙卿》书录"；《列子》叙云"所校中书《列子》五篇"，中书《列子》犹云中《列子》书。末云"臣向所校《列子》书录"。以前后文义推之，则所校某书录句，书字当属上读，犹言某书之录也。知向但自名为录，实兼包篇目旨意二者言之。杨仆所奏之兵录，其体亦当如此。及各从其所重言之，有目录、叙录之名。

录（目录）（叙录）
- 目…………条其篇目
- 叙…………撮其旨意

于是或认录为目，或认录为叙。认录为目者，如《论衡·案书》篇云"六略之录万三千篇"，此以篇目为录也。据《七录》序六略之书实只六百三家，则刘向之录亦当只六百三篇。今云万三千篇者，以其书卷有一万三千耳，卷即篇也。《文选》任彦升《王文宪集序》云"集录如左"，亦谓序后之篇目也。《隋志》集部之书多有录一卷，或云并录，并目录，此其间必有无序而只载篇目者矣。集部又有注并序录并例录者，盖亦以录为篇目也。认录为叙者，如《世说·言语》篇注引邱深之《文章录》，而《文学》篇又引作邱深之《文章叙》，是以叙与录为一事也。《新唐志》有殷淳《四部书目序录》，别序录于书目之外，其以录之名专属于序，尤为明白。毋煚《古今书录序》云"览录而知旨，观目而悉词"，用意亦与淳同。自录之一字有此两种解释，于是目录书又有序录、录目二名。序录者，刘向书目，目在叙前，后来体制变更，序在目前，既认录为目，故名序录。此与刘向叙录用意不同。经则有沈文阿《经典玄儒大义序录》、见《隋志·论语类》，陆德明《经典释文序录》，书今存。史则有《三国志叙录》，见《隋志》。《南齐书序录》，见《史通·序例》篇。今《南齐书》无《序录》。皆即序目之意。录目者，亦因目在序后，既认录为序，则以目录之名为未安，故易为录目。隋费长房《开皇三宝录总目》序云"齐、周、陈并皆翻译，弗刊录目"。唐释道宣《大唐内典录》有《录目始终序》一篇。释智升《开元释教录》有《历代所出众经录目》一篇，亦即序目之意也。一目录之名，以字义互为予夺，遂致纷纭纠错如此。非细考之，不易得其端绪也。

何以谓目即篇目也？目录之体，起于《诗》、《书》之序，所以条其篇目。说本《隋志·簿录类》小序，已见前篇。

〔**赵岐《孟子题辞》**〕　其篇目各自有名。焦循《正义》曰："如《梁惠王》、《公孙丑》、《滕文公》、《离娄》、《万章》、《告子》、《尽心》。"

案《尚书》百篇、《诗》三百一十一篇、《逸周书》七十篇皆有序。古者序为一篇，后人始引之各冠篇首。《诗·关雎序》自“风风也”以下总论《诗》之纲领，旧说谓之大序。而《尚书·周书》序皆只分释各篇，并无大序。是古之书序，皆所以条其篇目也。

其后司马迁、扬雄皆有自序，具载著述篇目甚详。

案司马迁、扬雄自序，班固录入《汉书》以为列传。迁自序于所作《太史公书》七十篇，皆有小序。雄自序于平生著作甚详，亦载《法言》小序，是皆仿《诗》、《书》之例。小序言作某篇第几，撰某篇第几，即篇目也。司马迁在刘向之前，扬雄与刘向同时，故向撰叙录亦用其例。其后班固作《汉书·叙传》，体制一仿史公。许慎作《说文解字叙》，至“于所不知盖阙如也”之后，具录十四篇之目，自“一部”一至“亥部”五百四十，而无小序，所谓条其篇目也。

及刘向奉诏校书，为之著录。考其《战国策录》自称“叙曰”，《隋志》亦云“每一书就，向辄撰为一录，叙而奏之”，知录即诸书之叙。又《说苑》录曰“今以类相从，一一条别篇目”，知书录当载篇目也。诸书所引《七略》、《别录》逸文，往往有篇目可考。《仪礼》、《礼记》、《乐记》三书全书篇目具存，皆言某篇第几，与《史记》、《法言》自序同。至于诗赋，亦载篇目。今举例于后，以证明之：

〔《仪礼·士冠礼疏》〕 郑玄云“大、小戴及《别录》，此皆第一”者，大戴、戴圣与刘向为《别录》十七篇，次第皆《冠礼》为第一，《昏礼》第二，《士相见》为第三，自兹以下篇次则异，故郑云，“大小戴、《别录》此皆第一”也。其刘向《别录》即此十七篇之次也。

〔《经典释文序录》〕 刘向《别录》有四十九篇，其篇次与今《礼记》同。

案《仪礼》、《礼记》疏引郑《目录》，载《别录》篇目次第甚详。《礼记》各篇，又分属制度、通论、明堂阴阳、丧服、世子法、祭祀、子法、乐记、吉礼、吉事十类，文繁不录。

〔《礼记·乐记疏》〕　案郑《目录》云："此于《别录》属《乐记》，盖十一篇合为一篇，谓有《乐本》，有《乐论》，有《乐施》，有《乐言》，有《乐礼》，有《乐情》，有《乐化》，有《乐象》，有《宾牟贾》，有《师乙》，有《魏文侯》。（中略）刘向校书，得《乐记》二十三篇著于《别录》。今《乐记》所断取十一篇，余有十二篇，其名犹在三十四卷，记无所录也。其十二篇之名，案《别录》十一篇，余次《奏乐》第十二，《乐器》第十三，《乐作》第十四，《意始》第十五，《乐穆》第十六，《说律》第十七。《季札》第十八，《乐道》第十九，《乐义》第二十，《昭本》第二十一，《昭颂》第二十二，《窦公》第二十三，是也。案《别录》，《礼记》四十九篇，《乐记》第十九，则《乐记》十一篇入《礼记》也在刘向前矣。至刘向为《别录》时，更载所入《乐记》十一篇，又载余十二篇，总为二十三篇也。"

〔《史记·封禅书》〕　使博士诸生，刺《六经》中作《王制》。　《索隐》引刘向《七录》云："文帝所造书，有《本制》、《兵制》、《服制》篇。"

案诸书如《文选注》、《北堂书钞》、《艺文类聚》、《太平御览》之类所引《别录》可以考见篇目者甚多。至于淮南王、刘向、冯商等赋皆有篇目尚存,文繁不备引。

诸书所引《别录》多零章断句,不足考见全篇体例。今《荀子》书卷末正文之后,有书录一篇,首题《荀卿新书》三十二篇,次即详著篇目,自《劝学》篇第一至《赋》篇三十二,每条自为一行,继以护左都水使者光禄大夫臣向所校雠中《孙卿》书云云。前列篇目,后论旨意,合于班固之说,此真当时奏上之旧式也。案今所传刘向校定之书,如《管子》、《韩非子》等,其书录多为后人所乱,或妄分卷数,或削去篇目。然《战国策》、《晏子春秋》亦尚存旧式。此独举《荀子》者,以杨倞序言改《孙卿新书》为《荀卿子》,其篇第亦颇有移易。今录中尚题《荀卿新书》,(“荀”字是后人妄改,叙仍作“孙”字)篇第亦与杨氏移易者不同,可信其为刘向之旧,故举以为例。《别录》全书,皆当似此。《三礼目录》所言某篇《别录》第几,诸类书所言《别录》有某篇,盖皆就篇目中引用之耳。刘歆《与扬雄从取方言书》云“属闻子云独采集先代绝言,异国殊语,以为十五卷,其所解略多矣,而不知其目”。又云“今谨使密人奉手书,愿颇与其最目,得使入录”。书附《方言》后。入录者,欲入之《七略》也。是不必见其全书,但得其篇目,即可入录也。由斯以谈,目录之为篇目而非书名,信有征矣。

〔**姚振宗《七略别录佚文叙》**〕　《晏子》、《孙卿子》、《列子》三书,叙奏之前,具载篇目,《艺文志》所谓条其篇目,撮其指意,其原书体制盖如此。姚氏所辑,在《师石山房丛书》内。

自班固取《七略》作《艺文志》,删去其录,于是佚书之篇目遂不可复考。

〔**《汉书·艺文志》**〕　歆于是总群书而奏其《七略》，今删其要，以备篇籍。注："师古曰，删去浮冗，取其指要也。"案诸书所引《七略》多论作者旨意，《文选》扬雄诸赋且有奏赋年月，是《七略》亦兼有目录也。

〔**《广弘明集》卷三阮孝绪《七录序》**〕　固乃因《七略》之辞，为《汉书·艺文志》。

〔**胡应麟《经籍会通》卷二**〕　《七略》原书二十卷，班氏《艺文》仅一卷者，固但存其目耳。案《隋志》，《七略》刘歆撰，其二十卷者，刘向之《七略别录》耳。"但存其目"当作但存书名。

《七志》、《七录》、《古今书录》之属，今皆亡佚。其录中有篇目与否无以知之。若两晋、南北朝书目只记书名，失目录命名之旨矣。自宋以后，如《崇文总目》、《郡斋读书志》、《直斋书录解题》、《四库全书总目》之流，每书之下皆为之说，即录中之叙也。然未有一书能具篇目者。《经义考》、《小学考》专录一门，宜可详悉，乃宁录无谓之序跋，不知出此。其诸书篇目，但载本书之中。本书亡则篇目与之俱亡，所存者但书名耳。而犹猥曰目录之书可以考亡佚，此不察之说也。篇目之重要别具后目录书之体制一，此不复详。

何以谓录兼篇目及旨意也？武帝时，杨仆始奏《兵录》。向、歆校书，将以进御，故用仆旧例，一书校竟，辄撰一录，随书奏上，谓之书录。今存者九篇，即《别录》也。

〔**《七略别录佚文·晏子叙录》**〕　其六篇可常置旁御观。

案《汉书·刘向传》言"上方精于《诗》、《书》,观古文,诏向领校中五经秘书",故向所作叙录,多因事纳忠。如《战国策》录云"亦可喜,皆可观",《孙卿新书》录云"其书比于记传,可以为法",《说苑》录亦云"皆可观"。其意皆欲成帝观之以为法戒,即其作《列女传》以戒天子之意。

〔《经籍会通》卷二〕　向、歆每校一书,则撮其指意,录而奏之。近世所传《列御寇》、《战国策》,皆有刘向题辞,余可概见。因以论奏之言,附载各书之下,若马氏《通考》之类。以故篇帙颇繁。

〔洪颐煊《经典集林总目》〕　今《战国策》、《山海经》、《说苑》、《管子》、《晏子》、《列子》、《邓析子》、《荀卿子》,俱有刘向奏,疑亦在《别录》。以附专书,不复录入卷中。

〔王国维《观堂别集后篇·汉书艺文志举例后序》〕　今世所传《战国策》、《晏子》、《荀子》、《列子》、《管子》,皆有刘向所撰录一篇,即《别录》也。　自注:世所传《关尹子》、《子华子》、《於陵子》,皆有刘向所撰录,《邓析子》有刘歆所撰录,均伪。

案今《邓析子》书首有录一篇,题为刘向,《四库提要》卷一百谓据《书录解题》改正为刘歆,然《书录解题》实无此语。考《荀子·不苟》篇杨倞注云:"刘向曰邓析好刑名,操两可之说,设无穷之辞,数难子产为政,子产执而戮之。"《意林》卷一引刘向曰"非子产杀邓析,推《春秋》验之",皆与今本合。故严可均《铁桥漫稿》卷五《邓析子叙》仍定为刘向,考证甚确。此录既见引于杨倞、马总,是唐人所见，皆题刘向，必不至误。然则非伪作也。惟《关尹子》、《子华子》、《於陵子》出宋明人伪撰，诚如王氏所说耳。洪氏所举八篇内，《山海经》一篇为刘歆作。又宋本《韩非子》有序一篇，严可均疑为刘向作，收入《全汉文》卷三十七《刘向集》中。考《意林》卷一引刘向云："秦始皇重韩非书，曰：寡人得与此人游，死不恨矣。李斯、姚贾害之，与药令自杀，始皇悔，遣救之，已不及。"与今《韩非子》序大同小异，严氏之说是也。故向、歆叙录实存九篇。或题目录，或题叙录，其实一也。叙录即《别录》，明见于《七录序》。见后。因此序在《广弘明集》中，宋明讲考证学者多忽不观，惟胡氏尝读二氏书，故能知之。马国翰及洪氏辑《别录》佚文不收叙录。严氏取洪本附向集后，又别辑叙录入集中，既不载其篇目，而佚文内所采诸书引《别录》论《管子》、《列子》、《邓析子》语皆在今录中，全录具存，亦不取以对照，皆为失考。近人章炳麟别有《七略》辑本，作《征七略》一篇，载入《检论》卷二，亦谓"诸书叙录具在者，虽佗书征引，皆不收录"，未详其意。实则凡辑佚书，只字片言，苟有存者，皆当收入。况完篇乎？惟姚振宗所辑《别录》，将此诸篇并已收入，其识高出前人远矣。

《别录》者，取众书之录集为一篇，于本书之外别行，如《四库全书》先有提要，后乃编为总目也。

〔阮孝绪《七录序》〕　昔刘向校书，辄为一录，论其指归，辨其讹谬，随竟奏上，皆载在本书。时又别集众录，谓之《别录》，即今之《别录》是也。

〔孙德谦《刘向校雠学纂微》〕　《七录序》言"辄为一录"者，谓向所校书，悉撰有序录也。以其载在本书，已行奏上，而学者不复得见，思欲别存一本，故将众本序录，别而集之。因称之为《别录》。

案刘向每一书校竟，即撰叙录奏进，故云"随竟奏上"，后乃编集成书别行，以便学者。考《四库全书》卷首上谕，初只令承办各员，将书中要旨檃括总叙崖略，粘开卷副页右，用便观览。又云："其书足以启牖后学，广益多闻者，即将书名摘出，撮取著书大旨，叙列目录进呈。"于是《四库全书》处进呈总目，于经史子集俱撰有提要。后乃令将全书总目及各书提要编刊颁行，其办法正暗与古合。以此例彼，情事了如矣。

书录本兼篇目指意二事，篇目已具详如上，篇目之后，即校上之奏，其前略言校雠之事，至"已杀青书可缮写"，余皆论书中旨意语也。《七录序》云："刘向校书，辄为一录，论其指归，辨其讹谬。"指归即旨意，谓如《战国策叙》"周室自文武始兴"以下，论本书得失之语也。讹谬者，校雠之事，谓"本书字多脱误为半字，以赵为肖，以齐为立"也。其于向之书叙体例，列举尤详。然易《汉志》"条其篇目"句为"辨其讹谬"，是只详于叙而略于目。盖阮孝绪已不知录中当有篇目，故其意侧重于叙矣。

目录本只称为录。班固谓刘向著目录，而向书只名《别录》，不名目录者，以录中本兼有目，犹之司马迁、扬雄叙，只名《自叙》，不名叙目也。盖全举之则名录，兼包篇目旨意，偏举之则为目录，以叙在目后，校书编次本重在目也。意有轻重，词有繁简耳。

《文选》注引《列子目录》曰"至于《力命》篇，一推分命"，其语今在《列子叙》中。故知目录当兼叙言之，不得独呼篇目为目录也。然如晋以后只记书名之目录，不仅以篇目之目为书名，并录亦移作书名矣。阮孝绪之《七录》、元行冲之《群书四录》、毋煚之《古今书录》,是皆师向之意,举录以该目。至于宋之《崇文总目》,每书皆有论说,此录也,而只谓之总目。陈振孙之《直斋书录》命名颇与古合,而以为未足,又益之曰解题。《四库全书》之总目名之曰目录可矣,又别呼其叙为提要。此皆误以目与录为一事,于其书之叙录,无以名之,而为此纷纷也。

自来治目录学者,代不数人,而著书者或亦未能深考。《隋志》于晋以后官撰书目皆致不满,故不独体裁不能尽合,即名称亦愈变而离其宗。记书名而谓之目录,亦已久矣。后人相沿袭用,既有所本,未足深怪。固知积重难返,自不必是古非今。特既相与讲此,不能不考其名之所由起与其命名之义耳。

三　目录书之体制一　篇目

班固曰："刘向司籍，辨章旧闻。"又曰："爰著目录，略序洪烈。"后之论目录者大抵推本此意。章学诚又括之以二语曰："辨章学术，考镜源流。"由此言之，则目录者学术之史也。综其体制，大要有三：一曰篇目，所以考一书之源流；二曰叙录，所以考一人之源流；三曰小序，所以考一家之源流。三者亦相为出入，要之皆辨章学术也。三者不备，则其功用不全。今分别说之于后。

篇目之体，条别全书，著其某篇第几，前篇叙之已详。古之经典，书于简策，而编之以韦若丝，名之为篇。简策厚重，不能过多，一书既分为若干篇，则各为之名，题之篇首，以为识别。其用特以便检察，如今本之题书根耳。其有古人手著之书，为记一事或明一义自为起讫者，则以事与义题篇，如《书》之《尧典》、《舜典》，《春秋》之十二公，《尔雅》之《释诂》、《释言》等是也。其有杂记言行，积章为篇，出于后人编次，首尾初无一定者，则摘其首简之数字以题篇，《论语》之《学而》、《为政》，《孟子》之《梁惠王》、《公孙丑》是也。

〔岛田翰《古文旧书考》卷一《书册装潢考》〕　周时史策之外，官廷文书，类用木板，盖便于更换，不复编缀。而学士所习，则多用竹。故《周礼》每言方版，而六经则皆称简策。其编策也,用韦与丝。《史记》云:"孔子晚喜《易》,韦编三绝。"《北堂书钞》引刘向《别录》云:"《孙子》书以杀青,简编以缥丝绳。"《南史·王僧虔传》云"楚王冢书青丝编",大抵上品用韦,下品用丝也。其编连之法,上下各一孔,用韦及丝以贯其孔。古文册作[illegible],《释名》云:"编之如栉齿相比也。"观其字形,可以知其制也。岛田氏此条,多本之汪继培之《周代书册制度考》,但稍详耳。而文中无一言及于汪氏,未免意存掠美。

凡以事与义分篇者,文之长短自著书时既已固定,虽仅数简,亦可自为一篇。其他则编次之时,大抵量其字之多寡,度丝韦之所能胜,断而为篇。及缣帛盛行,易篇为卷,一幅所容,与简篇约略相当。故多以一篇为一卷。然古人手著之文,其始不能规定字数,故有篇幅甚短者,则合数篇而为卷。盖过短则不能自为一轴,过长则不便卷舒,故亦有分一篇为数卷者,但大抵起于汉以后耳。

〔《古文旧书考》卷一〕　大抵春秋以前,书籍皆用竹策。至六国以后始有用竹帛者。《墨子》曰:"书于竹帛,镂于金石。"《汉书·艺文志》曰:"《诗》遭秦而全者,以其讽诵不专用竹帛故也。"此用帛之证。何谓卷子?可舒可卷,故云卷。卷子之兴,始于用帛也。古者以一篇为一编策一卷轴。《汉志》云"《春秋》古经十二篇",是《左氏》经文依十二公为十二篇。又以数篇为一编策一卷轴。《汉志》云"经十一卷",班注云"《公羊》《穀梁》二家",说者曰:"《公》《穀》经以闵公系于庄公下。"又云:"《尔雅》三卷,二十篇。"乃知篇卷过少者,则以数篇为一编策一卷轴矣。

〔**严可均《铁桥漫稿》卷五《桓子新论叙》**〕　《隋志·儒家》《桓子新论》十七卷，后汉六安丞桓谭撰，《旧唐志》同。章怀注言："《新论》一曰《本造》，二《王霸》，三《求辅》，四《言体》，五《见征》，六《谴非》，七《启寤》，八《祛蔽》，九《正经》，十《识通》，十一《离事》，十二《道赋》，十三《辨惑》，十四《述策》，十五《闵友》，十六《琴道》。《本造》、《闵友》、《琴道》各一篇，余并有上下。"注又引《东观记》："光武读之，敕言卷大，令皆别为上下，凡二十九篇。"……案二十九篇而十七卷者，上下篇仍合卷，疑复有录一卷，故十七卷。

案光武言卷大者，以其太长不便卷舒也。《新论》本十六篇，以卷大分为二十九篇，篇即卷也。逮《隋志》所见本，仍以上下篇合为一卷。此可见古书分合之不常矣。又案古人注书，与经别行，故经传卷数各家不同。如《春秋》古经十二卷，而《左传》乃三十卷是也。自杜预以传附经，而其文字非十二卷所能容，遂不得不依传之卷数矣。后人就本书作注者往往似此，如《汉书》百篇本一百卷，而应劭注本作一百一十五卷，颜师古注本作一百二十卷是也。

夫篇卷不相联属，则易于凌杂，故流传之本多非完书。又古书以一事为一篇者，往往每篇别行。及刘向校书，合中外之本，删除重复，乃定著为若干篇。故每书必著篇目于前者，所以防散失免错乱也。

〔**《七略别录佚文·战国策书录》**〕　所校中《战国策》书，中书余卷，错乱相糅莒。又有国别者八篇，少不足。臣向因国别者，略以时次之，分别不以序者，以相补。除复重，得三十三篇。

〔又《管子书录》〕 所校雠中《管子》书三百八十九篇，大中大夫卜圭书二十七篇，臣富参书四十一篇，射声校尉立书十一篇，太史书九十六篇，凡中外书五百六十四篇，以校除复重四百八十四篇，定著八十六篇。向所撰录他篇多似此，举此二篇为例。

〔王国维《观堂集林》卷十一《太史公行年考》〕 汉世百三十篇往往有写以别行者，《后汉书·窦融传》"光武赐融以太史公五宗、外戚《世家》、《魏其侯列传》"，又《循吏传》"明帝赐王景《河渠书》"是也。

案《后汉书·清河孝王庆传》云："帝将诛窦氏，欲得《外戚传》，惧左右不敢使，乃令庆私从千乘王求，夜独内之。"注云："前书《外戚传》也。"是《汉书》亦有单行之篇也。

两汉竹帛并行，故篇与卷尚不甚分。其有篇卷不同者，《汉志》必兼著若干卷、若干篇。自简策既废，以卷代篇，《七录序》后所附《古今书最》及《隋书·经籍志》皆只计卷数，无称篇者。传写之时，多所省并，而古书之篇数淆。自刻版既行，书册装而为本，一本所容，当古数卷。刻书注书者，以册之厚薄，意为分合，而古书之卷数亦淆。于是有本是完书而以卷数之少疑其亡者，本是真书而以卷数之多疑其依托者。使《别录》篇目具存，或后人著录能载篇目，则按图索骥，不至聚讼纷纭矣。此篇目之善一也。

〔《御览》卷六百六〕 《风俗通》曰：刘向《别录》杀青者，直治竹作简书之耳。新竹有汁，善折蠹，凡作简者皆于火上炙干之，陈、楚间谓之汗，汗者，去其汁也。吴、越曰杀，亦治也。刘向为孝成皇帝典校书籍二十余年，皆先书竹，改易刊定，可缮写者以上素也。

案此则向之校书，皆先书之竹简，取其易于改治。逮校雠既竟，已无讹字，乃登之油素。是可见其时尚竹帛并用也。《后汉书·贾逵传》云："令逵自选《公羊》严、颜诸生高才者二十人，教以《左氏》，与简纸经传各一通。"是后汉时虽已用纸，而简策尚与之并行矣。其他汉时用简策之事尚多，不备引。

〔《古文旧书考》卷一〕　其不用简与帛而专用纸者，盖昉于晋。故《大唐书仪》载李虔《续通俗文》，《太平御览》引桓玄伪事，并云桓玄令曰"古者无纸故用简，今诸用简者，宜以黄纸代之"，是其证也。

古书名篇，有有意义者，《书》、《春秋》、《尔雅》之类是也；有无意义者，《论》、《孟》之类是也。《诗》三百篇则兼用之。盖其始本以为简篇之题识，其后遂利用之以表示本篇之意旨。若《庄子》之《逍遥游》、《齐物论》，则由简质而趋于华藻矣。自是以后，摘字名篇者乃渐少。故就其篇目，可以窥见文中之大意，古书虽亡而篇目存，犹可以考其崖略。如《乐记》已亡之十二篇中，有《季札》第二十八、《窦公》第二十三，则知《左传》季札观乐之事及《周礼》之《大司乐》章皆在《乐记》之中矣。是此二篇虽亡，而其内容尚可知也。此篇目之善二也。

〔《汉书·艺文志·六艺略》〕　六国之君，魏文侯最为好古。孝文时得其乐人窦公，献其书，乃《周官·大宗伯》之《大司乐》章也。颜师古注："桓谭《新论》云，窦公年百八十岁，两目皆盲。文帝奇之，问曰，何因至此？对曰，臣年十三失明，父母哀其不及众技，教鼓琴，臣导引无所服饵。"

案唐释道宣《集古今佛道论衡》卷一曹子建《辨道论》引桓君山云"余前为王莽典乐大夫，《乐记》言文帝得魏文侯乐人窦公"云云，与颜注所引《新论》只数字不同，知《乐记·窦公》篇乃记其献书之事也。殿本《汉书》考证载齐召南云"案窦公事见正史，必得其实"，不知《班志》与《新论》皆本之《乐记》也。王先谦《补注》亦不知引《辨道论》。又按《诗》三百篇，《国风》皆摘字名篇，大、小《雅》及《周颂》乃有别为篇目者，如《雨无正》、《常武》、《酌》、《桓》、《赉》、《般》之类是也。顾炎武《日知录》卷二十一"诗题"一条，论此甚详。

古书既多亡佚，后人不能尽见，好学之士每引以为恨。至宋人乃有辑佚书之法以济其穷，至清而大盛，章宗源、马国翰、严可均之流其尤著也。诸家所辑之书，凡有篇目可考者，望文而知其义，则各归之本篇。严可均《桓子新论叙》"诸引仅《琴道》有篇名，余则望文归断，取便检寻"。其无可考者，则以所出之书为次序。亦或意为先后，文义凌乱，无复条理。使目录皆著篇目，则无此患矣。此篇目之善三也。

至如用篇目以考古书之真伪，则其功用尤为显而易见者矣。释氏目录之书，如唐释道宣之《大唐内典录》，释智升之《开元释教录》，于诸经论间著篇目，盖用晋人释道安之成法。至宋王古之《大藏圣教法宝标目》,明释智旭之《阅藏知津》,大经皆分篇分品,加以解释,则更详矣。

〔**《世说新语·雅量》篇注**〕　《安和上传》曰:释道安以佛法东流,经籍错谬,更为条章,标序篇目,为之注解。

〔**《直斋书录解题》卷八**〕　《法宝标目》十卷,户部尚书三槐王右敏仲撰。以释藏诸函随其次第为之目录,而释其因缘。凡佛会之先后,华译之异同,皆具著之。右,旦之曾孙,入元祐党籍。

案王古《宋史》附见《江公望传》。《书录解题》传写误作右。古为宋人甚明。《阅藏知津》卷四十四,及今佛藏本均题作元清源居士王古,非是。

《宋志》有《群书备检》,其书已亡。《文渊阁书目》卷十一有《群书备检》一部,三册,残阙。是此书在明初犹存残本。据晁、陈书目所言,似是群书之篇目。但既无叙录,又所辑皆常见之书,仅便检查,不足辨章学术,然其意固自可师也。或谓典籍浩如烟海,若著录必标篇目,则卷帙滋多,坐长繁芜,势所不能。不知今日印刷便利,刻书极易,患不为耳,岂厌其多?且如晁、陈书目,皆只录其藏书,其余诸家,自《四库提要》外,均有去取,撷其精华,择要编目,亦尚有限。况可各就所长,只录一门,如《经义考》、《史籍考》之类。分之愈细,其书愈密。分工合作,自易为功。虽曰兹事体大,要不妨姑存此说。盖本篇研究学理,言其当然耳,初不敢强人以必从也。

〔《宋史·艺文志·目录类》〕　石延庆、冯至游《校勘群书备检》三卷。

〔晁公武《郡斋读书志》卷九〕　《群书备检》十卷，右未详撰人，辑《易》、《书》、《诗》、《左氏》、《公羊》、《穀梁》、三《礼》、《论语》、《孟子》、《荀子》、《杨子》、《文中子》、《史记》、两《汉》、《三国志》、《晋》、《宋》、《齐》、《梁》、《陈》、《后周》、《北齐》、《隋》、新旧《唐》、《五代史》书，以备检阅。

〔陈振孙《直斋书录解题》卷八〕　《群书备检》三卷，不知名氏，皆经史子集目录。

案晁陈之语，皆不明了，然其为群书之篇目，则可以意会也。揆此书之用意，盖与唐殷仲茂之《十三代史目》同，见《宋志》及晁《志》。其体如今之索引。盖便于检查，亦目录中应有之义也。考《大唐内典录》卷十所录陆澄《续法论》，凡杂文二百四十九篇，实是总集之体。道宣皆逐帙标其篇目，未尝以繁芜为嫌。若以后世诗文集太多，一人或至数百卷，不能全载其目，则仿《后汉书·文苑传》之例而变通之，著其诗赋铭赞若干篇，庶后之读古书者犹可以考见其存亡阙失也。

四　目录书之体制二　叙录

叙录之体，源于书叙，刘向所作书录，体制略如列传，与司马迁、扬雄自叙大抵相同。其先淮南王安作《离骚传叙》，已用此体矣。

〔《校雠通义·汉志六艺》篇〕十三之二　读《六艺略》者，必参观于《儒林列传》，犹之读《诸子略》，必参观于孟荀、管晏、申韩列传也。《诗赋略》之邹阳、枚乘、相如、扬雄等传，《兵书略》之孙吴、穰苴等传，《术数略》之龟策、日者等传，《方技略》之扁鹊仓公等传，无不皆然。孟子曰："诵其诗，读其书，不知其人可乎？"《艺文》虽始于班固，而司马迁之列传，实讨论之。观其叙述战国、秦、汉之间著书诸人之列传，未尝不于学术渊源，文词流别，反复而论次焉。刘向、刘歆盖知其意矣。故其校书诸叙论，既审定其篇次，又推论其生平，以书而言，谓之叙录可也。以人而言，谓之列传可也。史家存其部目于艺文，载其行事于列传，所以为详略互见之例也。是以诸子、诗赋、兵书诸略，凡遇史有列传者，必注有列传三字于其下，所以使人参互而观也。

〔姚振宗《汉书艺文志条理叙录》〕　班氏既取《七略》以为《艺文志》，又取《别录》以为《儒林传》。考《汉纪》又言

"刘向典校经传,考集异同,《易》始自鲁商瞿子木,受于孔子,以授鲁桥庇子庸"云云,与《儒林传》之文悉合。知《儒林传》亦本刘氏父子之《辑略》,而接其后事,终于孝平。故《史通·采撰》篇云:"班固《汉书》,全同太史,太初已后,杂引刘氏《新序》、《说苑》、《七略》之辞。"今考《新序》、《说苑》载汉事无多,知所取于《七略》、《别录》者不少也。

案《汉书·王褒传》,所言九江被公诵"楚辞",及丞相魏相奏知音善鼓雅琴者赵定、龚德事,均与《七略》、《别录》同。知《汉书》诸著述家列传多本之《别录》,所谓"太初已后,杂引刘氏",不独《儒林传》也。

〔《汉书·淮南王传》〕 初,安入朝,使为《离骚传》,旦受诏,日食时上。注:"师古曰:传谓解说之,若《毛诗传》。"

〔《楚辞》卷一班孟坚《离骚序》〕 昔在孝武,博览古文,淮南王安叙《离骚传》,以"《国风》好色而不淫,《小雅》怨诽而不乱,若《离骚》者可谓兼之。蝉蜕浊秽之中,浮游尘埃之外,皭然泥而不滓,推此志虽与日月争光可也。……"又说五子以失家巷,谓五子胥也。及至羿、浇、少康、贰姚、有娀佚女,皆各以所识,有所增损。

〔王逸《楚辞章句叙》〕 至于孝武帝,恢廓道训,使淮南王安作《离骚经章句》,则大义粲然。

〔《隋书·经籍志》〕 始汉武帝命淮南王为之章句,旦受诏,食时而奏之,其书今亡。

〔章炳麟《检论》卷二《征七略》〕 《御览》引刘氏书,或

> 云刘向别传，或云《七略》别传。今观诸子叙录，皆撮举爵里事状，其体与老韩、孟荀、儒林诸传相类，盖淮南王安为《离骚传》，太史公尝举其文以传屈原，于古有征，而挽近为学案者往往效之，兼得传称，有以也。自注：班孟坚《离骚序》引淮南《离骚传》文，与《屈原列传》正同，知此传非太史自纂也。

案刘安奉诏所作之《离骚传》，据班固言有解五子、羿、浇、少康、贰姚、有娀佚女之语，颜师古谓解说之如《毛诗传》，其说确不可易。以其创通大义，章解句释，故王逸及《隋志》均谓之章句，非列传之传也。其"《国风》好色而不淫"云云，为太史公所采者，当是《离骚传》之叙。班固明云淮南王安叙《离骚传》，此叙字即书叙之叙，不得作叙次解。观《史记·屈原列传》多发明《离骚》之意，疑皆出自刘安叙中，不止班固所引数语。章氏谓此传非太史自纂，诚然，然不得便指安所作之《离骚传》为列传也。王逸所作《离骚经叙》用《屈原》本传，略有改易，即是依仿安叙为之。取两者对勘，点窜之迹甚明。安作《离骚传》，既定章句，又为之叙，而乃旦甫受诏，日食时便上，所以为敏捷。而王念孙作《读书杂志》深以其太速为疑，因谓《淮南王传》"使为离骚传"句，传当为傅，傅与赋古字通，引《汉纪·武帝纪》，高诱《淮南鸿烈解序》及《御览·皇亲部》十六引《汉书》，均作"离骚赋"为证。见《杂志·汉书》卷九。其说虽亦似有依据，然何以解于班固所引之语乎？又何以王逸及《隋志》均谓之章句乎？是王氏作《杂志》时，于《楚辞》本书未尝一考也。以王氏读书之精博，犹有此失，信乎考证之难！

汉、魏、六朝人所作书叙，多叙其人平生之事迹及其学问得力之所在。汉无名氏《徐干中论序》、《文选》中《王文宪集序》即是此体。下至唐人，犹有效法之者。盖叙录之体，即是书叙，而作叙之法略如列传。故知目录即学术之史也。

案古人书叙，此类甚多，不胜枚举。考之严可均所辑《全上古三代秦汉三国六朝文》及《文苑英华》卷六百九十九以下所录文集诗集序可得其概。此偶举二篇为例耳。

王俭作《七志》，《隋志》言其“不述作者之意，但于书名之下每立一传”，是已变叙之名，从传之实，亦以叙录之体，本与列传相近也。其为《隋志》不满，盖嫌其偏重事迹，于学术少所发明耳。阮孝绪《七录》，大略相同。及释僧祐、道宣、智升之徒为佛书作目录，皆为译著之人作为传记。盖其体制摹拟儒家，故与王、阮不谋而合矣。

〔**章宗源《隋书经籍志考证》卷八**〕　《文选注》“木华字玄虚，为杨骏主簿”；《海赋》注。“应璩以百言为一篇，谓之《百一诗》”；《百一诗》注。“枣据字道彦，弱冠辟大将军府”；枣道彦《杂诗》注。“张翰字季鹰，文藻新丽”；张季鹰《杂诗》注。“高祖游张良庙，令僚佐赋诗，谢瞻所造冠于一时”：谢宣远《张子房诗》注。并引《今书七志》。

〔**又**〕　《孝经序》正义“穀梁名俶，字元始”；本《经典序录》。《论语序》正义“周生烈字文逸，本姓唐，魏博士侍中”；本《经典序录》。《史记正义》“甘公，楚人，战国时，作《天文星占》八卷，石申，魏人，战国时，作《天文》八卷”；《天官书》。“《太公兵法》一袠三卷，太公姜子牙，周文王师，封齐侯也”；《留侯世家》。《经典序录》“蜀才，不详何人”：并引阮孝绪《七录》。

案据章氏所引考之，知此两书并详于撰人事迹矣。僧祐《出三藏记集》十五卷，现存佛藏，其第六卷至第十二卷皆系诸经论原序，《经义考》之录序跋，其体例即出于此。其第十三至十五卷，皆译家传记。费长房《历代三宝纪》及道宣、智升二录，每以一人之所译著汇其目于前，而后叙其人之始末，略如列传，即于传中兼及其著作之意，疑其义例窃取王《志》也。

吾人读书，未有不欲知其为何人所著，其平生之行事若何，所处之时代若何，所学之善否若何者。此即孟子所谓知人论世也。古之为目录学者，于《七略》四部之书，皆尝遍读。当其读书之时，其心之所欲知，正与吾辈相同。于是旁搜博考，不厌求详。既已左右采获，则自惜其为之之勤，又知后之人亦甚须乎此也。于是本其研究之所得，笔之于书，以公诸世。故目录书者，所以告学者以读书之方，省其探讨之劳也。若畏其繁难，置之不考，则无为贵目录书矣。然古今目录书，能与此义完全相合者盖寡。今于诸家所作叙录，择其所长，去其所短，就考作者之行事、作者之时代、作者之学术分而论之。

（一）论考作者之行事

凡考作者之行事，盖有附录、补传、辩误三例焉。《别录》于史有列传事迹已详者，即剪裁原文入录，是曰附录，其例一也。但此在古人则可，今若从而效之，近于窜乱古史。似可变其成法，附录本传或家传表志于叙录之前，即班《志》注“有列传”，《四库提要》言“事迹具某史本传”之意也。

〔**顾实《汉书艺文志讲疏》**〕《诸子略》“晏子”条　班注有列传者，师古谓《太史公书》，然班氏或注或不注，如老、庄、申、韩有传不注，盖从略也。

案《管子书录》云：“管子者，颍上人也，名夷吾，号仲父。”其下即用《史记》原文，略有删节，只增入“管仲于周，不敢受上卿之命，以让高、国，是时诸侯归之，为管仲城穀以为乘邑，《春秋》书之，褒贤也”，及“孔子曰，微管仲，吾其被发左衽矣”数语。后即引太史公论管子语，而终之曰：“《九府》书民间无有，《山高》一名《形势》。此因太史公言“余读管氏《牧民》、《山高》、《九府》详哉言之也”，故著此二语，以见所校之《管子》，与太史公所见之本不同也。凡《管子》书，务富国安民，道约言要，可以晓合经义。”计此一篇，多出于本传，向所自为者无几。又《韩非子书录》，全用本传，无所增删，惟削去所录《说难》一篇耳。此即后人纂集或校刻古人书，附录本传及碑志之法也。王先慎不能晓此，其作《韩非子集解》，于序下注云“此全钞《史记》列传，不得为序”。不知古人之序，正是如此，不如后人好发空论也。或谓史传人人所习见，何庸复录？不知当刘向时《太史公书》不如今之家弦户诵，故不得不采入录中。且即令人人习见，而载入本书可省两读，亦甚便也。至用《史记》之文，而不明引《史记》，此则古人著作之例固然，章学诚《言公》之篇论之详矣。后世著书，体例日密，固不必效之也。《班志》于书名之下每曰“有列传”，盖既删去书录，则其人之始末不详，注明有传，令学者自检寻之耳。如嫌复录史传为繁文，则此例固可为法。乃后来史志及目录，皆不知采用，惟《四库提要》于撰人之名氏爵里外，凡诸史有本传或附见他传者，必为著明，真能得班固之意者也。

《别录》、《七略》，于史有列传而事迹不详，或无传者，则旁采他书，或据所闻见以补之。《七志》、《七录》亦多补史所阙遗，是曰补传，其例二也。后来如司马光之于王通，见《闻见后录》卷四。沈作喆之于韦应物，见赵与旹《宾退录》卷九。胡震亨之于刘敬叔，见《异苑》卷首。皆为作补传。近人所作则更精，如孙诒让之《墨子传》，《墨子闲诂后语》卷上。其最著者也。然目录家乃多不解此。惟陆心源《仪顾堂题跋》，搜采作者事迹最为精博。陆氏之学亦偏于赏鉴，惟此一节则轶今人而追古人矣。后之治目录学者，所宜取法也。

案《史记·晏子列传》，但叙赎越石父及荐御者二事，此史公自悲身世有感而发，非作传之正体。《晏子叙录》皆削之，别叙其行事甚备。《史记·荀卿传》，寥寥数语，且不载其名。《荀子书录》则云名况，且增益之至数倍。又如尸子，《史记》无传，《别录》则云："楚有尸子，疑谓其在蜀。今案《尸子》书，晋人也，名佼，秦相卫鞅客也。卫鞅商君，谋事画计，立法理民，未尝不与佼规之也。商君被刑，佼恐并诛，乃亡逃入蜀。自为造此二十篇书，凡六万余言。卒，因葬蜀。"《史记·孟子荀卿列传》集解引。此皆旁采他书以补史传者也。赵定在太史公后，故《史记》无传。《别录》则云："赵氏者，渤海人赵定也。宣帝时，元康神爵间，丞相奏能鼓琴者，渤海赵定、梁国龙德皆召入见温室，使鼓琴待诏。定为人尚清静，少言语，善鼓琴，时闲燕为散操，多为之涕泣者。"此条杂出诸书，洪颐煊合辑之，见《经典集林》卷十二及《全汉文》卷三十六。冯商亦在太史公后。《七略》则云："商，阳陵人，治《易》，事五鹿充宗，后事刘向，能属文。后与梁、柳俱待诏，颇序列传未卒，病死。"《汉志》师古注引。此以身所见闻，叙其事迹者也。《七录》所叙縠梁俶、甘石、申公事，皆《史记》所不载，盖亦旁采他书。晁、陈书目，于撰人之爵里且有著有不著，亦间纪行事，然不能甚详。《四库提要》于撰人必著名字爵里，是矣。然多止就常见之书，及本书所有者载之，不能旁搜博考，故多云始末未详，仕履无考，间有涉及事迹者，皆借以发其议论，于其人之立身行己，固不暇致详也。意盖谓为古书作提要，非为其人作传，但当述作者之意，而不必叙其行事。不知作者之事不可考，则其意恶乎知之？此与王俭之但立一传而不述作者之意者，同为各得其一偏而已。若其他书目，则所述仕履不过据书中所题衔名，虽别见他书，亦不肯一考。惟陆心源最熟于宋、元人掌故，于《提要》所未详者，辄博采群书以补之。于其人之生平述叙甚备，凡见于杂史方志文集说部者皆所不遗，是真能得向、歆、王、阮之遗意者也。惟不能发明作者之意，是其所短耳。

班固取《七略》作《艺文志》，虽删去书录，然尚间存作者行事于注中，但意在简质，不能详备，则修史之体不得不然。《隋志》只载官爵，宋明史志但纪姓名而已。惟《新唐书》于诸撰人未立传者，则详注始末于《艺文志》。如《邱为集》下叙至百余言，胪举其平生孝行恭谨甚备，可谓知著录之法，诸史皆不及也。

〔《汉书·艺文志·诸子略》〕　儒家：《晏子》八篇，名婴，谥平仲，相齐景公，孔子称善与人交，有列传；《钩盾冗从李步昌》八篇，宣帝时数言事。道家：《辛甲》二十九篇，纣臣，七十五谏而去，周封之；《筦子》八十六篇，名夷吾，相齐桓公，九合诸侯，不以兵车也，有列传；《关尹子》九篇，名喜，为关吏，老子过关，喜去吏而从之；《田子》二十五篇，名骈，齐人，游稷下，号天口骈；《黔娄子》四篇，齐隐士，守道不诎，威王下之；《鹖冠子》一篇，楚人，居深山，以鹖为冠。案此但就儒道二家载行事者略举以明例,余不备引。

〔《新唐书·艺文志·别集类》〕　《邱为集》,卷亡。苏州嘉兴人。事继母孝,尝有灵芝生堂下。累官太子右庶子,时年八十余,而母无恙,给俸禄之半。及居忧,观察使韩滉以致仕官给禄,所以惠养老臣,不可在丧为异,惟罢春秋羊酒。初还乡,县令谒之,为候门磬折,令坐,乃拜。里胥立庭下,既出,乃敢坐。经县署,降马而趋。卒,年九十六。

〔全祖望《鲒埼亭外集》卷四十二《移明史馆帖子》二〕　《新唐书·艺文志》于三唐图籍必略及其大意,而官书更备。凡撰述覆审删正之人,皆详载焉。是故于《永徽礼》,则著许敬宗、李义府擅去国恤之谬,以叹大臣不学无术,为典礼无征之自。于《开元礼》,则载张说不敢轻改《礼记》之议,以嘉其存古之功。于《则天实录》,具书为刘知几、吴兢所重修,而知直笔之所由存。于《六典》,据实言李林甫所上,而知《会要》以为张九龄者盖恶小人之名而去之。是皆有系于一代之事,而不徒以该洽为博。至于别集之下,虽以明经及第,幕府微僚,旁及通人德士,皆为详其邑里,纪其行事,使后世读是书者得有所据以补列传之所不备。而丹阳十八诗人连名载于包融之末,拟之附传。其中载邱为之居丧,可以见当时牧守惠养老臣之礼,滕珦之乞休,可以见当时职官给券还乡之礼,则遗文借此不坠。斯岂仅书目而已者?

〔焦循《雕菰楼集》卷十三《上郡守伊公书》〕　《新唐书》之例,凡人之不必立传者,但书其爵里于书名之下,则列传中省无限闲文。

《别录》于撰人事迹之传讹者，则考之他书以辩正之，如《邓析子书录》是，盖已开后来考据家之先声矣。是曰辩误，其例三也。《四库提要》最长于考据，然以例不载撰人行事，故其所辩正者，仅及于名姓爵里耳。

〔《七略别录佚文·邓析子书录》〕　邓析者，郑人也。好刑名，操两可之说，设无穷之辞，当子产之世，数难子产为政。记或云，子产执而戮之。于《春秋左氏传》，昭公二十年而子产卒，子太叔嗣为政。定公八年，太叔卒，驷歂嗣为政，乃杀邓析而用其竹刑，"君子谓子然于是乎不忠，苟有可以加于国家，弃其邪可也。《静女》之三章，取彤管焉，《竿旄》何以告之，取其忠也。故用其道，不弃其人。《诗》曰，蔽芾甘棠，勿翦勿伐，召伯所茇，思其人犹爱其树，况用其道，不恤其人乎？子然无以劝能矣"。竹刑，简法也，久远，世无其书。子产卒后二十年而邓析死，传说或称子产诛邓析，非也。

案此盖因《荀子·宥坐》篇、《吕氏春秋·离谓》篇、《说苑·指武》篇《说苑》虽出刘向，然是用古书编次，非所自撰，读《说苑叙录》自明。均言子产杀邓析，故引《左传》辨其为驷歂所杀，非子产也。

〔《四库全书总目提要》卷三《童溪易传提要》〕　宋王宗传撰。宗传字景孟，宁德人，淳熙八年进士，官韶州教授，董真卿以为临安人。朱彝尊《经义考》谓是书前有宁德林焞序，称与宗传生同方，学同学，同及辛丑第，则云临安人者误矣。案此辩里贯之误。

〔又《东谷易翼传提要》〕 宋郑汝谐撰。汝谐字舜举，号东谷，处州人。陈振孙《书录解题》云仕至吏部侍郎，《浙江通志》则云中教官科，迁知信州，召为考功郎，累阶徽猷待制。振孙去汝谐世近，疑《通志》失之。 案此辩仕履之误。

〔又〕 《周易详解》十六卷，宋李杞撰。杞字子才，号谦斋，仕履未详。考宋有三李杞，其一为北宋人，官大理寺丞，与苏轼相唱和，见《乌台诗案》；一为朱子门人，字良仲，即尝录《甲寅问答》者；与作此书之李杞均非一人，或混而同之者，误也。 案此辩姓名之误，余不备引。

观《别录》、《七略》之所纪载，于作者之功业学术性情，并平生轶事，苟有可考，皆所不遗。使百世之下，读其书者想见其为人，高者可以闻风兴起，次亦神与古会。凡其人身世之所接触，怀抱之所寄托，学者观叙录而已得其大概，而后还考之于其书，则其意志之所在，出于语言文字之表者，有以窥见其深。斯附会之说，影响之谈，无自而生，然后可与知人论世矣。

〔《初学记》卷七引《别录》〕 公孙龙持白马之论以度关。

〔《文选·啸赋》注引《别录》〕 汉兴以来，善雅歌者鲁人虞公，发声清哀，远动梁尘，受学者莫能及也。

〔《北堂书钞》卷一百四十四引《七略》〕 孝宣皇帝，诏征被公，见诵"楚辞"。被公年衰老，每一诵辄与粥。

案前所引"赵定"一条，及此数条，皆是叙轶事以见其人之学术性情。

（二）论考作者之时代

凡考作者之时代，亦有四例。一曰，叙其仕履而时代自明。如《别录·管子录》叙其事齐桓公，《晏子录》叙其事齐灵公、庄公、景公，《孙卿录》叙其齐宣王、威王时始来游学，及春申君以为兰陵令，是也。《汉志》、《新唐志》犹存此意，后来目录家亦或因叙仕履牵连及之，然不著者居多。《四库提要》以科目先后为次序，善矣，而无科目者遂多不可考。此不知时代与著述关系之重要也。

〔**《汉书·艺文志·六艺略》**〕　乐家：《雅琴赵氏》七篇，名定，渤海人，宣帝时丞相魏相所奏。小学家：《史籀》十五篇，周宣王太史，作大篆十五篇；《急就》一篇，元帝时黄门令史游作；《元尚》一篇，成帝时将作大匠李长作。

〔**《新唐书·艺文志·易类》**〕　裴通《易书》，一百五十卷。字又玄，士淹子，文宗访以《易》义，令进所撰书。卢行超《易义》五卷，字孟起，大中六合丞。

〔**《郡斋读书志·易类》**〕　《周易微指》三卷。右唐陆希声撰，希声仕至右拾遗，大顺中，弃官居阳羡。

〔**《书录解题·易类》**〕　《易证坠简》二卷，毗陵从事建溪范谔昌撰，天禧中人。

所谓时代者，不只泛指为汉、唐、宋、明而已，当考其某帝或某年号，始能确定所生，及著书之时也。《隋志》全不注时代，如开卷第一条云"《归藏》十三卷，晋太尉参军薛贞注"。此所谓晋者，西晋耶，东晋耶，武帝时耶，元帝时耶。汉、唐《志》及晁、陈书目亦多不著明者，盖或不可考，或略也。谓宜画一体例，每书必详考之，不可考者亦明言时代未详，庶免学者为此一事重费考证。

二曰，作者之始末不详，或不知作者，亦考其著书之时代。《别录》、《七略》及《汉志》所谓近世、六国时、武帝时之类皆是，后之目录家多未留意。

〔《汉书·艺文志·六艺略》〕 王史氏二十一篇。注引《别录》云："六国时人也。"

〔《七略别录佚文·战国策书录》〕 臣向以为战国时游士辅所用之国，为之策谋，宜为战国策。

〔《文选》刘子骏《移书让太常博士》注引《七略》〕 《论语》家近琅琊王卿不审名，及胶东庸生皆以教。

〔又任彦升《王文宪集序》注引《七略》〕 太公《金版》、《玉匮》虽近世之文，然多善者。

〔《汉书·艺文志·诸子略》〕 礼家：《封禅议对》十九篇，武帝时也。 儒家：《周史六弢》六篇，惠襄之间，或曰显王时，或曰孔子问焉；《公孙固》一篇，十八章，齐闵王失国，问之，固因为陈古今成败也。 道家：《黄帝君臣》十篇，起六国时，与《老子》相似也；《杂黄帝》五十八篇，六国时贤者所作；《力牧》二十二篇，六国时所作，托之力牧；《孙子》十六篇，六国时；《捷子》二篇，齐人，武帝时说；《曹羽》二篇，楚人，武帝时说于齐王；《郑长者》一篇，六国时，先韩子，韩子称之；《道家言》二篇，近世，不知作者。

三曰，叙作者之生卒，并详其著书之年月。此仅见于《七略》之纪扬雄，后来绝无沿用之者。自汉、魏以后，知名之士皆有别传家传，诸家别传目录详见《隋书经籍志考证》卷十三。皇甫谧至自作《玄晏春秋》，盖皆《太史公自叙》、《刘向叙录》之遗法。然或按年纪事，并录平生著作，则视书叙为更详，其例已自《七略》开之。宋人注书，始追为前人作年谱。如吕大防等之《韩柳年谱》，鲁訔之《杜工部诗年谱》之类。清儒踵而行之，且上及于周、秦之人，如林春溥之《孔孟年表》，汪中之《荀卿子贾谊年表》。于辨章学术最为有益。作目录书者，虽不能于每书每人皆为详载，然于其人平生著作与时代关系最密者，苟有年月可考，固宜于叙录内述及之也。

〔**《文选注》引《七略》**〕　子云《家牒》言以甘露元年生也。《王文宪集序》注。　《甘泉赋》，永始三年正月待诏臣雄上。《羽猎》，永始三年十二月上。　《长杨赋》，绥和元年上。并本赋注。

案《文选》任彦升《刘先生夫人墓志》注引《七略》曰："扬雄卒，弟子侯芭负土作坟，号曰玄冢。"而《艺文类聚》卷四十引扬雄《家牒》同，惟扬雄卒作"子云以天凤五年卒"，盖亦自《七略》转引。是子云生卒年月并见于《七略》也。

〔**《汉书·艺文志·诗赋略》**〕　《博士弟子杜参赋》二篇。颜师古注引刘歆云："参，杜陵人，以阳朔元年病死，死时年二十余。”

四曰，不能得作者之时，则取其书中之所引用，后人之所称叙，以著其与某人同时，或先于某人，在某人后，以此参互推定之。其法亦创于刘向，《汉志》多用之。王俭及晁、陈书目亦颇有类此者，然不能多也。

〔**《七略别录佚文·列子书录》**〕 列子者，郑人也，与郑缪公同时。

〔**孙德谦《汉书艺文志举例·称并时例》**〕 编《艺文志》于其人所生时世，必为详考之：苟无可考，则付之阙如可也。《汉志》于农家宰氏、尹都尉、赵氏、王氏四家注云“不知何世”，是其义也。其间又有虽无可考，而取一人与之同时为之论定，则并时之例生焉。《汉书》道家文子云“与孔子并时”，老莱子云“与孔子同时”，名家邓析云“与子产并时”，成公生云“与黄公等同时”，惠子云“与庄子同时”，赋家宋玉云“与唐勒并时，在屈原后”，张子侨云“与王褒同时也”，庄葱奇云“枚皋同时”。观其所称并时，或变文言同时，皆据世所共知者，以定著书之人。孟子曰：“诵其书，读其诗，不知其人，可乎？是以论其世也。”夫时世不明，则作者所言，将无以窥其命意。班氏称并时者，实知人论世之资也。

案《汉志》道家，称“郑长者先韩子”，见前。阴阳家闾邱子“在南公前”，将巨子“先南公，南公称之”，名家尹文子“先公孙龙”，墨家田俅子“先韩子”，此以其为后人所称叙，而知其先于某家也。又墨家墨子"在孔子后"及孙氏所引"宋玉在屈原后",此以其书中所引用,而知其在某家后也,孙氏仅举并时一例,尚未能穷其变。

〔《颜氏家训·书证》篇〕　《易》有蜀才注,江南学士,遂不知是何人。王俭《四部目录》不言姓名,题云王弼后人。

〔《郡斋读书志》卷一〕　《周易启源》十卷,右蔡广成撰。李邯郸云"唐人",田伟置于王昭素之下,今从李说。

案田伟之子镐,有《田氏书目》。王昭素宋初人,置于王下,则亦以为宋人也。

〔《直斋书录解题》卷三〕　《春秋公羊传疏》三十卷,不著撰者名氏,《唐志》亦不载。《广川藏书志》云世传徐彦撰,不知何据。然亦不能知其定出何代,意其在贞元、长庆后也。

作者所生之时代,较之名氏爵里,尤有关系。盖名氏爵里关乎一人者也,时代则关乎当世者也。目录之体,源于《诗》、《书》之序。《太史公自序》曰:"《诗》三百篇,大抵圣贤发愤之所为作也。"《诗大序》之论《诗》也,谓之"主文而谲谏,言之者无罪,闻之者足以戒",是以作者之姓名可不传,而其时代不可不考,如不知作《诗》之时,则安知其发愤者果何所为,谲谏者竟何所指乎。故《诗序》于作者初不求其人以实之,而时代则著之甚详。如《邶风·柏舟序》云"《柏舟》,仁而不遇也,卫顷公之时,仁人不遇,小人在侧",是也。若《周南序》所谓"《葛覃》,后妃之本也"之类,则叙事而时代自见。他皆似此,可以类推。后人著书,其动机至不一。虽不必尽由于发愤，而人不能脱离时代，斯其动于中而发于外者，无不与时事相为因缘。著作之时代明，则凡政治之情况，社会之环境，文章之风气，思想之潮流，皆可以推寻想象得之。然后辨章学术，考镜源流，乃有所凭借，而得以着手。若并其所生之时代不之知，则何从辨其学术之派别，考其源流之变迁耶?

（三）论考作者之学术

若夫考作者之学术，因以定其书之善否，此在目录中最居重要，较之成一家之言者为尤难，非博通古今，明于著作之体，好学深思，心知其意者不能办。刘向诚为博学，然于成帝时奉诏校书，兵书则步兵校尉任宏，术数则太史令尹咸，方技则侍医李柱国，向所校者，经传诸子诗赋而已。盖向之学本于儒家，通经术，善属文，故独校此三略，其他则属之专门名家，成帝不以责向，向亦不敢自任也。刘歆虽云无所不究，总群书而奏其《七略》，然考之《汉志》数术、方技二略班固独无一字之注，诸书所引向、歆书涉此两略者亦仅数条，皆不甚重要。恐尹咸、李柱国未必能胜任，而歆亦未必果能遍究也。然则发兰台中秘之藏，进退古今作者，谈何容易乎?

〔《汉书·刘向传》〕　更生以通达能属文辞，与王褒、张子侨并进对，献赋颂凡数十篇。……向为人简易，无威仪，廉靖乐道，不交接世俗，专积思于经术，昼诵书传，夜观星宿，或不寐达旦。……少子歆，……河平中受诏与父向领校秘书，讲六艺传记，诸子、诗赋、数术、方技，无所不究。……向死后，王莽举歆复……领五经，卒父前业。歆乃集六艺群书种别为《七略》。

夫欲论古人之得失，则必穷究其治学之方，而又虚其心以察之，平其情以出之，好而知恶，恶而知美，不持己见而有以深入乎其中，庶几其所论断皆协是非之公。《荀子·正名》篇曰："有兼听之明，而无奋矜之容，有兼覆之厚，而无伐德之色。"又曰："以仁心说，以学心听，以公心辨。"又《大略》篇曰："是非疑，则度之以远事，验之以近物，参之以平心。"盖学者之弊，患在不能平其心，故荀子于此三致意焉。刘向之学，粹然儒者，而于九流百家，皆指陈利弊，不没所长，于道法二家皆言其所以然，以为合于六经，可谓能平其心者矣。后之君子，微论才与学不足办此，才高而学博矣，而或不胜其门户之见，畛域之私，则高下在心，爱憎任意，举之欲使上天，按之欲使入地，是丹非素，出主入奴，黑白可以变色，而东西可以易位，此所以刘知几论史，于才学之外尤贵史识，见《唐书》本传。而章学诚又益之以史德也。

〔**孙德谦《刘向校雠学纂微·通学术》篇**〕 向于《列子书录》云：列子者，盖有道者也，其学本于黄帝老子，号曰道家。道家者，秉要执本，清虚无为。案此下云：及其治身接物，务崇不竞，合于《六经》。《汉书·元帝纪》注引《别录》云：申子学号曰刑名，刑名者，循名以责实，其尊君卑臣，崇上抑下。案此下尚有"合于《六经》也"一句。由此观之，列、申二家，所以次之于道法者，正通乎其学术，知其为学之要指矣。苟从而类推之，盖向之划分种类，使非深通学术，具有宏识，何能一一而剖判析之乎？且见之师古注者，于墨家我子，则曰为墨家之学，杂家尉缭子则曰缭为商君学。是明明以二子学术，一则亲传墨家之道，一则列之杂家者，以杂本兼合名法耳。夫人于一切学术，苟非知之有素，则校雠一书，欲考其家数何在，则怀疑莫能定矣。即如我子、尉缭，必自我先通于墨与杂，然后学墨子者则入于墨家，学商君者则入于杂。目睹其书，未有不应机立断者。自来学术，不能无异同，向于《孙卿书录》云："孟子者，亦大儒，以人之性善。孙卿后孟子百余年，以为人性恶，故作《性恶》一篇以非孟子。"并不有所偏主，但言两家论性一善一恶而已。可知其通乎学术，故不加以讨论也。

私人著述成一家之言，可以谨守家法，若目录之书，则必博采众长，善观其通，犹之自作诗文，不妨摹拟一家，而操持一朝之选政，贵其兼收并蓄也。晁公武以元祐党家，排诋王氏之学颇嫌过甚，然其他立言皆极矜慎。陈振孙尤谨于持论，多案而不断，虽少发挥，犹可寡过。至《四库提要》，修于学术极盛之时，纂修极天下之选，总其事者纪、陆二人又皆博学多闻，盖向、歆以后未尝有也。然长于辨博，短于精审，往往一书读未终卷，便尔操觚。其《提要》修饰润色，出于纪氏一人之手。纪氏不喜宋儒，动辄微文讥刺，曲肆诋諆。他姑不论，如屡言朱子因刘安世尝上疏论程伊川，故于《名臣言行录》有心抑之，不登一字。不知朱子尝受学于其外舅刘勉之，勉之之学出于安世，故朱于安世备极推崇，《言行录》中载其事迹多至三十七条，后集卷十二。纪氏竟孰视无睹，岂非挟持成见，先入为主，故好恶夺于中，而是非乱于外乎？

〔《四库全书总目提要》卷一百十八《靖康缃素杂记提要》〕　宋黄朝英撰。晁公武讥其为王安石之学，又讥其解《诗》芍药握椒为鄙亵。今观其书，自“芍药握椒”一条外，大抵多引据详明，皆有资考证。公武又自以元祐党家世与新学相攻击，故特摭其最谬一条以相排抑耳。

案《提要》谓《言行录》不登刘安世说见卷五十五“尽言集”、五十七“名臣言行录”、一百二十一“元城语录”条下。

〔朱熹《晦庵集》卷八十一《跋刘元城言行录》〕　刘公安世受学于司马文正公，得不妄语之一言，拳拳服膺，终身不失，故其进而议于朝也无隐情，退而语于家者无愧词。今其存而见于文字若此数书者，凛然秋霜夏日相高也。熹之外舅刘聘君少尝见公睢阳间，为熹言其所见闻，与是数书略同，而时有少异。惜当时不能尽记其说。且其俯仰抑扬之际，公之声容犹恍若相接焉，而今亦不可复得矣。

夫考证之学贵在征实，议论之言易于蹈空。征实则虽或谬误，而有书可质，不难加以纠正。蹈空则虚骄恃气，惟逞词锋。人心不同，各如其面，此亦一是非，彼亦一是非，互相攻击，终无已时。刘安谓屈原与日月争光，而班固谓其露才扬己。刘向谓董仲舒伊、吕无以加，而刘歆谓其未及乎游、夏，父子既分门户，前贤亦异后生。然则尚论古人，欲求真是，盖其难矣。故自揣学识未足衡量百家，不如多考证而少议论，于事实疑误者，博引群书，详加订正。至于书中要旨，则提要钩玄，引而不发，以待读者之自得之。若于学术源流确有所见，欲指陈利弊，以端学者趋向，则词气须远鄙倍，心术尤贵和平。读刘向诸叙录，莫不深厚尔雅，未尝使气矜才也。

〔**班固《离骚序》**〕　今若屈原，露才扬己，竞乎危国群小之间，以离谗贼。然责数怀王，怨恶椒兰，愁神苦思，非其人忿怼不容，沉江而死，亦贬絜狂狷景行之士。多称昆仑冥婚宓妃虚无之语，皆非法度之政，经义所载。谓之兼《诗》《风》、《雅》，而与日月争光，过矣。

〔**《汉书·董仲舒传赞》**〕　刘向称董仲舒有王佐之材，虽伊、吕亡以加，管、晏之属，伯者之佐，殆不及也。至向子歆以为伊、吕乃圣人之耦，王者不得则不兴。故颜渊死，孔子曰天丧余，惟此一人为能当之，自宰我、子赣、子游、子夏不与焉。仲舒遭汉承秦灭学之后，六经离析，下帷发愤，潜心大业，令后学者有所统壹，为群儒首。然考其师友渊源所渐，犹未及乎游、夏，而曰管、晏弗及，伊、吕不加，过矣。至向曾孙龚，笃论君子也，以歆之言为然。

又《别录》于诸书皆考作者之行事，论书中之指意，未尝以空言臧否人物，即其论贾谊、东方朔，亦皆就事实立言，故为班固所称引。为《战国策叙》，通篇以议论行之，则因其书杂成众手，本无主名，无作者行事可考。又以其为战国时政治之史，故因陈仁义诈伪成败之道，以戒人君，此乃因事纳忠，故与他篇之体不同。至宋曾巩奉诏校书，每书作序，模仿此篇，皆空言无事实，此但可以入文集耳，不足以言目录也。后人不明体制，为古书作叙者又从而效之，此犹因贾谊《过秦》而争为史论，游谈不根，滋取厌耳！

〔**《汉书·贾谊传赞》**〕　刘向称贾谊言三代与秦治乱之意，其论甚美，通达国体，虽古之伊、管未能远过也。使时见用，功化必盛，为庸臣所害，甚可悼痛。

〔**又《东方朔传赞》**〕　刘向言，少时数问长老贤人，通于事及朔时者，皆曰朔口谐倡辩，不能持论，喜为庸人诵说，故今后世多传闻者。

案此与董仲舒赞所引皆《别录》之文。又案向所言仲舒管、晏弗及，伊、吕不加，贾谊伊、管未能远过，皆是取其所著书，以与汉时所传之《伊尹》、《太公书》及《管子》、《晏子》相较，论书非论人。歆不识其意而妄讥之，可谓不善读父书矣。

〔**《四库提要凡例》**〕　刘向校理秘文，每书具奏，曾巩刊定官本，亦各制序文，然巩好借题抒议，往往冗长，而本书之始末源流转从疏略。

五　目录书之体制三　小序

小序之体,所以辨章学术之得失也。刘歆嗣父之业,部次群书,分为六略,又叙各家之源流利弊,总为一篇,谓之《辑略》,以当发凡起例。班固就《七略》删取其要以为《艺文志》,因散《辑略》之文,分载各类之后,以便观览。后之学者不知其然,以为《七略》只存其六,其实《辑略》之原文具在也。

〔《汉书·艺文志》〕　哀帝复使向子侍中奉车都尉歆卒父业。歆于是总群书而奏其《七略》,故有《辑略》,有《六艺略》,有《诸子略》,有《诗赋略》,有《兵书略》,有《术数略》,有《方技略》。今删其要,以备篇籍。注:"师古曰,辑与集同,谓诸书之总要。"

〔《七录序》〕　子歆撮其指要,著为《七略》,其一篇即六篇之总最,故以《辑略》为名。

〔《隋书经籍志考证》卷八〕　今以诸书所引《七略》如"《诗》以言情,情者信之符也;《书》以决断,断者心之证也"。自注,《初学记·文部》、《御览·学部》。《汉志》作"《诗》以正言,义之用也,《春秋》以断事,信之符也"。案此论《六艺略》语,足知班固用《辑略》之文微有改易。

〔姚振宗《七略别录佚文叙》〕　阮氏《七录叙目》曰"班

固因《七略》之词，为《汉书·艺文志》”，是《艺文志》皆班氏删省《七略》之文，亦即《七略》之节本也。又曰“《辑略》即六略之总最”，而志但载六略，不及《辑略》，盖《辑略》亦析入六略中。章氏《校雠通义》谓“班固删《辑略》而存其六者”非也。其原书以总叙、篇叙及门目汇为《辑略》一卷，略如《释文叙录》注解传述人之体。

〔**又**〕　《艺文志》志序一篇，六略总叙六篇，每篇篇叙三十三篇，综凡四十篇，除去班氏接记后事之语，皆《辑略》节文也。……今并以为《辑略》本文。

〔**吴承志《横阳札记》卷九**〕　《汉书·艺文志》小学叙录，案吴氏所言叙录，皆指《班志》小序。“《史籀篇》者，周时史官教学童书也。与孔氏壁中古文异体。”《书断》引作《七略》，据彼文知此篇纯出于歆。司马贞《史记·自序索隐》引刘向《别录》曰，“名家者流，出于礼官，古者名位不同，礼亦异数，孔子曰，必也正名乎”，与名家叙录同。……然则此志诸录，皆出《辑略》，无一篇自撰。

案阮孝绪谓“《辑略》即六篇之总最”，六篇即六略也。所谓总最者，谓每略每类编次既竟，又最而序之，及奏上《七略》之时，因总诸类之序，集为一篇，故谓之《辑略》。取阮氏之语，详审文义，细心参悟，自可了然明白也。班固取其文分散各类之后者，犹之《诗序》本自为一篇，“毛公为诂训，乃分众篇之义各置于篇端”，《诗·小雅·南陔》序《郑笺》语。凡以便于读者而已。自《隋志》叙采《七录》为文，独删去其论《辑略》之语。颜师古注《汉志》，改六篇之总最为群书之总要，语意不甚明了。《七录》既亡，其叙录在释藏，学者忽而不观，于是从来无知班《志》每类小序之即《辑略》者。惟姚氏、吴氏能知之，其言可谓发前人所未发。顾或谓章宗源所引《七略》语，与班《志》有异同，小学类言“臣复续扬雄作十三章”，显系班氏所加，则小序未能即是《辑略》。不知史家采用前人，例有删润，司马迁采《尚书》、《左传》、《战国策》等书，班固采《史记》，皆多所笔削。岂如后人作史抄类书，直录其文，一字不易哉。或又疑班《志》易、书二家，均言刘向以中古文校之，乐家又言刘向校书得《乐记》二十三篇，亦不类刘歆之语。愚谓此固不能定其必出于《辑略》，然亦不能决其必不出于刘歆。盖歆之于向，称为先君，《初学记》卷二十一引《七略》“《尚书》始欧阳氏，先君名之”，是其证。班固采入《汉书》，无谓他人父为先君之理，故易为刘向。此犹《汉志》冯商所续《太史公》下，颜注引《七略》“商后事刘向”。歆必不直呼其父之名，亦是本作先君，引书者以嫌改之也。要之班固既自言删《七略》之要以备篇籍，阮孝绪又言《辑略》即六篇之总最，则《汉志》六略之序，必有十之八九出于刘歆，班氏特微有删润，以其所采《史记》证之自明。特今《七略》既亡，不能知其孰为原文，孰出增改耳。

其后目录之书，多仿《辑略》之体，于每一部类，皆剖析条流，发明其旨，王俭《七志》谓之条例，许善心《七林》谓之类例，魏征《隋志》、毋煚《古今书录》谓之小序。惜其书多亡，今其存者《隋志》而已。

〔**《隋书·经籍志》**〕　俭又别撰《七志》，……其道佛附见，合九条。……又作九篇条例，编乎首卷之中，文义浅近，未为典则。

案《隋志》谓俭所作为条例，似乎是书之凡例。所以知其体裁同于《辑略》者，俭《七志》合佛道为九条，而条例适得九篇，知其以每一篇论其一部之中所录各书之源流，犹之刘歆六略，其总最即为六篇耳。所异者，俭之条例但编首卷之中，不别为一志，故《七录序》言俭"以向、歆虽云《七略》，实有六条，犹云实只六条。故别立图谱一志，以全七限"也。歆书本名曰略，而俭谓之六条，《隋志》亦谓俭书为九条，知条例之条，是指部类言之，非谓条列凡例也。

〔《隋书·许善心传》〕　除秘书丞，于时秘藏图籍，尚多淆乱。善心仿阮孝绪《七录》，更制《七林》，各为总叙，冠于篇首。又于部录之下，明作者之意，区别其类例焉。

案《通志·校雠略》有《编次必谨类例论》六篇，类例之名出于此。但善心之类例，乃于每一部类具叙作者之意，以明其著录之例。樵之类例，则但分四部之书为十二类，类之中又分为若干家，家之中又分为若干种。所谓必谨类例者，谨其分类之例而已，于每类作者之意未尝一言，二者似同而实异也。又案据此传，知《七录》于每一录各有总叙一篇，部录之下亦有小序，与汉、隋《志》同。今《广弘明集》所录，特其全书之大叙耳。善心书隋、唐《志》皆不著录，《隋志》叙亦无一言及之。盖成书未久，旋即亡佚矣。《通考》于此条亦未采录。

〔《旧唐书·经籍志叙》〕　煚等选集，依班固《艺文志》体例，诸书随部皆有小序，发明其指。近官撰《隋书·经籍志》，其例亦然。

〔又引毋煚等《四部都录序》〕即《古今书录》　曩之所修，……所用书序，咸取魏文贞。所分书类，皆据《隋·经籍志》。案据此知《隋·经籍志》成于魏征之手。《四库提要》卷四十五云"宋刻《隋书》之后，有天圣中校正旧跋，称旧本十志内，惟《经籍志》题侍中郑国公魏征撰"，与此正合。理有未允，体有不通，此则事实未安。

《旧唐志》据煚录为书，但纪部帙，不取小序，《新志》因之。

〔《旧唐书·经籍志叙》〕　窃以纪录简编异题，卷部相沿，序述无出前修。今之杀青，亦所不取，但纪部帙而已。

〔又〕　煚等四部目及释道目，并有小序及注撰人姓氏，卷轴繁多，今并略之。但纪篇部，以表我朝文物之大。案此与前所言近史官撰《隋书·经籍志》，并因仍唐国史之文。

宋人所修国史《艺文志》，皆有部类小序，与汉、隋《志》同，亦颇有所发明。而元修《宋史》，用《唐志》之例，削而去之。由是自唐以下，学术源流多不可考，不能不追憾《旧唐志》之陋也。

案《通考·经籍考》所引有《三朝艺文志》、《两朝艺文志》、《中兴艺文志》，而以《三朝志》为多。又有《四朝志》，仅存部目，未引小序。彼为一代之史，而每修一次辄作一《艺文志》，史臣亦各以所见别为之序，如传记天文二类，《三朝志》、《两朝志》皆有序，文史一类，《三朝志》及《中兴志》亦各有序。不以重复为嫌。然则《旧唐志》谓"相沿序述，无出前修"者，适以形其所见之陋也。

其他目录之书，惟《崇文总目》每类有序，然尚空谈而少实证，不足以继轨汉、隋。晁、陈书目号为佳书，晁氏但能为四部各作一总序，至于各类无所论说；陈氏并不能为总序，虽或间有小序，惟说门目分合之意，于学术殊少发明也。《书录解题》惟《语》《孟》、起居注、时令、农家、阴阳家、音乐、诗集、章奏八类有序。

〔《四库全书总目提要》卷八十四《崇文总目提要》〕
其每类之序，见于《欧阳修集》者，只经史二类，及子类之半。

至清修《四库提要》，然后取法班、魏，寻千载之坠绪，举而复之。既有总叙，又有小序，复有案语。虽其间论辨考证皆不能无误，然不可谓非体大思精之作也。

〔《四库全书》卷首凡例〕 四部之首各冠以总序，撮述其源流正变，以挈纲领。四十三类之首亦各冠以小序，详述其分并改隶，以析条目。如其义有未尽，例有未该，则或于子目之末，或于本条之下，附注案语，以明通变之由。

自是以后，诸家目录，能述作者之意者，虽不可云绝无，至于每类皆为之序，于以辨章学术，考镜源流者，实不多见。计现存书目，有小序者，《汉志》、《隋志》、《崇文总目》、《四库提要》四家而已，而《崇文总目》尚未足为重轻。盖目录之书莫难于叙录，而小序则尤难之难者。章学诚所谓"非深明于道术精微群言得失之故者，不足与此。后世部次甲乙纪录经史者代有其人，而求能阐大义，条别学术异同，使人由委溯源，以想见坟籍之初者，千百之中，不十一焉"，盖谓此也。章说见《校雠通义叙》。

叙录体制，自古人所作书叙，及《七略》、《别录》，大抵相同。其谋篇行文，皆有法度。若小序之体，则《汉志》六篇已自不侔。故不可设为一成之例，以绳后之作者。章氏之论文史也，以为“撰述欲其圆而神，记注欲其方以智”，《书教下》。持此以衡目录，则叙录者记注之事，小序者撰述之事也。夫圆则无方，神则无体，恶可于字句之间求之？虽然，因事为文，文成法立，其意亦自可推。今取汉、隋《志》之文，略著其概，以当举隅。

汉、隋《志》皆有大序一篇，为全书之纲领，其每一种后辄为一序，而每略每部之后又总而论之，皆所以叙源流明得失也。《汉志》于六艺九种，只叙圣人述作之意，而不参以论断。次叙传授之源流，于古今文及诸家传注，颇著其善否。与刘歆《让太常博士书》口吻毕合，知其同出一手。然书之言恣肆，而志之言循谨。其总论痛陈学者烦碎之蔽，虽为当时今文家而发，而语意含蓄，若泛尔言之，无所指斥者。盖辨章学术，只须敷陈事实，明白是非，言外之意读者自能得之，无取意气用事，极口诋諆。观《汉志》之言深厚尔雅，不失学者之态度。其措辞之矜慎，较之《四库提要》，盖远过之矣。

〔**《汉书·艺文志·书家小序》**〕　《古文尚书》者，出孔子壁中。武帝末，鲁恭王坏孔子宅，欲以广其宫，而得《古文尚书》及《礼记》、《论语》、《孝经》凡数十篇，皆古字也。孔安国者，孔子后也，悉得其书，以考二十九篇，得多十六篇。安国献之，遭巫蛊事，未列于学官。

案《让太常博士书》云，“及鲁恭王坏孔子宅，欲以为宫，而得古文于坏壁之中，逸《礼》三十九，《书》十六篇。天汉之后，孔安国献之,遭巫蛊仓卒之难,未及施行”,与此并合。

〔又《诗家小序》〕　汉兴,鲁申公为《诗》训故,而齐辕固、燕韩生皆为之传。或取《春秋》,采杂说,咸非其本义。与不得已,鲁最为近之。又有毛公之学,自谓子夏所传。

案此盖不满毛公之学。王先谦《汉书补注》卷三十六,于刘歆《让太常博士书》“校理旧文,得此三事”句下,引叶德辉说,谓“班志艺文,叙《毛诗》有微词,歆亦知《毛诗》不如《书》、《礼》、《左传》之可信”。不知班《志》本之《辑略》,此正是刘歆之说,与《让太常博士书》通篇不及《毛诗》可以互证。

〔又《礼家小序》〕　《礼古经》者,出于鲁淹中及孔氏学,七十篇,文相似,多三十九篇。多天子诸侯卿大夫之制,虽不能备,犹愈仓等推士礼而致于天子之说。

案此即《让太常博士书》“至于国家将有大事,若立辟雍封禅巡狩之仪,则幽冥而莫知其原,犹欲保残守缺”之意,所以致憾于今文《礼》家之不备也。

〔又《春秋家小序》〕　丘明恐弟子各安其意,以失其真,故论本事而作传,明夫子不以空言说经也。及末世,口说流行,故有《公羊》、《穀梁》、邹、夹之传。

案《让太常博士书》云“信口说而背传记,是末师而非往古,谓左氏不传《春秋》"，此故明著丘明论本事作传，以破不传《春秋》之说。

又案《六艺略序》所言学者之弊，与《让太常书》文义重规叠矩，相为应答，今取其文逐条分注于下，两相对勘，既可知其实一人之作，亦以见立言有体。公家著述，传疑信于千载，与私人论辨，争胜负于一是者，固自不同也。

（一）《志》"后世经传既已乖离，博学者又不思多闻阙疑之义，而务碎义逃难，便辞巧说，破坏形体"。《书》"往者缀学之士，不思废绝之阙，苟因陋就寡，分文析字"。

（二）《志》"说五字之文，至于二三万言，后进弥以驰逐，故幼童而守一艺，白首而后能言"。《书》"烦言碎辞，学者罢老且不能究其一艺"。

（三）《志》"安其所习，毁所不见，终以自蔽，此学者之大患也"。《书》"信口说而背传记，是末师而非往古，至于国家将有大事，若立辟雍封禅巡狩之仪，则幽冥而莫知其原。犹欲保残守缺，挟恐见破之私意，而无从善服义之公心或怀妒嫉，不考情实，雷同相从，随声是非。以《尚书》为备，谓左氏为不传《春秋》，岂不哀哉"！

以上两相比校，观其词之详略，书则为古文争立之意多，志则恨传注支离之意多。盖古文不立，经虽阙而仍存，传注支离，则经虽存而义晦矣。志为千秋之经术计，不为古文一家计，故意合而词不同。其于今文家之专己守残，排斥古学，只以"安其所习，毁所不见"二语括之，不似书词之讥刺刻露。盖志于《书》、《礼》、《春秋》条下，既已明著古文之善，于此自不必更多著语，以免党同伐异之讥。然其词过于深婉，含意未伸，故颜师古注只循文解释，颜注云，己所常习则保安之,未尝见者则妄毁诽。王先谦《补注》亦无所发明,皆不知为指今古文之争言之也。以刘歆主张古文之力如彼,而于《七略》则立言和平如此,论述古今学术者宜知所取法矣。歆人品至不足道,然好古博见强志,本传语。故明于著述之体,是固不以人废言也。

至于诸子数术方技诸略之序,皆先言其学之所自出,次明其所长,而终言其弊。其言皆深通乎道术之源,而确有以见其得失之故,殆无一字虚设。非如欧阳修之《新唐志》,修饰文字,以声调取胜,而于学术源流,非所措意,至于肤泛而无当也。

〔《校雠通义·原道》篇〕一之三　刘歆盖深明乎古人官师合一之道,而有以知私门初无著述之故也。何则?其叙六艺而后,次及于诸子百家,必云某家者流,盖出古者某官之掌,其流而为某氏之学,失而为某氏之弊。其云某氏之掌,即法具于官,官守其书之义也。其云流而为某家之学,即官司失职,而师弟传业之义也。其云失而为某氏之弊,即孟子所谓生心发政,作政害事,辨而别之,盖欲庶几于知言之学者也。由刘氏之旨,以博求古今之载籍,则著录部次,辨章流别,将以折衷六艺,宣明大道,不徒为甲乙纪数之书,亦以明矣。

〔姚振宗《七略别录佚文叙》〕　《七略》首一篇,案谓《辑略》,即《汉志》各类小序。盖六略分门别类之总要也。大抵六艺传记则上溯于孔子,诸子以下各详稽其官守,皆一一言师承之授受,学术之源流,杂而不越,各有攸归。《释文叙录》所载七经流别,盖仿其体而小变之者也。

〔孙德谦《刘向校雠学纂微·究得失》篇〕　昔荀卿之非

十二子也，议者以其摈黜思孟相率而诋毁之。不知此篇之义，盖亦取诸家得失为之推究耳。故自它嚣以下，既斥之为欺惑愚众矣，何必先称其持之有故，言之成理？明乎此十二子皆有得有失者也。及太史谈《论六家要指》有曰，“阴阳之术，大祥而众忌讳，使人拘而多所畏，然其序四时之大顺，不可失也”。至于儒墨名法，无不详究其得失，反覆以申明之。可知古人于一切学术，得失昭然，非如后世牴排异己，党同妒真，而无服善从义之心者也。不然，荀子崇儒，史公宗道，若挟一隅之见，儒道以外，皆可谓有失而无得矣。况任校雠之责，论定群书，固不能胶执私意，一如《四库提要》涉及宋学，必菲薄之。向于诸子一略，每言此其所长，及仿者为之，为此说者，亦是考究得失之意。

〔《新唐书·艺文志叙》〕 自汉以来，史官列其名氏篇第，以为六艺九种七略，至唐始分为四类，曰经史子集。而藏书之盛，莫盛于开元。其著录者五万三千九百一十五卷，而唐之学者自为之书又二万八千四百六十九卷。呜呼，可谓盛矣！六经之道，简严易直而天人备，故其愈久而益明。其余作者众矣，质之圣人，或离或合。然其精深闳博，各尽其术，而怪奇伟丽，往往震发于其间，此所以使好奇爱博者不能忘也。然凋零磨灭，亦不可胜数。岂其华文少实不足以行远欤？而俚言俗说猥有存者，亦有幸有不幸者欤？今著于篇，有其名而亡其书者十盖五六也，可不惜哉！

案《汉志》云“序六艺为九种”者，盖六艺为《七略》中之一略，就六艺中又分之为九种，犹之“序诗赋为五种，论次兵书为四种”之类耳。《汉志》数术六种，方技四种，独诸子称十家。《新唐志》乃云“以为六艺九种七略”，文义殆不可通。又经史子集，亦非自唐始分，目录类例之详见后《沿革》。其于目录源流之大端且不能详，其余亦徒为空言，抑扬唱叹，以尽文笔之姿势而已。全篇仅略叙唐人缮写书籍之事，于马怀素之《续七志》、元行冲之《群书四部录》、毋煚之《古今书录》皆无一言及之，尚不如《旧志》能录开元四部类例及毋煚《书录序》，为足备考证也。其《崇文总目》各序，大抵似此，不备引。

《隋志》大序说经籍之源流甚详，足以上裨《汉志》之阙。章学诚持“六经皆史”之说，自以为创获，然《隋志》言“史官既立，经籍于是兴焉”，已开章氏之先声矣。其叙汉、魏、六朝目录书体例，与《七录序》互有详略，皆可以供参考。

〔《隋书·经籍志叙》〕　大道方行，俯龟象而设卦，后圣有作，仰鸟迹以成文。书契已传，绳木弃而不用，史官既立，经籍于是兴焉。夫经籍也者，先圣据龙图，握凤纪，南面以君天下者，咸有史官以纪言行，言则左史书之，动则右史书之。考之前载，则《三坟》、《五典》、《八索》、《九丘》之类是也。下逮殷、周，史官尤备。《周礼》所称天子之史凡有五焉。诸侯亦各有国史，分掌其职。暨夫周室道衰，纪纲散乱。孔丘以大圣之才，当倾颓之运，乃述《易》道而删《诗》、《书》，修《春秋》而正《雅》、《颂》，坏礼崩乐，咸得其所。

〔《文史通义·易教上》篇〕　六经皆史也，古人不著书，古人未尝离事而言理，六经皆先王之政典也。

其经子两部小序，并依仿《汉志》，凡所论说，不能出刘、班范围，及其补叙源流又多违失，《四库提要》讥之，以为在《隋书》诸志中为最下。然史集道佛四部，为《汉志》所未有，并能穷源竟委，自铸伟词。如序古史则推本于《纪年》，序起居注则推本于《穆天子传》；序旧事知即《周官》太史掌万民之约契与质剂，序职官知即御史所掌在位之名数，至于杂传序言史传当纪穷居侧陋之士，足以正地理书不记人物之非，簿录序言当辨流别，足以纠目录书但记书名之失。皆独具特识，通知著作之体。固不宜因偶有疏略，概肆讥弹也。

〔《四库全书总目提要》卷四十五《隋书提要》〕 惟《经籍志》编次无法，述经学源流每多舛误。如以《尚书》二十八篇为伏生口传，而不知伏生自有书教齐、鲁间；以《诗序》为卫宏所润益，而不知传自毛亨；以《小戴礼记》有《月令》、《明堂位》、《乐记》三篇，为马融所增益，而不知刘向《别录》《礼记》已载此三篇，在十志中为最下。案《提要》卷二十一《夏小正》条下，谓“《隋志》根据《七录》，最为精核”，与此不同。

〔《隋书·经籍志·杂传序》〕 《周官》，闾胥之政，凡聚众庶书其敬敏任恤者，族师每月书其孝悌睦姻有学者，党正岁书其德行道艺者，而入之于乡大夫。乡大夫三年大比，考其德行道艺，举其贤者能者而献其书。王再拜受之，登于天府，内史贰之。是以穷居侧陋之士，言行必达，皆有史传。自史官旷绝，其道废坏。武帝从董仲舒之言，始举贤良文学。天下计书先上太史，善恶之事，靡不毕集，司马迁、班固撰而成之。股肱辅弼之臣，扶义俶傥之士，皆有纪录。而操行高洁，不涉于世者，《史记》独传夷、齐，《汉书》但述杨王孙之俦，其余皆略而不记。后汉光武始诏南阳，撰作《风俗》，故沛、三辅有耆旧节士之序，鲁、庐江有名德先贤之赞。郡国之书，由是而作。

案自万季野斯同谓一统志不必及人物，阎潜邱若璩和之，见《困学纪闻笺》卷十、《古文尚书疏证》卷六上。《四库提要》卷六十八"地理类"小序及《太平寰宇记提要》，遂痛诋乐史之载人物，以为变古来地志之体例。王谟作《地理书抄通论》，始云："《隋志》地理类叙，言挚虞《畿服经》民物、风俗、先贤、旧好，靡不毕悉，固已并郡国书而一之，则谓一统志不当并载人物，未为笃论。"乃知万氏、阎氏之说，皆未尝细读《隋志》之过也。以此言之，学者于《隋志》小序未可忽视。

《四库提要》之总叙小序，考证论辨，可谓精矣。近儒论学术源流者，多折衷于此，初学莫不奉为津逮焉。其佳处读其书可以知之，无烦赞颂。篇章甚繁，亦无从摘录。大抵经部最精，实能言学术升降之所以然，于汉、宋门户分析亦详。其余三部，则多言其著录分门之例，于古人著作之意发明较少。又往往不考本末，率尔立论，如以前所举"地理""目录"两类小序是也。其分类变更成法，亦有得有失。最误者莫如合名、墨、纵横于"杂家"，使《汉志》诸子九流十家顿亡其三，不独不能辨章学术，且举古人家法而淆之矣。要其论列百家，进退古今作者，《隋志》以后仅见此书。提要谬误之处多，故后人递有考订。至于小序，则私家目录未能具备。

〔《四库全书总目提要·杂家小序》〕　衰周之际，百氏争鸣，立说著书，各为流品，《汉志》所列备矣。或其学不传，后无所述，或其名不美，人不肯居；故绝续不同，不能一概著录。后人株守旧文，于是墨家仅《墨子》、《晏子》二书，名家仅《公孙龙子》、《尹文子》、《人物志》三书，纵横家仅《鬼谷子》一书，亦别立标题，自为支派，此拘泥门目之过也。黄虞稷《千顷堂书目》于寥寥不能成类者并入杂家，杂之义广，无所不包，班固所谓合儒墨兼名法也。变而得宜，于例为善，今从其说。

案《汉志》所谓“兼儒、墨，合名、法”者，乃集众家之长，而去取别择于其间，以自名其学，故曰“出于议官，知国体之有此，见王治之无不贯”。岂谓儒、墨、名、法，皆可包入杂家哉！若如所言，则可并九流于一家，易子部为杂部矣。至于归并名、墨、纵横，实用千顷堂之例，《提要》已明言之。近人张森楷《赍园书库目录辑略》谓“四库杂家，沿于《明志》，以《明史》钦定之故，不敢立异”，则非也。四库分类，与《明志》不同者多矣，何谓不敢立异哉？黄氏书本是《明志》底藁，故史臣因之。《提要》此条亦用黄例，遂偶相符合耳。

以上论篇目叙录小序之体制，多推本刘、班，实以唐以前目录书亡于宋初，宋之晁、陈，清之纪氏，各以己意编录论叙，与刘《略》班《志》不尽相同，故不能不推寻本源，以明目录书之体要耳。

六　目录书之体制四　板本序跋

以上所言，皆就历代目录书，上自《七略》、《别录》，下至《四库提要》参互钩校，取其体制之善者论次之，以明义例。然自宋代以后目录书中尚有记板本、录序跋者，用意甚善，为著目录书者所当采用。

校书必备众本，自汉已然，北齐樊逊所谓"刘向校书，合若干本以相比校"也。本之命名，由于校雠之时，一人持本，一人读书。所谓本者，谓杀青治竹所书，改治已定，略无讹字，上素之时，即就竹简缮写，以其为书之原本，故称曰本。其后竹简既废，人但就书卷互相传录，于是本之名遂由竹移之纸，而一切书皆可称本矣。镂板既兴，一书刻成，相率摹印，与杀青上素之义，尤相符合，故又有板本之称。

〔黄生《字诂》〕　《说文》："写，传置也。"《礼记》："器之溉者不写，其余皆写。"《注》谓传之器中是也。盖传此器之物置于他器谓之写，因借传此本书书于他本亦谓之写。古云"杀青缮写"，又云"一字三写，乌焉成马"，又云"在官写书，亦是罪过"，皆此义也。

〔左暄《三余偶笔》卷十二〕　《鲁语》闵马父曰：昔正考父校商之《名颂》十二篇于周太师，以《那》为首。其辑之《乱》

曰："自古在昔，先民有作；温恭朝夕，执事有恪。"后世编书者用"校"字"辑"字始此。

〔《北齐书》卷四十五《樊逊传》〕 七年天保七年。诏令校定群书，逊乃议曰："案汉中垒校尉刘向受诏校书，每一书竟表上，辄云臣向书、长水校尉臣参书、大夫公太常博士书、中外书，合若干本，以相比校，然后杀青。"

〔《文选》左太冲《魏都赋》注〕 《风俗通》曰："按刘向《别录》，雠校，一人读书，校其上下，得谬误为校；一人持本，一人读书，若怨家相对曰雠。"

案岛田翰《古文旧书考》卷二，《雕版渊源考》引《颜氏家训》江南书本，谓"书本之为言乃对墨版言之，之推北齐人，则北齐时已知墨版"。叶德辉《书林清话》卷一《书之称本》篇，谓"今人称书之下边曰书根，本者因根而记数之词。刘向《别传》不曰持卷而曰持本，则为折本可知"，皆误。刻版之兴，始于唐末。宋朱翌《猗觉寮杂记》卷下，所谓"雕印文字唐以前无之，唐末益州始有墨版也"。刘向校书已云持本，其时石经之制尚且未有，安得有墨版乎。至于书之折而为册，亦起于唐。欧阳修《归田录》卷二云："唐人藏书，皆作卷轴，其后有叶子，其制似今策子。凡文字有备检用者，卷轴难数卷舒，故以叶子写之。"程大昌《演繁露》卷七云："今之书册，乃唐之叶子，古未有是也。"二书所言，最为明白。元吾衍《闲居录》云："古书皆卷轴，以卷舒之难，因而为折，久而折断，复为薄帙，原其初则本于竹简绢素云。"是则折叠之制，起于卷子之后，蝴蝶装以前，亦决非两汉之时所有也。杀青上素，已见前注。

〔《书林清话》卷一《版本之名称》篇〕　宋岳珂《九经三传沿革例》书本内列有晋天福铜版本，此版本二字相连之文，然珂为南宋末人，是时版本二字沿用久矣。

宋人刻书，亦合众本校雠，《石林燕语》卷八所谓"宋景文用监本手校《西汉》，末题用十三本校"是也。案明南监本列有宋景文参校诸本目，实十六本。至于公私书目著录群书，初不著明何本。自尤袤《遂初堂书目》，始兼载众本，遂为后来言板本者之滥觞。

〔《四库全书总目提要》卷八十五《遂初堂书目提要》〕　其例略与史志同，惟一书兼载数本，以资互考，则与史志小异耳。

〔《书林清话》卷一《古今藏书家纪板本》篇〕　古人私家藏书必自撰目录，今世所传宋晁公武《郡斋读书志》、陈振孙《直斋书录解题》，无所谓异本重本也。自镂版兴，于是兼言版本，其例创于宋尤袤《遂初堂书目》。目中所录，一书多至数本，有成都石经本、秘阁本、旧监本、京本、江西本、吉州本、杭本、旧杭本、严州本、越州本、湖北本、川本、川大字本、川小字本、高丽本。此类书以正经正史为多，大约皆州郡公使库本也。

夫古人之备致众本，原以供雠校。后之言版本者，搜罗虽富，或藏而不读，流为收藏赏鉴二派。遂有但记撰人之时代，分帙之簿翻，以资口给。甚至未窥作者之意旨，徒知刻书之年月，如全祖望、洪亮吉之所讥者。且校雠文字，辨别板本，虽为目录之所有事，今皆别自专门名家，欲治其学，当著专篇。兹之所言，详其体制，重在考订，他姑从略。顾谓当纪板本者，盖言所著叙录，于书名之下，当载依据何本也。

〔全祖望《鲒埼亭集》卷三十二《丛书楼书目序》〕 今世有所谓书目之学者矣，记其撰人之时代，分帙之簿翻，以资口给，即其有得此者，亦不过以为捋扯獭祭之用。

〔洪亮吉《北江诗话》卷三〕 藏书家有数等，得一书必推求本原，是正缺失，是谓考订家，如钱少詹大昕、戴吉士震诸人是也。次则辨其板片，注其错讹，是谓校雠家，如卢学士文弨、翁阁学方纲诸人是也。次则搜采异本，上则补石室金匮之遗亡，下可备通人博士之浏览，是谓收藏家，如鄞县范氏之天一阁，钱唐吴氏之瓶花斋，昆山徐氏之传是楼诸家是也。次则第求精本，独嗜宋刻，作者之旨意纵未尽窥，而刻书之年月日最所深悉，是谓赏鉴家，如吴门黄主事丕烈、邬镇鲍处士廷博诸人是也。又次则于旧家中落者，贱售其所藏，富室嗜书者，要求其善价，眼别真赝，心知古今，闽本、蜀本，一不得欺，宋椠、元椠，见而即识，是谓掠贩家，如吴门之钱景开陶五柳湖州之施汉英诸书估是也。

盖书籍由竹木而帛而纸；由简篇而卷，而册，而手抄，而刻版，而活字，其经过不知其若干岁，缮校不知其几何人。有出于通儒者，有出于俗士者。于是有断烂而部不完，有删削而篇不完，有节钞而文不完，有脱误而字不同，有增补而书不同，有校勘而本不同。使不载明为何本，则著者与读者所见迥异。叙录中之论说，不能不根据原书。吾所举为足本，而彼所读为残本，则求之而无有矣。吾所据为善本，而彼所读为误本，则考之而不符矣。吾所引为原本，而彼所书为别本，则篇卷之分合，先后之次序，皆相剌谬矣。目录本欲示人以门径，而彼此所见非一书，则治丝而棼，转令学者瞀乱而无所从，此其所关至不细也。反是，则先未见原书，而执残本误本别本以为之说，所言是非得失，皆与事实大相径庭，是不惟厚诬古人，抑且贻误后学，顾广圻所谓“某书之为某书，且或未确，乌从论其精粗美恶”也。然善本不易得，且或不之知，况人之所见不同，善与不善，亦正未易论定。以四库馆聚天下之书，而《提要》所据，尚不能无误。著书之人，类多寒素，岂能办此。惟有明载其为何本，则虽所论不确，读者犹得据以考其致误之由，学者忠实之态度，固应如此也。

〔顾广圻《思适斋文集》卷十二《石研斋书目序》〕 盖由宋以降，板刻众矣。同是一书，用较异本，无弗夐若径庭者。每见藏书家目录，经某书史某书云云，而某书之为何本，漫然不可别识。然则某书果为某书与否，且或有所未确，又乌从论其精粗美恶耶。

〔张之洞《輶轩语·语学》论读书宜求善本〕 善本之义有三：一足本，无阙卷，未删削；二精本，一精校，一精注；三旧本，一旧刻，一旧钞。

《四库提要》所载某处采进本，某人家藏本，乃著其书之所从得，与板本无关。《提要》间记版刻，以见其为善本足本，惜全书不能一律，以致多无可考。其他诸家纪板本者：如尤袤《遂初堂书目》

开收藏家之派，钱曾《读书敏求记》开赏鉴家之派，毛扆《汲古阁秘本书目》开掠贩家之派，卢文弨《群书拾补》开校雠家之派；皆非考学术源流之书。惟周中孚之《郑堂读书记》、朱绪曾之《开卷有益斋读书志》、杨守敬之《日本访书志》、叶德辉之《郋园读书志》，其庶几洪氏所谓考订家乎？

〔**张之洞《书目答问·谱录类》**〕　目录之学，若遂初堂、明文渊阁、焦竑《经籍志》、菉竹堂、世善堂、绛云楼、述古堂、《敏求记》、天一阁、传是楼、汲古阁、季沧苇浙江采进遗书、文瑞楼、爱日精庐各家书目，或略或误，或别有取义，乃藏书家所贵，非读书家所亟，皆非切要。

〔**《四库全书总目提要》卷八十七《读书敏求记提要》**〕其分别门目，多不甚可解。其中解题，大略多论缮写刊刻之工拙，于考证不甚留意。……然其述授受之源流，究缮刻之同异，见闻既博，辨别尤精。但以版本而论，亦可谓之赏鉴家矣。

〔**《书林清话》卷七《汲古阁刻书》之四**〕　毛氏汲古阁藏书，当时欲售之潘稼堂太史耒，以议价不果，遂归季沧苇御史振宜。黄丕烈《士礼居丛书》中所刻毛扆《汲古阁珍藏秘本书目》，所载价目，即其出售时所录也。

古者目录家之书，论学术之源流者，自撰叙录而已，未尝迻录他人之序跋也。惟释藏中之梁释僧祐《出三藏记集》十五卷。自卷六至卷十二，皆录各经典序文，不知为所自创，抑是取法古人。其后道宣、智升皆用其例，间录作者自序。至宋马端临《文献通考·经籍考》始全采前人之书，自为之说者甚少。自《崇文总目》晁陈书目外，时从文集及本书抄出序跋，并于杂家笔记摘录论辨，间有书亡而序存者，亦为录入，凡书名下无卷数者，皆是也。既不完备，且亦不可胜采，颇近为例不纯。然其体制极善，于学者深为有益。如李焘之《文简集》已亡，《通考》采其序跋三十三首，考证精确，远出晁、陈之上。尚惜其仅就一时所见，随手抄录，于唐、宋文集，不能广为搜罗耳。

〔**孙诒让《温州经籍志叙例》**〕　至于篇题之下，胥迻序跋，目录之外，采证群书，《通考》经籍一门，实创兹例。详见前。

朱彝尊《经义考》全用其体，可谓善于取法。但宋以后人所作书序好借题发挥，横空起议，而以古文家为尤甚，徒溷篇章，无关学术。朱氏仅考经义，所收犹不至甚滥。若推广其例于四部，则文人应酬之作，书估牌记之咨，将并登著录。论文则文以载道，谈诗则穷而后工，刻板则校对无讹，专利则翻刻必究，连篇累牍，令人生厌。所贵删削繁文，屏除套语也。

〔**《四库全书总目提要》卷八十五《经义考提要》**〕　每一书前列撰人姓氏、书名卷数，次列存佚阙未见字，次列原书序跋、诸儒论说及其人之爵里。彝尊有所考正者，即附案语于末。惟序跋诸篇，与本书无所发明者，连篇备录，未免少冗。

朱氏之后，谢启昆之《小学考》，张金吾之《爱日精庐藏书志》，阮元之《天一阁书目》等，并沿其例。谢氏于采及他书者，明著出处，张氏于文之习见者，颇有别裁，皆青出于蓝，后来居上。至孙诒让之《温州经籍志》，斟酌诸家，择善而从，条贯义例，益臻邃密矣。第孙氏于宋、元叙跋，悉付掌录，迻写元文，不削一字，鄙意如此，犹有商量。盖若于本书无所发明，即宋、元何所爱惜，且元文若果繁芜，似不如削除枝叶也。

〔**《温州经籍志叙例》**〕　叙跋之文，雅俗杂糅，宋、元古帙，传播浸希，自非谬悠，悉付掌录。明氏以来，略区存汰。大抵源流综悉，有资考校，义旨闳眇，足供诵览，凡此二者，并为捃采。或有瞀士剿剽，雅驯既少，书林衒鬻，题缀猥多，则廑存凡目，用归简要。原注：张氏藏书志于习见之书序跋，皆仅存目，今略仿其例。若编帙既亡，孤文廑在，则纵有疵类，不废迻誊。复以马、朱两考，凡录旧文，不详典据，沾媾涂窜，每异本书，偶涉雠勘，辄滋牴牾。今亦依张《志》之例，凡旧编具在者，并迻写元文，不削一字，年月系衔，一仍其旧。其有名作孤行，散征他籍者，则备揭根柢，并著卷篇，庶使览者得以讨原，不难覆检。至于辨证之语，剌剟丛残，实难稽核。朱《考》概标某曰，案朱《考》不引书名，但标某人曰。尤为疏略。今则直冠书名，用惩臆造。原注：谢启昆《小学考》已有此例，特此书名之下兼及卷数，与彼小异耳。有删无改，亦殊专辄。

〔**翁方纲《苏斋笔记》卷一**〕　《经义考》于每书之序多删去其岁月，观者何自而考其师承之绪及其先后之迹乎？又所载每书考辩论说皆浑称为某人曰，不著其出于某书某注某集，则其言之指归无由见，而于学人参稽互证之处亦无所裨助。盖竹垞此书因昔人经籍存亡考而作，专留意于存佚，而未暇计及后人之详考也。

夫班固《汉书》采史公之《自叙》，录《法言》之篇目，诚以学问出于甘苦，得失在乎寸心，自我言之，不如其人自言之深切著明也。论贾谊、东方朔，则征信于刘向，论董仲舒则折衷于刘歆，诚以则古称先，述而不作，前贤既已论定，后人无取更张也。考订之文，尤重证据。是故博引繁称，旁通曲证。往往文累其气，意晦于言。读者乍观浅尝，不能得其端绪。与其录入篇内，不如载之简端，既易成诵，又便行文。此所以贵与创之于前，竹垞踵之于后，体制之善，无间然矣。

七　目录学源流考上　周至三国

典籍之兴，由来尚矣。既用简牍编而为册，则篇目先后，宜有次第。《隋志》云："古者史官既司典籍，盖有目录以为纲纪，体制湮灭，不可复知。""盖"者疑之之词，经传无征，难可臆决，以理推之，想当然耳。

志又推本《诗》、《书》之序，以为目录之缘起。案此二书，汉、宋诸儒，聚讼纷纷，作者既难确指，则时代亦未可质言。惟《周易·十翼》，有《序卦传》，篇中条列六十四卦之名，盖欲使读者知其篇第之次序，因以著其编纂之意义，与刘向著录"条其篇目撮其旨意"之例同。目录之作，莫古于斯矣。

〔李冶《敬斋古今黈》卷一〕　欧阳公不信《周易·系辞》，而于《序卦》则未尝置论。此盖孔子见古之《易》书，其诸卦前后相连，悉已如是，因而次第之，以为目录云耳，初非大《易》之极致也，或者欲以此为义、文之深旨，则谬矣。

〔卢文弨《锺山札记》卷四〕　古书目录，往往置于末，《淮南》之《要略》，《法言》之十三篇序皆然，吾以为《易》之《序卦传》，非即六十四卦之目录欤？《史》《汉》诸序，殆昉于此。

〔俞樾《湖楼笔谈》卷一〕　《礼》云"记问之学不足为人师"，然记问亦是一学。《周易》有《序卦》一篇，先儒以为无意义，疑非圣人作，共实即记问之学也。《周易》六十四卦次序颇不易记，故作此一篇以联缝之，使自《屯》、《蒙》至《既济》、《未济》皆有意义可寻，则满屋散钱贯穿成一线矣。《尚书》之序云：为某事作某篇不如《易》之贯穿成一。故扬子《法言·问神》篇曰："《易》损其一，虽蠢知阙焉。至《书》之不备过半矣，而习者不知。惜乎《书》序之不如《易》也。"夫《书》序万不能如《易》之序，然即扬子此言，可见作《序卦传》之意，亦可见《序卦传》之功。

至于总校群书，勒成目录，论者皆谓始于向、歆。然《汉志·兵书略》序云："汉兴，张良、韩信序次兵法，凡百八十二家，删取要用，定著三十五家。诸吕用事而盗取之。武帝时，军政杨仆捃摭遗逸，记奏兵录，犹未能备。"是则高祖、武帝之时，皆尝校理兵书。是校书之职，不始于刘向也。

刘向所作叙录，皆言定著为若干篇，而《志》叙张良、韩信之序次兵法，亦言定著，是亦当有校雠奏上之事，与刘向同。《太史公自序》云："秦拨去古文，焚灭《诗》《书》，故明堂石室，金匮玉版，图籍散乱。于是汉兴，萧何次律令，韩信申军法，张苍为章程，叔孙通定礼仪，则文学彬彬稍进，《诗》、《书》往往间出矣。"案此数事多在高祖时，萧何律令，张苍章程、叔孙礼仪固自为汉家一代制作，至于韩信之申军法，即《汉志》之序次兵法，其为校理旧书，可以断言。特曾否编定目录，则不可知耳。

〔**《汉书·高帝纪》**〕 天下既定，命萧何次律令，韩信申军法，张苍定章程，叔孙通制礼仪，陆贾造《新语》。又与功臣剖符作誓，丹书铁誓，金匮石室，藏之宗庙，虽日不暇给，规摹弘远矣。

案《太史公自序》又云，“迁为太史令，䌷史记石室金匮之书”，《索隐》云，“石室金匮，皆国家藏书之处”，则此节所云“明堂石室金匮玉版图籍散乱”者，指秦时国家所藏之书散乱失次也。《秦本纪》叙李斯焚书奏云：“臣请史官非秦纪皆烧之，非博士官所职，天下敢有藏《诗》《书》百家语者，悉诣守尉杂烧之，所不去者，医药卜筮种树之书。”然则秦之史官及博士官，尚有藏书矣。故郑樵《通志·校雠略》云：“萧何入咸阳，收秦律令图书，则秦未尝无书籍也。”《萧何传》云：“沛公至咸阳，何独先入收秦丞相御史律令图书藏之，沛公具知天下阸塞，户口多少强弱处，民所疾苦者，以何得秦图书也。”《汉书·艺文志》云“汉兴，改秦之败，大收篇籍”，疑亦指萧何收书事言之。下文广开献书之路，非一时事。又《刑法志》云：“相国萧何，捃摭秦法，取其宜于时者，作律九章。”《张苍传》云：“好书律历，秦时为御史，主柱下方书。”又云：“迁为计相，汉六年。苍乃自秦时为柱下御史，明习天下图书计籍，又善用算律历。”《任敖传》云：“苍为计相时，绪正律历，至于为丞相，孝文四年卒就之，故汉家言律历者本张苍，著书十八篇，言阴阳律历事。”《艺文志》阴阳家《张苍》十六篇。《叔孙通传》云：“高帝悉去秦仪，法为简易，群臣饮争功，上患之。通说上曰：臣愿颇采礼，与秦仪杂就之。上曰：可试为之。”是则萧何之律令，张苍之章程，叔孙通之礼仪，皆是以秦之图籍为本。韩信所序次之兵法，当亦是得之于秦，故太史公同叙之于秦图籍散乱之下。以《史记》与《汉书》志传合观之自明。班固移太史公语入《高纪》，益以陆贾造《新语》一句，实则《新语》乃贾所自造，与秦之图籍无与，非太史公之意也。或谓秦既烧《诗》、《书》、百家语，安得兵书独存。考《秦本纪》云："侯生、卢生乃亡去。始皇大怒曰：吾前收天下书，不中用者尽去之。悉召文学方术士甚众，欲以兴太平，方士欲练以求奇药。"然则秦之所去特彼以为不中用者耳。始皇暴主，萧何刀笔吏，其视兵法自较《诗》、《书》为有用，故始皇不烧之，何又从而收之也。韩信之死在高祖十一年，其与张良序次兵法，又在其前数年。当在六年贬淮阴侯以后。其时去秦亡未久，而得兵法乃至百八十二家之多，此岂老屋坏壁中所能得者哉？故余谓官校书籍自高祖时始，班《志》言之甚明。而《七录序》、《隋书·经籍志》、《玉海·艺文类》、《通考·经籍考》及其他诸书，凡叙经籍源流者，皆无一言及于此事，不可谓非失之眉睫之前者矣。

又案《汉书·高纪》"张苍定章程"注引如淳曰："章，历数之章术也。程者，权衡丈尺斗斛之平法也。"考魏刘徽《九章算经序》云："周公制礼而有九数，九章是矣。汉北平侯张苍、大司农中丞耿寿昌皆以善算命世。苍等因旧文之遗残，各称删补，故校其目，与古或异，《周礼·保氏》注："郑司农云：九数：方田，粟米，差分，少广，商功，均输，方程，赢不足，旁要，今有重差夕桀勾股也。"贾疏云："方田以下皆依九章算术而言。重差夕桀勾股，汉法增之。今九章以勾股替旁要。"刘徽所谓校其目与古或异者指此。而所论者多近语也。"《九章算术》内有长安上林之名，乃汉人之语，故曰近语。《四库提要》卷一百七疑"上林苑在武帝时，苍何缘预载"，不知此耿寿昌语也。徽《序》见《九章》卷首，其说与如淳合，据颜师古叙《汉书》例，如淳亦魏人，则与刘徽相去不远。知所谓《章术》者即《九章算术》。今所传刘徽所注，犹是张苍重定之本，疑苍之定章程，亦兼校定古籍。秦时所遗柱下方书皆尝序次，不独自著书，犹之韩信自有书三篇，而兵法三十五家皆其所序次。惜他无证据,姑从阙疑。

刘向奏上群书,皆"条其篇目,撮其旨意",谓之书录。而《汉志》云武帝时军政杨仆纪奏兵录,兵录者兵书之录也,其体例当与刘向书录同。然则仆校兵书,已有奏上之叙录,亦以明矣。《志》言:"孝武帝世书缺简脱,礼坏乐崩,圣上喟然而称曰:朕甚闵焉!于是建藏书之策,注如淳曰:"刘歆《七略》曰:外则有太常太史博士之藏,内则有延阁广内秘室之府。"置写书之官,下及诸子传说,皆充秘府。"考《武帝本纪》,此诏在元朔五年,仆之奏兵录当在是时。时方大举伐匈奴,以兵事为急,故仆校上兵书。至其他经传诸子,既置写书之官,亦当有校雠之事,特不知曾否著录也。

〔《汉书·武帝纪》〕　元朔五年夏六月,诏曰:"盖闻导民以礼,风之以乐,今礼坏乐崩,朕甚闵焉。故详延天下方闻之士,咸荐诸朝,其令礼官劝学,讲议洽闻,举遗兴礼,以为天下先。太常其议予博士弟子,崇乡党之化,以厉贤材焉。"《儒林传》亦载此诏。盖置博士弟子与藏书写书皆一时之事,纪、志、传分纪之。

案《酷吏·杨仆传》但言"以千夫为吏,河南守举为御史,稍迁至主爵都尉",不载其为军政之官。军政《百官表》不载,惟《胡建传》云"守军正丞",注"师古曰,南北军各有正,正又置丞"。考《百官公卿表》于元狩四年书"中尉丞杨仆为主爵都尉"。中尉丞秩千石,主爵秩二千石。盖由御史迁军政,再迁中尉丞,然后为主爵都尉,故言稍迁。元狩四年上距元朔五年,元朔纪元尽六年,明年改元元狩。仅五年余,仆中间尚经中尉丞一任,则其为军政当在元朔之末。故知其校兵书与置写书之官,正同时之事也。

宣帝之时,后仓在曲台校书,著《曲台记》。则校书之事,在西汉时几于累朝举行,以为常典,虽其所校或仅谈兵,或只议礼,偏而不全,规模未廓,然大辂椎轮,不可诬也。

〔《汉书·儒林传》〕　后仓说礼数万言,号曰《后氏曲台记》。　注:"服虔曰,在曲台校书著记,因以为名。"

〔《文选》任彦升《齐竟陵文宣王行状》注引《七略》〕　宣皇帝时行射礼,博士后仓为之辞,至今记之曰《曲台记》。

及至成帝披览古文,然后求天下之书,合中外之本,乃于河平三年诏刘向、刘歆典领雠校。向等每校一书,辄为一录,其后纂集别行,谓之《别录》。会向卒,哀帝使歆卒业,于是歆复著为《七略》。《汉书》《隋志》及《七录序》论之备矣。

〔《汉书·成帝纪》〕　河平三年秋八月,光禄大夫刘向校中秘书,谒者陈农使使求遗书于天下。

〔又《艺文志》〕　至成帝时,以书颇散亡,使谒者陈农求遗书于天下,诏光禄大夫刘向校经传诸子诗赋,步兵校尉任宏校兵书,太史令尹咸校数术,侍医李柱国校方技。每一书已,向辄条其篇目,撮其旨意,录而奏之。会向卒,哀帝复使向子侍中奉车都尉歆卒父业。歆于是总群书而奏其《七略》,故有《辑略》,注:师古曰,辑与集同,谓诸书之总要。有《六艺略》,有《诸子略》,有《诗赋略》,有《兵书略》,有《术数略》,有《方技略》。

〔又《楚元王传》〕　上方精于《诗》、《书》，观古文，诏向领校中五经秘书。　又歆字子骏，少以通《诗》、《书》能属文召见成帝，待诏宦者署，为黄门郎。河平中，受诏与父向领校秘书，讲六艺传记，诸子、诗赋、数术、方技，无所不究。向死后，歆复为中垒校尉。哀帝初即位，大司马王莽举歆宗室有材行，为侍中太中大夫，迁骑都尉、奉车光禄大夫，贵幸，复领五经，卒父前业。歆乃集六艺群书种别为《七略》，语在《艺文志》。

案据《汉书》所言，盖当时部次群书，分为六类，向自任六艺诸子诗赋三类，而任宏等三人以专门名家分任其一。然此乃谓校雠之事耳，至于撰次叙录，则向总其成而歆佐之，不复专责之任宏等。观《志》言“向辄条其篇目，撮其旨意，录而奏之”，《传》言歆“讲六艺传记，诸子、诗赋、数术、方技，无所不究”，所言独不及兵书，或兵家之学非歆所长。是知群书之录，皆出之向歆父子矣。向所撰《洪范五行传论》及《列女传》、《新序》、《说苑》据本传言均成于校书之时，而《五行志》引《洪范论》每条分载向歆之说。《初学记》卷二十五引《别录》云，“臣向与黄门侍郎歆所校《列女传》，种类相从为七篇。”《隋志》杂传类“《列女传》十五卷，刘向撰，《列女传颂》一卷，刘歆撰”，是二人分撰传颂。然隋杜台卿《玉烛宝典》卷二云，“刘向《五行论》云漦化为玄蝇入王宫，歆父子素有异同之论”，歆《列女传·褒姒传》“化为玄蚖”，字与《五行论》不同，卷十二又引刘歆《列女传》“鲁之母师”一条，均直指《列女传》为歆撰，与《汉书》、《隋志》均不合。盖向凡有撰述，歆无不参与者。此亦自来治目录学者所不及知也。

〔阮孝绪《七录序》〕见《广弘明集》卷三　　汉惠四年，始除挟书之律。其后……开献书之路，置写书之官。至孝成之世，颇有亡逸。乃使谒者陈农求遗书于天下，命光禄大夫刘向及子俊、歆等雠校篇籍。孙星衍《续古文苑》卷十一注云："案俊当作伋，《汉书》向本传云，长子伋，以《易》教授，官至郡守，不云曾受诏校书，阮此言疑出《别录》、《七略》也。"每一篇已，辄录而奏之。会向丧亡，帝使歆嗣其父业，乃徙温室中书于天禄阁上。歆遂总括群篇，奏其《七略》。……昔刘向校书，辄为一录，论其指归，辨其讹谬，随竟奏上，皆在本书。时又别集众录，谓之《别录》，即今之《别录》是也。子歆撮其指要，著为《七略》。其一篇即六篇之总最，故以《辑略》为名。次《六艺略》，次《诸子略》，次《诗赋略》，次《兵书略》，次《数术略》，次《方技略》。

〔《北堂书钞》卷九十九引《刘歆集序》〕　　歆字子骏，受诏与父向校众书，著《七略》以剖判百家。

〔《隋书·经籍志》〕　　《七略别录》二十卷，刘向撰。《七略》七卷，刘歆撰。新、旧《唐志》、《通志略》同，《崇文总目》、晁陈《志》均不著录。

案《隋志》叙向、歆校书之事即参用《汉志》及《七录序》，别无异闻，兹不备引。

《七序录》言"歆总括群篇，奏其《七略》，后汉兰台犹为书部；又于东观及仁寿阁撰集新记，校书郎班固、傅毅并典秘籍"。"犹为书部"者承歆奏《七略》言之，谓依《七略》分类为书之部次也。然不云尝撰目录。东观及仁寿阁所选之新记即谓《东观汉记》，乃当时国史，非目录书。《隋志》叙此事文义不明，后人遂误以东观书部为书目矣。

〔《隋书·经籍志》〕　光武中兴，笃好文雅，明、章继轨，尤重经术。四方鸿生巨儒负袠自远而至者，不可胜算。石室、兰台，弥以充积。又于东观及仁寿阁集新书，校书郎班固、傅毅等典掌焉，并依《七略》而为书部，固又编之以为《汉书·艺文志》。

案《七录序》所言兰台书部，乃泛指部次之事，盖谓庋藏图书之分类法也。又云"东观仁寿阁撰集新记者"，《后汉书·班固传》言"显宗召诣校书部，除兰台令史，与前睢阳令陈宗，长陵令尹敏，司隶从事孟异，共成《世祖本纪》，迁为郎，典校秘书，固又撰功臣平林新市公孙述事，作列传载记二十八篇"，是其事也。《史通·正史》篇叙其始末甚详。《唐六典》卷九亦云"东观所撰书，谓之《东观汉记》"。今称之为新记者，汉人呼史书为记，故司马迁书，谓之《太史公记》。新记之名，所以别于前汉之《史记》，犹言新史云耳。《隋志》改撰集新记为集新书，盖不知其为指《东观汉记》。《玉海》卷五十二"书目类"因立"东观仁寿阁新书"一条，近人作书目长编者，又承其误，题为东观仁寿阁书部，注曰汉班固、傅毅、贾逵，此因《后汉书·文苑传》言"以毅为兰台令史，与班固贾逵共典校书"，故补入贾逵之名。不悟书部不得为书名，兰台、东观，虽同为后汉藏书之所，然《七录序》及《隋志》均不言当时尝撰目录，疑班固、傅毅等虽典秘籍，然只是校雠典掌，未能如向歆父子之著录也。

〔《旧唐书·经籍志》〕　后汉兰台、石室、东观、南宫诸儒撰集，部次渐增。

班固《汉书·艺文志》自言就刘歆《七略》“删其要以备篇籍”，又于篇末总数之下自注云“入三家五十篇，省兵十家”，盖除所新入及省并者外，其他所著录皆全本之刘歆。其小序亦录自《辑略》，特微有增删改易，刘知几所以讥为因人成事也。

〔**《史通·书志》篇**〕　但班固缀孙卿之词，以序《刑法》，探孟轲之语，用裁《食货》，《五行》出刘向《洪范》，《艺文》取刘歆《七略》，因人成事，其目遂多。

《后汉书》作者甚众，今知其有《艺文志》者，惟袁山松一家，见于阮氏《七录》，胡应麟以为谢承书者，误也。其书已亡，《崇文总目》及《宋志》均不著录，盖亡于唐末五代。体例不可复考。

〔**《七录序》**〕　固乃因《七略》之辞，为《汉书·艺文志》，其后有著述者，袁山松亦录在其书。　又袁山松《后汉艺文志》书《续古文苑》注云“案此下当有脱文”。八十七家亡。

〔**《通志·校雠略·编次必记亡书论》**〕　阮孝绪作《七录》已，亦条刘氏《七略》及班固《汉志》、袁山松《后汉志》、魏《中经》、晋四部所亡之书为一录。

〔**胡应麟《经籍会通》卷一**〕　阮《录》又有《后汉艺文志目》若干卷，第云八十七家亡，而不著存数。案《范志》无艺文一类，案今《后汉书志》，乃司马彪之《续汉志》，此云《范志》误也。盖谢承书也。

〔章宗源《隋书经籍志考证》卷一〕　《后汉书》九十五卷，本一百卷，晋秘书监袁山松撰。……《旧唐志》一百二卷，《新唐志》一百一卷，又录一卷。……《通志·校雠略》言有《艺文志》。《宏简录》载梁《七录》内有《后汉书·艺文志》若干卷，不著名山松，证以《通志》，当即袁氏之志。

案《七录序》两言袁氏山松，《广弘明集》各本皆同。郑樵《通志》即本之《七录》，胡氏曾见《广弘明集》者。其书中引用阮序极详，乃以为谢承书，此不可解。章氏仅自《宏简录》转引，疑其未见阮序也。

又案《史通·书志》篇云："班《汉》定其流别，编为《艺文志》，论其妄载，事等上篇，上篇谓《天文志》。知几以为史不当有天文、艺文、五行等志，故云妄载。《续汉》已还，祖述不暇。夫前志已录，而后志仍书，篇目如旧，频繁互出，何异以水济水，谁能饮之者乎？"知几立论之谬不待言。但云"《续汉》以还，祖述不暇"，而今司马彪《续汉志》尚存，并无艺文志，则此续汉二字盖泛指诸家《后汉书》言之，疑他家亦或有志艺文者，不止袁山松也。其云"前志已录，后志仍书"，知其体仍兼录前朝书，并不断代。《七录序》所谓"后有著述，袁山松录在其书"者，盖略言之，非谓仅录后汉人之著述也。

三国之时，魏秘书郎郑默，始制《中经》。《七录》、《隋志》不言其体例有所变更，知其分类犹沿《七略》。但其书不见著录，盖荀勖《新簿》既行，默书遂废不用耳。

〔《七录序》〕　魏、晋之世，文籍逾广，皆藏在秘书中外三阁。魏秘书郎郑默删定旧文，时之论者谓为朱紫有别。

〔《隋书·经籍志》〕 董卓之乱,献帝西迁,图书缣帛,军人皆取为帷囊。所收而西,犹七十余载。两京大乱,扫地皆尽。魏氏代汉,采掇遗亡,藏在秘书中外三阁,魏秘书郎郑默始制《中经》。

〔《初学记》卷十二引王隐《晋书》〕 郑默,字思元,为秘书郎,删省旧文,除其浮秽,著《魏中经簿》。中书令虞松谓默曰:"而今而后,朱紫别矣。"今《晋书》默附其父郑袤传,文略同,惟浮秽下无著《魏中经簿》一句。

八　目录学源流考中　晋至隋

晋武帝太康二年，得汲冢古文竹书，以付秘书，于是荀勖撰次之，因郑默《中经》，更著新簿，遂变《七略》之体，分为甲乙丙丁四部，是为后世经史子集之权舆，特其次序子在史前。《隋志》谓其“但录题，及言盛以缥囊，书用缃素，至于作者之意，无所论辩”。“但录题”者，盖谓但记书名；“盛以缥囊，书用缃素”，则惟侈陈装饰，是其书并无解题。而今《穆天子传》，载有勖等校上序一篇，其体略如刘向《别录》，与《隋志》之言不合。据《晋书》勖传，则勖之校书，起于得汲冢古文，或勖第于汲冢书撰有叙录，他书则否也。《中经簿》新、旧《唐志》均著录，至宋遂佚。

〔《七录序》〕　晋领秘书监荀勖，因魏《中经》，更撰新簿，虽分为十有余卷，而总以四部别之。惠、怀之乱，其书略尽。　又《晋中经簿》四部书一千八百八十五部，二万九百三十五卷，其中十六卷佛经，书簿少二卷，不详所载多少，一千一百一十九部亡，七百六十六部存。

〔《隋书·经籍志》〕　秘书监荀勖又因《中经》更著新簿，分为四部，总括群书。此下记四部分类，详见后目录类例之沿革。大凡四部，合二万九千九百四十五卷。但录题，及言盛以缥囊，书用缃素。《北堂书钞》卷一百四引《晋中经簿》云，“盛书用皂缥囊布里，书函中皆有香囊"，《太平御览》卷七百四引《晋中经簿》云，"盛书有缣囊布囊绢囊"，均可为《隋志》此二句之证。至于作者之意，无所论辩。惠、怀之乱，京华荡覆，渠阁文籍，靡有孑遗。又《晋中经》十四卷，荀勖撰。

〔《晋书·荀勖传》〕　荀勖，字公曾，颍川颍阴人。领秘书监。及得汲郡冢中古文竹书，诏勖撰次之以为《中经》，列在秘书。

〔荀勖等《上穆天子传序》〕　古文《穆天子传》者，太康二年汲县民不准盗发古冢所得书也，皆竹简素丝编。以臣勖前所考定古尺度其简，长二尺四寸，以墨书，一简四十字。汲者，战国时魏地也。案所得纪年，盖魏惠成王子，今王之冢也，于《世本》盖襄王也。……其书言周穆王游行之事。《春秋左氏传》曰"穆王欲肆其心，周行于天下，将皆使有车辙马迹焉"，此书所载则其事也。王好巡狩，得盗骊騄耳之乘，造父为御，以观四荒，北绝流沙，西登昆仑，见西王母，与《太史公记》同。

案《晋书·束皙传》言"汲郡人不准发魏襄王墓，或言安厘王冢"，据此序则是襄王墓也。当时所得书，《束皙传》及杜预《左传后序》孔《疏》所引王隐《晋书》纪载互有详略，兹不备引。

〔《北堂书钞》卷一百一〕　荀勖《让乐事表》云："臣掌著作，又知秘书，今覆校错误，十万余卷书，不可仓卒，复兼他职，必有废顿者也。"

案《中经簿》书仅二万余卷，此云十万余卷者，合重复各本计之。

〔《旧唐书·经籍志》后序〕　魏武父子采掇遗亡，至晋总括群书裁二万七千九百四十五卷。及永嘉之乱，洛都覆没，靡有孑遗。

五胡之乱，不减焚书。迨及东晋，收集散亡，李充作《晋元帝书目》，但以甲乙丙丁四部为次，又将《中经新簿》之乙丙两部先后互换。由是史居子前，经史子集之次序，遂一定不可移易矣。《元帝书目》《隋志》不著录，仅见于《七录序》中。

〔《七录序》〕　江左草创，十不一存，后虽鸠集，淆乱已甚，及著作佐郎李充始加删正。因荀勖旧簿四部之法，而换其乙丙之书，没略众篇之名，总以甲乙为次。自时厥后，世相祖述。又《晋元帝书目》四部三百五袠，三千一十四卷。

〔《隋书·经籍志》〕　东晋之初，渐更鸠聚。著作郎李充以勖旧簿校之，其见存者但有三千一十四卷。充遂总没众篇之名，但以甲乙为次。自尔因循，无所变革。

〔《晋书·李充传》〕　李充，字弘度，江夏人。为大著作郎。于时典籍混乱，充删除烦重，以类相从，分为四部，甚有条贯，秘阁以为永制。

〔《旧唐书·经籍志》后序〕　江表所存官书，凡三千一十四卷。

晋安帝义熙四年，邱渊之又作《新集目录》三卷，《七录》、《隋志》均不叙其事,其详不可得闻。《唐志》尚著录,至宋亦亡。

〔**《七录序》**〕　晋义熙四年《秘阁四部目录》《续古文苑》注云:"案此下当有脱文。"

〔**《隋书·经籍志》**〕　晋《义熙以来新集目录》三卷。

〔**《旧唐书·经籍志》**〕　《义熙以来新集目录》三卷,丘深之撰。《新唐志》同。

案《七录》与《隋志》所载皆即一书。丁国钧《补晋书艺文志》采《七录》、《隋志》,分为二书,非也。黄逢元补志,只著录义熙四年秘阁四部目录,不引《隋志》考其异同,亦非。丘深之即丘渊之,《宋书》附见《顾琛传》云:"丘渊之,字思玄,吴兴乌程人。"唐人避讳,改渊为深也。传不言撰目录,盖史略之。

有宋一代,累撰目录。其在文帝元嘉八年,则有谢灵运之书;营阳王景平中,则有殷淳之书;苍梧王元徽元年,则有王俭之作。然《隋志》及《旧唐志》著录者,王俭一家而已。而殷淳书独见于《新唐志》,则马怀素所谓"古书近出,前志阙而未编"者也。

〔**《七录序》**〕　宋秘书监谢灵运、丞王俭,齐秘书丞王亮、监谢朏等并有新进,更撰目录。宋秘书殷淳撰大四部目。

又宋元嘉八年秘阁《四部目录》一千百六十四袠,一万四千五百八十二卷,五十四袠,四百三十八卷佛经。　又元徽年秘阁《四部书目录》二千二十袠,一万五千四十七卷。

〔**《隋书·经籍志》**〕　其后,中朝遗书稍流江左。宋元嘉八年,秘书监谢灵运造四部目录,大凡六万四千五百八十二卷。元徽元年，秘书丞王俭又造目录，大凡一万五千七百四卷。　又宋元徽元年《四部书目录》四卷，王俭撰。《新唐志》同，《旧唐志》作元徽元年《书目》四卷。

〔《旧唐书·经籍志》后序〕　至宋谢灵运造四部书目录，凡四千五百八十二卷。其后王俭复造书目，凡五千七十四卷。

案谢灵运书目存书卷数，《隋志》太多，《旧唐志》太少，当以《七录序》为正，盖《隋志》六万乃一万之误，《旧唐志》则与"王俭"条皆脱去一万字故也。胡应麟《经籍会通》卷一，录《旧唐志》此序，谓其记累世藏书卷轴多与《隋志》不同，概当从此为正，不知其何所据而云然。又案《宋书》及《南史·谢灵运传》但云"为秘书丞，坐事免"，不言撰书目。

〔《宋书·殷淳传》〕　殷淳，字粹远，陈郡长平人也。少帝景平初，为秘书郎、衡阳王文学、秘书丞、中书黄门侍郎。在秘书阁撰《四部书目》，凡四十卷，行于世。

〔《新唐书·艺文志》〕　殷淳《四部书目序录》三十九卷。案淳，宋人，《新书》列在隋牛弘、王劭之下，非是。

〔《南齐书·王俭传》〕　王俭，字仲宝，琅邪临沂人也。……解褐秘书郎、太子舍人，超迁秘书丞。上表求校坟籍，依《七略》撰《七志》四十卷，上表献之，表辞甚典。又撰定《元徽四部书目》。

王俭《元徽书目》，仍依四部次序，盖以遵秘阁之制。俭又别撰

《七志》，则依《七略》之体，盖以成一家之言。疑《元徽书目》乃官书，而《七志》则私家撰述书。然既经表上，则亦同于官书矣。

〔《七录序》〕　俭又依《别录》之体撰为《七志》，其中朝遗书收集稍广，然所亡者犹大半焉。

〔《隋书·经籍志》〕　俭又别撰《七志》。以下记分类，详后目录类例之沿革。然亦不述作者之意，但于书名之下每立一传，而又作九篇条例，编乎首卷之中。文义浅近，未为典则。又《今书七志》七十卷，王俭撰。

〔《新唐书·艺文志》〕　王俭《今书七志》七十卷，贺踪补注。《旧唐志》脱注字。贺踪，梁时官学士，见《梁书·刘峻传》。

〔《文选》任彦升《王文宪集序》〕　元徽初，迁秘书丞，于是采公曾之《中经》，刊弘度之四部，依刘歆《七略》，更撰《七志》。　又所撰《古今集记》、《今书七志》为一家言，不列于集。

案彦升撰序，竟不道及《元徽书目》，盖以公家簿籍不足以当著述也。《南齐书》本传，叙撰《七志》，在定《元徽书目》之前，《七录》、《隋志》则言撰目录在前，疑当依《七录》。

其后南齐王亮、谢朏等复撰目录。梁武右文，著录弥富；任昉、刘孝标尤极著作之选。昉与殷钧撰《秘阁书目》，孝标与丘宾卿撰《文德殿书目》。而东宫之书，又别有撰著。昉所私藏，亦自登簿。江左篇章，于斯为盛。故阮氏《七录》，得取资焉。

〔《七录序》〕　齐末兵火，延及秘阁。有梁之初，缺亡甚众，爰命秘书监任昉躬加部集。又于文德殿内别藏众书，使学士刘孝标等重加校进。又分数术之文更为一部，使奉朝请祖晅撰其名录。其尚书阁内别藏经史杂书，华林园又集释氏经论，自江左篇章之盛，未有逾于当今者也。　又齐永明元年秘阁《四部目录》五千新足，合二千三百三十二袠，一万八千一十卷。　又梁天监四年《文德正御及术数书目录》，合二千九百六十八袠，二万三千一百六卷，秘书丞殷钧撰《秘阁四部书》，少于文德书，故不撰其数也。

〔《隋书·经籍志》〕　齐永明中，秘书丞王亮、监谢朏又造四部书目，大凡一万八千一十卷。齐末，兵火延烧秘阁，经籍遗散。梁初，秘书监任昉躬加部集。又于文德殿内列藏众书，华林园中总集释典，大凡二万三千一百六卷，而释氏不豫焉。梁有秘书监任昉、殷钧《四部目录》，又《文德殿目录》。其术数之书，更为一部，使奉朝请祖晅撰其名，故梁有《五部目录》。　又梁天监六年《四部书目录》四卷，梁钧撰。梁《东宫四部目录》四卷，刘遵撰。梁《文德殿四部目录》四卷，刘孝标撰。

案《梁书》及《南史》王亮、谢朏本传，均不言其在南齐时撰目录事，仅见于《七录》序及《隋志》。然《志》不录其书，盖隋时已亡。又《梁书·刘遵传》，亦不言其曾撰《东宫目录》，惟言“除中庶子，在东宫，以旧恩偏蒙宠遇，同时莫及”而已。

〔《梁书·任昉传》〕　任昉，字彦升，乐安博昌人。高祖践阼，拜黄门侍郎，寻转御史中丞秘书监，领前军将军。自齐永元以来，秘书四部，篇卷纷杂，昉手自雠校，由是篇目定焉。家虽贫，聚书至万余卷，率多异本。昉卒后，高祖使学士贺踪共沈约勘其书目，官所无者就昉家取之。

案此言勘其书目，盖谓昉自藏之书目。观《七录序》言遍致宋齐已来王公缙绅坟籍之名簿，知当时私家藏书皆有目录，其见于史者莫早于昉，是为后来私家藏书目之权舆。

〔又《殷钧传》〕　殷钧，字季和，陈郡长平人也。天监初，起家秘书郎、太子舍人、司徒主簿、秘书丞。钧在职启校定秘阁四部书，更为目录。

案据《隋志序》，则任昉与殷钧同撰目录，而簿录类者录梁天监六年四部目录，只题钧一人之名，《七录序》亦但目为钧作，未详其故。

〔《梁书·文学传》〕　刘峻，字孝标，平原平原人。天监初，召入西省，举学士贺踪典校秘书。

〔《旧唐书·经籍志》〕　梁天监四年《书目》四卷，丘宾卿撰。　《新志》同。《新志》有刘遵《东宫书目》，《旧志》无。

案丘宾卿《梁书》及《南史》均无传，不知其为何人，其书《隋志》亦不著录。及详考之，实即《隋志》之刘孝标《梁文德殿四部目录》也。《七录序》言，"又于文德殿内，别藏众书，使学士刘孝标等重加校进"，序末《古今书最》内有"梁天监四年《文德正御及术数书目录》”，是知文德殿校书正在天监四年。宾卿之书，时代卷数皆相合，知即一书，宾卿盖亦校书学士之一人。《玉海》卷五十二以为殷钧书者，误也。《隋书经籍志考证》亦承其误。《七录序》及《隋志》言文德殿书术数更为一部，为祖暅所撰。然据《七录》，则文德殿目已包括术数书在内，即《隋志》所谓《五部目录》。而《志》录刘孝标书仍称为四部，亦非是。祖暅，《南史》作祖暅之，字景烁，附见其父冲之传，言其有巧思入神之妙，但不载其曾撰术数书目。

南朝书目，自王俭《七志》外，皆用荀勖、李充旧规，以四部为次。至普通中，处士阮孝绪始复斟酌刘歆、王俭之义例，撰成《七录》，分为内外篇。内篇五录，特于经史子集之外，益以术伎而已，盖本于《文德殿目录》，而小变之。详见后目录类例之沿革。孝绪自言“总集宋齐已来众家之名簿”，又言“以所见闻校之官目”，是则凡当时目录所有，皆加采辑，不必亲见其书，此则阮氏之创例。后来郑樵、马端临、焦竑之徒于所未见之书辄据他家入录，盖仿于此。又六代以前，撰书目者大抵供职秘阁，校雠官书。即王俭《七志》，亦成于官秘书丞之日。孝绪心慕高隐，身居韦布，乃以文献为己任，广为搜集，补中秘藏所不逮，裒然成一大著作，是亦前此所未有也。

〔《七录序》〕 孝绪少爱坟籍，长而弗倦。卧病闲居，傍无尘杂，晨光才启，缃囊已散，宵漏既分，绿帙方掩，犹不能穷究流略，探尽秘奥。每披录内，省多有缺。案此谓任昉、刘孝标、祖暅所撰之目录。然其遗文隐记，颇好搜集。凡自宋、齐已来，王公搢绅之馆，苟能蓄聚坟籍，必思致其名簿。凡在所遇，若见若闻，校之官目，多所遗漏。遂总集众家，更为新录。其方内经史至于术伎，合为五录，谓之内篇。方外佛道，各为一录，谓之外篇。凡为录有七，故名《七录》。有梁普通四年仲春十有七日，于建康禁中里宅始述此书。　新集《七录》内外篇，图书凡五十五部，六千二百八十八种，八千五百四十七袠，四万四千五百二十六卷。　《内篇》五录四十六部，三千四百五十三种，五千四百九十三袠，三万五千九百八十三卷。　《外篇》二录九部，二千八百三十五种，三千五十四袠，六千五百三十八卷。原文总数分数之后，均详具若干袠、若干卷为经书，若干为图或图符，今略去。

〔《隋书·经籍志》〕　普通中，有处士阮孝绪，沉静寡欲，笃好坟史，博采宋、齐已来王公之家，凡有书记，参校官簿，更为《七录》。其分部题目，颇有次序，割析辞义，浅薄不经。

又《七录》十二卷，阮孝绪撰新、旧《唐志》同。

〔《梁书·处士传》〕　阮孝绪，字士宗，陈留尉氏人也。大同二年卒，年五十八。门徒诔其德行，谥曰文贞处士。所著《七录》等书二百五十余卷行于世。

案《南史·隐逸传》作"所著《七录》《削繁》等一百八十一卷"。考孝绪所著书七种，附见《七录》序后，卷数与《南史》合。然其中并无《七录》。《削繁》者，孝绪尝作《正史删繁》也。又案此书自《崇文总目》以下均不著录，宋人亦未见引用，而尤袤《遂初堂书目》乃独见之，不知可据否？

〔《经籍会通》卷一〕　阮孝绪《七录》总目，盖梁世荐绅家藏，并在其中，秘书或因任昉之旧。

孝绪之撰《七录》，得其友刘杳之力为多。杳又自撰《古今四部书目》，亦是私家撰述，《隋志》不著录。书仅五卷，盖不如《七录》之详，故其亡独早。然有梁一代，遂有官撰之目三，私撰之目二，如任昉辈藏书簿录，尚不在此列，可谓盛矣！

〔《七录序》〕 通人平原刘杳从余游，因说其事。杳有志积久，未获操笔，闻余已先着鞭，欣然会意。凡所抄集，尽以相与，广其闻见，实有力焉。斯亦康成之于传释，尽归子慎之书也。

〔《梁书·文学传》〕 刘杳，字士深，平原平原人也。少好学，博综群书。沈约、任昉以下，每有遗忘皆访问焉。自少至长，多所著述，撰《古今四部书目》五卷行于世。

案《七录序》谓杳未获操笔，而杳实有成书。疑即其所抄集之底稿，后人传之也。

梁元帝性好聚书，又勤于著述。平侯景之后，尝诏周弘正等分校经史子集。见颜之推《观我生赋》自注。及江陵之破，取所聚图书十余万卷尽焚之，竟不闻有目录传世，当由编校未终，旋致覆没故也。

〔《金楼子·聚书》篇〕 吾今年四十六岁，自聚书来四十年，得书八万卷，河间之侔汉室，颇谓过之矣。

〔《南史·元帝纪》〕 性爱书籍，既患目，多不自执卷，置读书左右，番次上直，昼夜为常，略无休已。及魏军逼，乃聚图书十余万卷尽烧之。

〔**颜之推《观我生赋》自注**〕见《北齐书》本传　　王司徒表送秘阁旧事八万卷，案王司徒者王僧辩也，此正言平侯景后送书之事。乃诏比校部分，为正御、副御、重杂三本。　又北于坟籍少于江东三分之一，梁氏剥乱，散逸湮亡。惟孝元鸠合通重十余万，史籍以来未之有也。兵败，悉焚之，海内无复书府。

〔**《隋书·经籍志》**〕　　梁武敦悦诗书，下化其上，当为土字之误。四境之内，家有文史。元帝克平侯景，收文德之书及公私经籍，归于江陵，大凡七万余卷。周师入郢，咸自焚之。

〔**《旧唐书·经籍志后序》**〕　　梁元帝克平侯景，收公私经籍归于江陵，凡七万余卷，盖佛老之书计于其间。及周师入郢，咸自焚炀。

案《通鉴》卷百六十五云："城陷，帝入东阁竹殿，命舍人高宝善焚古今图书十四万卷。"《考异》曰："《隋·经籍志》云焚七万卷，《南史》云十余万卷。按王僧辩所送建康书已八万卷，并江陵旧书岂止七万卷乎？今从《典略》。"余以《观我生赋注》考之，则其所烧者实十余万卷，而七万余卷者，王僧辩破侯景后所得书也。赋注言八万卷，举成数言之。合之元帝平生所聚书，正当得十余万卷。《隋志》承上文言之，不数其自聚之书耳。惟是《金楼子》云"四十六岁，得书八万卷"，此则甚有可疑。考王僧辩以承圣元年三月平侯景，十一月帝即位，三年帝崩，年四十七。当四十六岁时，侯景之平已逾年，文德殿之书必已早送至江陵，安得尚只八万卷。《聚书》篇于所得数帙数卷皆记之，何以于此事独置之不言？且其文自比河间之侔汉室，明是未即位时之语。"今年四十六岁"及"聚书四十年"句必皆传写之误。《金楼子序》云："粤以凡庸，早赐茅社，祚土潇湘，晚居外相。"又云:"昔为俎豆之人,今成介胄之士,智小谋大,功名其安在哉?"考太清三年,侯景寇没京师,密诏以帝为侍中,假黄钺大都督中外诸军事,司徒承制,所谓晚居外相也。故知此书当作于未平侯景以前,断未至四十六岁明矣。此篇意在考目录源流,于历代藏书之事不尽胪举,特以江陵之火为书籍之一大厄,而昔人考之不详,故聊复言之。

有陈一代,尝鸠集遗佚,《隋志》载其书目数种,然大率不著撰人名氏。《志》称"隋氏平陈,所得之书,纸墨不精,书亦拙恶"。盖江左偷安,未遑经术,掇拾残剩,无足观矣。

〔**《隋书·经籍志》**〕 陈天嘉中,又更鸠集,考其篇目,遗阙尚多。 又陈《秘阁图书法书目录》一卷。案此为《书画目录》。陈天嘉六年《寿安殿四部目录》四卷,陈《德教殿四部目录》四卷,陈《承香殿五经史记目录》四卷。

案新、旧《唐志》,只存《天嘉书目》一种。

自晋元渡江,中原沦于异族,日寻干戈,迄无宁宇,弦诵既衰,经籍道熄。惟苻坚、姚兴粗能安集,慕尚华风,文教颇盛。然史文阙略,兰台、东观之制,靡得而闻。

〔**《隋书·经籍志》**〕 其中原则战争相寻,干戈是务,文教之盛,苻、姚而已。宋武入关,收其图籍,府藏所有才四千卷。赤轴青纸,文字古拙。

元魏崛兴,底定中原,爰及孝文,弥敦儒术,文艺之兴,于斯为盛。其时秘书丞卢昶撰有《甲乙新录》,然《隋志》略而不言。其书名为甲乙，或是只录六艺诸子，抑举甲乙以该丙丁，皆不可知。荀勖《中经》甲部纪六艺小学，乙部有诸子兵书术数，东晋李充始以史传为乙部。北魏与东晋隔绝，未必沿用其例，故只疑录经子也。

〔《隋书·经籍志》〕　从魏始都燕代，南略中原，粗收经史，未能全具。孝文徙都洛邑，借书于齐，秘之府中，稍以充实。暨于尔朱之乱，散落人间。　又《魏阙书目录》一卷。

〔《魏书·儒林·孙惠蔚传》〕　世宗即位之后，案世宗者，文帝子宣武帝庙号。自冗从仆射迁秘书丞。惠蔚既入东观，见典籍未周，乃上疏曰："秦弃学术，礼经泯绝，汉兴求访，典文载举。暨光武拨乱，日不暇给，而入洛之书，二千余两。魏晋之世，尤重坟典，收亡集逸，九流咸备。观其鸠阅史篇，访购经论，纸竹所载，略尽无遗。臣学阙通儒，厕班秘省，忝官承乏，惟书是司。而观阅旧典，先无定目，新故杂糅，首尾不全。有者累帙数十，无者旷年不写。或篇第褫落，始末沦残，或文坏字误，谬烂相属。篇目虽多，全定者少。臣请依前丞臣卢昶所撰《甲乙新录》，欲裨残补阙，损并有无，校练句读，以为定本，次第均写，永为常式。其省先无本者，广加推寻，搜求令足。然经记浩博，诸子纷纶，部次既多，章篇纰缪，当非一二校书岁月可了。今求令四门博士及在京儒生四十人，在秘书省专精校考，参定字义。如蒙听许，则典文允正，群书大集。"诏许之。

案卢昶所撰《甲乙新录》，仅见于此。考《魏书》昶附见其曾祖卢玄传，末云："转秘书丞，景明初，除中书侍郎。"景明为宣武帝即位后改元，则其官秘书丞撰新录，正在孝文帝时。惠蔚此疏论校书之事甚详,《北史》删削太多。《玉海》卷五十二仅就《北史》录其数句,《通考·经籍考》遂并不载。今详录之。

北齐之政,上暴下乱,然于文史,亦颇留意。高洋尝令樊逊校书,《隋志》谓“迄于后主之世,校写不辍”,牛弘言“验其本目,残阙犹多”,是当时亦撰有目录,而求之史传,并无其文。

〔**《隋书·经籍志》**〕　后齐迁邺,颇更搜聚,迄于天统、武平,校写不辍。

〔**《北齐书·文苑传》**〕　樊逊,字孝谦,河东北猗氏人也。七年,文宣之天保七年也。诏令校定群书供皇太子。时秘府书籍,纰缪者多,逊乃议曰:“按汉中垒校尉刘向受诏校书,每一书竟表上,辄言臣向书、长水校尉臣参书、大夫公太常博士书、中外书合若干本,以相比较,然后杀青。今所雠校,供拟极重,出自兰台,御诸甲馆,向之故事,见存府阁,即欲刊定,必藉众本。太常卿邢子才、太子少傅魏收、吏部尚书辛术、司农少卿穆子容、前东门郎司马子瑞、故国子祭酒李业兴并是多书之家,请牒借本,参校得失。”秘书监尉景移尚书都坐,凡得别本三千余卷,五经诸史,殆无遗阙。

案此事《玉海》、《通考》俱不载,故录之以补阙遗。逊之此议,与孙惠蔚之疏,并可以见北朝之文化焉。

时有宋孝王者,撰《朝士别录》,后改为《关东风俗传》,专记北齐时邺下之事,中有《坟籍志》。后来郡县方志多志艺文,盖仿于此。其所列书名,唯取当时撰著,刘知几亟称之,遂为《千顷堂书目》及《明史·艺文志》所取法焉。此虽私家一隅之作,又非目录专书，而其有关著作源流，亦不细矣。

〔《史通·书志》篇〕　艺文一体，古今是同，详求厥义，未见其可。愚谓凡撰志者，宜除此篇。必不能去，当变其体。近者宋孝王《关东风俗传》，亦有《坟籍志》，其所撰皆邺下文儒之士，校雠之司，所列书名，唯取当时撰著。习兹楷则，庶免讥嫌。语曰"虽有丝麻，无弃管蒯"，于宋生得之矣。

〔《北史·宋隐传》〕　道玙道玙，隐族裔孙。从孙孝王为北平王文学，求入文林馆不遂，因非毁朝士，撰《朝士别录》。会周武灭齐，改为《关东风俗传》，更广闻见，勒成三十卷以上之。言多妄谬，篇第冗杂，无著述体。

北周政教，优于高齐。然时际丧乱，虽复收书，所得甚少。明帝尝令群臣于麟趾殿校书，足征留心文史。唐封演言"后周定目，书止八千"。见《封氏闻见记》卷二。是则保定之时，武帝年号。尝编书目。然《周书》、《隋志》及牛弘表皆不叙及，所未详也。

〔《隋书·经籍志》〕　后周始基关右，外逼强邻，戎马生郊，日不暇给。保定之始，书只八千，后稍加增，方盈万卷。周武平齐，先封书府，所加旧本，才至五千。

〔《周书·明帝纪》〕　帝幼而好学，及即位，集公卿已下有文学者八十余人于麟趾殿，刊校经史。

隋文即位，从牛弘之言，遣使搜书，民间异本往往间出。平陈之后，得其经籍，编次缮写，撰为《开皇四年四部目录》。其后又有八年之目录,史不言其何以重修。又有《香厨目录》,亦不言香厨之所在,故不可考。当时搜访,每书一卷,赏绢一匹。宋嘉祐时犹率行之。校写既定,本即归主。清修《四库全书》,亦仿其例。其求之之法,可谓密矣。

〔《隋书·经籍志》〕 隋开皇三年,秘书监牛弘表请分遣使人搜访异本。每书一卷,赏绢一匹,校写既定,本即归主。于是民间异书往往间出。及平陈已后,经籍渐备。检其所得,多太建时书,纸墨不精,书亦拙恶。于是总集编次,存为古本。召天下工书之士京兆韦霈、南阳杜頵等于秘书内补续残缺,为正副二本,藏于宫中。其余以实秘书内外之阁,凡三万余卷。又《开皇四年四部目录》四卷,《开皇八年四部目录》四卷,《香厨目录》四卷。

〔《旧唐书·经籍志》〕 隋《开皇四年书目》四卷,牛弘撰。 《新志》同。

〔《北史·牛弘传》〕 牛弘,字里仁,安定鹑觚人也。开皇初,授散骑常侍、秘书监。弘以典籍遗逸,上表请开献书之路曰:"昔周德既衰,旧经紊弃。孔子以大圣之才,开素王之业,宪章祖述,制《礼》刊《诗》,正五始而修《春秋》,阐《十翼》而宏《易》道。及秦皇御宇,吞灭诸侯,案《隋书》本传此下有"任用威力,事不师古,始下焚书之令,行偶语之刑"四句。先王坟籍,扫地皆尽,此则书之一厄也。汉兴,建藏书之策,置校书之官。至孝、成之代,遣谒者陈农求遗书于天下,诏刘向父子雠校篇籍,汉之典文,于斯为盛。及王莽之末,《隋书》有"长安兵起,宫室图书"二句。并从焚烬,此则书之二厄也。光武嗣兴,尤重经诰，未及下车，先求文雅。至肃宗亲临讲肄，和帝数幸书林。其兰台、石室、鸿都、东观，秘牒填委，更倍于前。及孝献移都，吏人扰乱，图画缣帛图画《隋书》作图书，当从之。皆取为帷囊，此则书之三厄也。魏文代汉，更集经典，皆藏在秘书内外三阁，遣秘书郎郑默删定旧文，论者美其朱紫有别。晋氏承之，文籍尤广。晋秘书监荀勖，定魏《内经》，更著新簿。《隋书》云："虽古文旧简，犹云有缺，新章后录，鸠集已多。"属刘石凭陵，从而失坠，此则书之四厄也。永嘉之后，寇窃竞兴，其建国立家，虽传名号，宪章礼乐，寂灭无闻。刘裕平姚，收其图籍，《五经》子史才四千卷，皆赤轴青纸，文字古拙，并归江左。《隋书》文字古拙句下作"僭伪之盛，莫过三秦。以此而论，足可明矣。故知衣冠轨物，图书记注，播迁之余，皆归江左。"此言以三秦之盛，藏书尚不过如此，是文物图记已于晋室东渡之时归于江左矣。《北史》删去数句，便非原书之意。宋秘书丞王俭，依刘氏《七略》，撰为《七志》。梁人阮孝绪亦为《七录》，总其书数，三万余卷。及侯景度江，破灭梁室，秘省经籍，虽从兵火，其文德殿内书史宛然犹存。萧绎据有江陵，遣将破平侯景，收文德之书，及公私典籍重本七万余卷，悉送荆州。及周师入郢，绎悉焚之于外城，所收十才一二，此则书之五厄也。后魏爰自幽方，迁宅伊、洛，日不暇给，经籍阙如。周氏创基关右，戎车未息，保定之始，书止八千，后加收集，方盈万卷。高氏据有山东，初亦采访，验其本目，残阙犹多。及东夏初平，迁其经史四部重杂三万余卷，所益旧书五千而已。今御出单本合一万五千余卷，部帙之间仍有残阙，比梁之旧目，止有其半。至于阴阳河洛之篇，医方图籍之说，弥复为少。臣以经书自仲尼迄今数遭五厄，兴集之期，属膺圣代。今秘藏见书亦足披览，但一时载籍须令大备。不可王府所无，私家乃有。若猥发明诏，兼开购赏，则异典必致，观阁斯集。”上纳之，于是下诏，献书一卷赉缣一疋，一二年间，篇籍稍备。

案牛弘此表，《隋书》较详，《北史》大有删削，文较简净。《通考·经籍考》采用《北史》，今亦从之。但于其文义不完者，更采《隋书》补入注中。《隋志总叙》即用弘表及《七录序》缀辑成篇，但彼此互有详略，故仍录之，以资参考，不嫌繁复也。

开皇十七年秘书丞许善心复撰《七林》，既有总叙，又能明叙作者之意。盖《七略》之后，仅有此书。似较《七志》、《七录》犹或过之。《隋志》言《七志》不叙作者之意，《七录》浅薄不经。惜佚而不传。《隋志》已不著于录，乃志序亦无一言及之，则史氏之疏也。《唐志》又有王劭《开皇二十年书目》，《隋书》、《北史》本传亦不叙其事。观开皇时书目之屡修，则知隋之求书也勤矣。

〔《隋书·许善心传》〕 许善心，字务本，高阳北新城人也。开皇十七年，除秘书丞。于时秘藏图籍尚多淆乱，善心仿阮孝绪《七录》，更制《七林》，各为总叙，冠于篇首。又于部录之下，明作者之意，区分其类例焉。又奏追李文博、陆从典等学者十许人，正定经史错谬。

〔《旧唐书·经籍志》〕 隋《开皇二十年书目》四卷，王劭撰。 《新志》同。

炀帝嗣位，性好读书，西京所藏至三十七万卷，命柳顾言等除其复重，得正御本三万七千余卷。《大业正御书目录》，盖缘此而作。唐初平王世充，载以入都，多没于河，独得其目录。其后修《五代史》，因就加增损，以为《隋书·经籍志》。或谓《隋志》本之《七录》者，非也。但志言其目录残缺之余尚有八万九千馀卷，则与正御本之数不合。或柳顾言诠次之后，续有增益，别编目录欤？

〔《隋书·经籍志》〕　炀帝即位，秘阁之书限写五十副本，分为三品。上品红琉璃轴，中品绀琉璃轴，下品漆轴。于东都观文殿东西厢构屋以贮之。东屋藏甲乙，西屋藏丙丁。又聚魏以来古迹名画于殿后起二台，东曰妙楷台，藏古迹，西曰宝台，藏古画。又于内道场集道佛经，别撰目录。大唐武德元年，克平伪郑，尽收其图书及古迹焉。命司农少卿宋遵贵载之以船，泝河西上，将致京师。行经底柱，多被漂没，其所存者十不一二。其目录亦为所渐濡，时有残缺。今考见存，分为四部，合条为一万四千四百六十六部，有八万九千六百六十六卷。其旧录所取，文义浅俗，无益教理者，并删去之，其旧录所遗，辞义可采，有所弘益者，咸附入之。　又隋《大业正御书目录》九卷。《法书目录》六卷。《杂仪注目录》四卷。

〔《北史》〕　隋西京嘉则殿有书三十七万卷。炀帝命秘书监柳顾言等诠次，除其重复猥杂，得正御本三万七千余卷，纳于东都修文殿。又写五十副本，简为三品，分置西京、东都、宫省、官府。其正御书皆装翦华绮，宝轴锦标。于观文殿前为书室十四间，窗户褥幔，咸极珍丽。此据《玉海》卷五十二引，不知出《北史》何篇，俟更详检之。

九　目录学源流考下　唐至清

唐高祖武德初，得隋旧书八万余卷，又从令狐德棻之请，购募遗书，由是图籍略备。太宗即位，魏征复奏请校定群书，然不闻编撰目录。

〔**《旧唐书·经籍志序》**〕　隋世简编最为博洽。及大业之季，丧失者多。贞观中，令狐德棻、魏征相次为秘书监，上言经籍亡逸，请行购募，并奏引学士校定，群书大备。

案据列传，德棻购书之请，在武德中官秘书丞之时。惟魏征之奏引学士校书，在贞观二年耳。志序遂并叙入贞观中，非也。

〔**《唐六典》卷九**〕　大唐平王世充，收其图籍，泝河西上，多有漂没，存者犹八万余卷。自是图籍在秘书。

〔**又《后序》**〕　国家平王充，即王世充，避太宗讳，去世字。收其图籍，泝河西上，多有沉没，存者重复八万卷。

〔**《新唐书·艺文志序》**〕　初，隋嘉则殿书三十七万卷，武德初有书八万卷，重复相糅。王世充平，得隋旧书八千余卷。太府卿宋遵贵监运东都，浮舟泝河，西致京师。经砥柱，舟覆，尽亡其书。贞观中，魏征、虞世南、颜师古继为秘书监，请购天下书，选五品以下子孙工书者为书手缮写，藏于内库，以宫人掌之。

案《隋志》言“平伪郑收其图书，行经砥柱，多被漂没，其所存者十不一二。考见存有八万九千六百六十六卷”，与《旧志后序》合。盖就嘉则殿书三十七万余卷之中，只有八万余卷，尚有重复，故言十不一二。若如《新志》言八千余卷，则只百分之一二矣。而又言舟覆尽亡其书，则是一卷不存，其谬如此。此事关系书之存亡，《玉海·艺文·书目类》及《通考·经籍考》，皆只引《新志》，不知其误，故为考正之。

又案《颜师古传》言“太宗令师古于秘书省，考定五经，既成，颁之天下，又刊正奇书难字”，盖即在是时。文繁不录。

玄宗开元三年，令马怀素、褚无量整比内库旧书。怀素因请续王俭《七志》，从之。会怀素卒，书竟不就。又诏秘书官草定四部，逾年不成。七年，乃以元行冲代怀素，遂成《群书四录》二百卷，九年，奏上之。观其卷帙之富，疑其用刘向、王俭之例，每书皆有叙录。虽成之过促，致为毋煚所不满。然其书之浩博如此，则在清修《四库总目》以前所未尝有也。而宋人皆未见其书，遂至只字不存，可不惜哉！

〔**《旧唐书·经籍志序》**〕　开元三年，左散骑常侍褚无量、马怀素侍宴，言及经籍。玄宗曰：“内库皆是太宗、高宗先代旧书，常令宫人主掌，所有残缺，未遑补辑，篇卷错乱，难于检阅，卿试为朕整比之。”至七年，诏公卿士庶之家，所有异书，官借缮写。及四部书成，上令百官入乾元殿东廊观之，无不骇其广。九年十一月，殷践猷、王惬、韦述、余钦、毋煚、刘彦真、王湾、刘仲等重修成《群书四部录》二百卷，右散骑常侍元行冲奏上之。 又《群书四部录》二百卷，元行冲撰。《新唐志》与《旧志》序同，无行冲名，刘冲作王仲丘。

〔《新唐书·儒学·马怀素传》〕 马怀素，字惟白，润州丹徒人。玄宗诏与褚无量同为侍读。有诏句校秘书。是时文籍盈漫，皆炱朽蟫断，签縢纷舛。怀素建白，愿下紫微黄门，召宿学巨儒，就校缪阙。又言自齐以前旧籍，王俭《七志》已详，请采近书篇目及前志遗者，续俭《志》以藏秘府。诏可。案《怀素传》，《新书》较《旧书》为详，然此处《旧书》云："是时秘书省典籍散落，条疏无叙，怀素上疏曰：南齐已前坟籍旧编，王俭《七志》已后著述，其数盈多。《隋志》所书，亦未详悉。或古书近出，前志阙而未编；或近人相传，浮词鄙而犹记。若无编录，难辩淄渑。望括检近书篇目，并前志所遗者，续王俭《七志》，藏之秘府。"《新书》以例不录骈文，遂缩简其词，致使怀素修书之意不明。即拜怀素秘书监，乃诏国子博士尹知章等分部撰次。然怀素不善著述，未能有所绪别。会卒，诏秘书官并号修书学士，草定四部，人人意自出，无所统一，逾所不成。有司疲于供拟，太仆卿王毛仲奏罢内料。又诏右常侍褚无量、大理卿元行冲考绌不应选者。无量等奏修撰有条，宜得大儒综治。诏委行冲。八年案当作九年。《四录》成，上之，学士无赏擢者。

〔《旧唐书·韦述传》〕 开元五年，秘书监马怀素受诏编入图书，乃奏用左散骑常侍元行冲并述等二十六人，同于秘阁详录四部书。怀素寻卒，行冲代掌其事，五年而成。其《总目》二百卷。

案毋煚云“首尾三年”，而此云五年者，通修《续七志》之始及《群书四录》之成计之也。《新书·述传》乃云“马怀素奏述与诸儒即秘书续《七志》，五年而成”。不知《续七志》本未成书，《旧书》所指，乃元行冲奏上之《四录》耳。

〔《旧唐书·元行冲传》〕　元行冲，《新书》云：“元澹，字行冲，以字显。”河南人。开元七年，拜太子宾客、弘文馆学士。先是秘书监马怀素集学者续王俭《今书七志》，散骑常侍褚无量于丽正殿校写四部书。事未就而怀素、无量卒，诏行冲总代其职。于是行冲表请通撰古今书目，名为《群书四录》。岁余书成，奏上，上嘉之。

案以新、旧《唐书》参互考之，盖怀素欲于南齐以前之坟籍，补王俭所无，《七志》以后之著述，改《隋志》之失，故请续修《七志》，《七志》有者即不复著录。行冲则就见存之书，通贯古今，不问以前著录之有无，故不必袭用《七志》之体。

其时有修书学士毋煚者，自怀素在时，即与修撰。至是《四录》成。煚又自著《古今书录》四十卷，每部皆有小序，每书皆注撰人名氏，有释，有论。然卷帙少于《四录》。盖如《别录》之外，又有《七略》。《旧志》载其自序，颇指陈《四录》之失。是则因随众修书，其志不行，故别成著述，补其遗憾。既与班固之因人成事者殊科，亦与《简明目录》之剪裁《提要》者不同。煚又有《开元内外经录》十卷，录释道经，至宋皆亡。然《旧唐书·经籍志》，全抄自《古今书录》，但去其小序论释耳。犹可见其时藏书之大略也。

〔《元和姓纂》卷二〕 毋音无。毋丘氏,或为毋氏,开元右补阙毋煚洛阳人,一云吴人。

〔《旧唐书·经籍志》〕 自后毋煚又略为四十卷,名为《古今书录》。

〔又引毋煚《序》〕 曩之所修,礼有未惬,追怨良深。中略昔马谈作《史记》,班彪作《汉书》,皆两叶而仅成。刘歆作《七略》,王俭作《七志》,逾二纪而方就。孰有四万卷目,二千部书名目,首尾三年,便令终竟。欲求精悉,不其难乎?所以常有遗恨,窃思追雪。乃与类同契,积思潜心,审正旧疑,详开新制。永徽新集,神龙近书,则释而附也。未详名氏,不知部伍,则论而补也。空张之目,则检获便增。未允之序,则详宜别作。纰缪咸正,混杂必刊。改旧传之失者三百余条,加新书之目者六千余卷。凡四部之录四十五家,都管三千六十部,五万一千八百五十二卷,成书录四十卷。其外有释氏经律论疏、道家经戒符箓,凡二千五百余部,九千五百余卷,亦具翻译名氏,序述指归,又勒成目录十卷,名曰《开元内外经录》。

案毋氏指陈曩之所修未惬之处有五,秘书多阙,而诸司坟籍不暇讨论,一也。永徽已来,新集不取,神龙已来,近书未录,二也。书阅不遍,或不详名氏,未知部伍,三也。书多阙目,空张篇第,四也。书序取魏文贞,书类据《隋·经籍志》,理有未允,五也。以其文太繁,故隐括其大意如此。观其所言,其不满于同时撰修诸人者深矣。所指五失,其前三者,虽《四库提要》亦不免蹈其覆辙,盖亦古今官书之通弊也。其所自著,于《四录》大有更张,第不知能实践其言否?惜其书已亡,无从一考也。

又案毋氏《古今书录》,《新唐志》、《宋志》及《遂初堂书目》均著录。然《郡斋读书志》卷九引国史,已谓“毋煚所著不存”,绍兴秘书省《四库阙书目》卷一目录类,有“《古今书录》四十卷”,注云,“阙”。疑《宋志》虚列其目,不足据也。毋氏《开元内外经录》,《新志》在“道家”类“释氏”条下,《宋志》不著录。

其时又别有《开元四库书目》十四卷,见于《崇文总目》,见原本卷二十三,不著撰人名氏,非毋煚书,亦见《通志·艺文略》。唐、宋《志》均不著录,是宋初尚存。欧阳修等修《唐书·艺文志》,当即据此书。至天宝三载四库更造书目,《唐会要》虽详载其经史子集之卷数,然《崇文总目》已不著录,疑修等亦未之见也。

〔《玉海卷》五十二引《集贤注记》〕唐韦述撰。　开元十年九月,张说都知丽正殿修书事,秘书监徐坚为副,张悱改充知图书括访异书使。天宝三载闰二月,更造四库书籍。《会要》作六月。

〔《唐会要》卷三十五〕　天宝三载六月四库更造见在库书目,经库七千七百七十六卷,史库一万四千八百五十九卷,子库一万六千二百八十七卷,集库一万五千七百二十卷。从三载至十四载,库续写又一万六千八百四十三卷。

案《会要》卷六十四又叙此事,略同,惟卷数稍不合。

唐之图籍,安、史乱后,迭有散佚,虽旋加搜采,而昭宗迁洛,遂复荡然。盖牛弘所言五厄之后,三百年间,又经三厄矣。

〔《旧唐书·经籍志序》〕　毋煚《古今书录》,大凡五万一千八百五十二卷。禄山之乱，两都覆没，乾元旧籍，亡散殆尽。肃宗、代宗崇重儒术，屡诏购募。文宗时，郑覃侍讲禁中，以经籍道丧，屡以为言。诏令秘阁搜访遗文，日令添写。开成初，四部书至五万六千四百七十六卷。及广明初，黄巢干纪，再陷两京，宫庙寺署，焚荡殆尽，曩时遗籍，尺简无存。及行在朝，诸儒购辑，所得无几。昭宗即位，志弘文雅，秘书省奏曰："当省元掌四部御书十二库，共七万余卷。广明之乱，一时散失。后来省司购募，尚及二万余卷。及先朝再幸山南，尚存一万八千卷。京城制置使孙惟晟收在本军，其书籍并望付当省，校其残缺，渐令补辑。"并从之。及迁都洛阳，又丧其半。

案《宋志》有《唐秘阁四部书目》四卷，《唐四库搜访图书目》一卷，并不著撰人及时代。其搜访目，证以旧志所言，盖在文宗时也。

五代丧乱相寻，后唐、汉、周虽常募民献书，然史言乾祐汉隐帝年号。诏下，鲜有应者，则唐、周可知。故并无目录传世。惟唐明宗长兴三年，从冯道之请，刻九经版，至周广顺三年刻成。斯其有功经籍甚大，不可不书也。

〔《旧五代史》卷四十三《唐明宗纪》〕 长兴三年二月辛未，中书奏请依石经文字案谓唐开成石经。刻九经印板，从之。

〔宋失名《爱日斋丛钞》卷一〕 《通鉴》："后唐长兴三年二月，辛未，初令国子监校定九经，雕印卖之。"又云："自唐末以来，所在学校废绝。蜀毋昭裔出私财百万营学馆，且请刻版印九经，蜀主从之。由是蜀中文学复盛。"又云："唐明宗之世，宰相冯道、李愚请令判国子监田敏校定九经，刻版印卖，朝廷从之。后周广顺三年，六月丁巳，板成献之。由是虽乱世，九经传布甚广。”此言宰相请校正九经印卖，当是前长兴三年事，至是二十余载始办。

宋太祖建隆之初，才有书万余卷，乾德时已有《史馆新定书目》。其后削平诸国，辄收其图籍。至真宗时，诏编馆阁图籍目录，又有《太清楼四部书目》。《宋志》并不著录，盖旋即亡佚。

〔《玉海》卷五十二引《国史志》〕　《乾德六年史馆新定书目》四卷。

〔《宋史·艺文志序》〕　宋初有书万余卷。其后削平诸国，收其图籍，及下诏遣使购求散亡，三馆之书，案集贤院、史馆、昭文馆为三馆。稍复增益。太宗始建崇文院，而徙三馆之书以实之。又分三馆书万余卷，别为书库，目曰秘阁。真宗时，命三馆写四部书二本，置禁中之龙图阁及后苑之太清楼。已而王宫火，延及崇文秘阁，书多煨烬。其仅存者，迁于右掖门外，谓之崇文外院。命重写书籍，选官详覆校勘。　又《太清楼书目》四卷。

〔《玉海》卷五十二〕　咸平元年十一月，以三馆秘阁书籍岁久不治，诏朱昂、杜镐、刘承珪整比，著为目录。三年二月，昂等受诏编馆阁图籍目录，至是奏御。原注：《中兴书目》有《皇朝秘阁书目》一卷，十九门，六千七百九卷，不知作者。　又景德四年三月乙巳，召辅臣对于苑中，登太清楼观太宗圣制御书及新写四部群书。上亲执目录，令黄门举其书示之。

仁宗景祐初，诏王尧臣等仿《开元四部录》之体，著为目录。庆历元年成书，赐名《崇文总目》，凡六十六卷。现存之目录专书，莫古于斯矣。

〔《宋史·艺文志序》〕 仁宗既新作崇文院，命翰林学士张观等编四库书，仿《开元四部录》为《崇文总目》，书凡三万六百六十九卷。 又王尧臣、欧阳修《崇文总目》六十六卷。

〔《玉海》卷五十二〕 庆历元年十二月己丑，翰林学士王尧臣等上新修《崇文总目》六十卷。原注：尧臣与聂冠卿、郭慎、吕公绰、王洙、欧阳修等撰，以四馆书并合著录，《中兴书目》六十六卷，《国史志》《崇文总目》六十六卷，《序录》一卷。景祐元年闰六月，以三馆秘阁所藏，有谬滥不全之书，辛酉，命翰林学士张观、知制诰李淑、宋祁，将馆阁正副本书看详，定其存废。伪谬重复，并从删去。内有差漏者，令补写校对。仿《开元四部录》，约《国史艺文志》，著为目录，仍令翰林学士盛度等看详。至是上之。

其后神宗熙宁、哲宗元祐时均有书目。然《通考》不著其事。至徽宗时，《崇文目》中所有之书，已颇亡失。政和中，乃以续得之书增入之，改名《秘书总目》，书亦不传。

〔《玉海》卷五十二引《中兴书目》〕 熙宁七年国子监书总一百二十五部，今存书目一卷。

〔又引《会要》〕 元祐二年六月八日，秘书省言秘写秘阁黄本，以《崇文总目》比校，别造书目。

〔**又引《中兴书目》**〕　《秘书省书目》二卷。原注：凡一万四千九百余卷。

〔**《宋史·艺文志序》**〕　徽宗时，更《崇文总目》之号为《秘书总目》。

案据《玉海》及《通考》，盖于《崇文总目》有所增补，非仅更其号也，《宋志》误。

〔**《通考》卷一百七十四《经籍考》**〕　大观四年，秘书监何志同言："庆历间尝命儒臣集四库为籍，名曰《崇文总目》，距今未远也。按籍而求之，十才六七。号为全本者，不过二万余卷，而脱简断编，亡散缺逸之数浸多。谓宜视旧录有未备者，颁其名数求访。"即从其请。政和七年，校书郎孙觌言："景祐中仁宗诏儒臣即秘书所藏，编次条目，所得书以类分门，赐名《崇文总目》。神宗皇帝以崇文院为秘书省，厘正官名，独四库书尚循崇文旧目。顷因臣僚建言访求遗书，今累年所得，总目之外已数百家，几万余卷。乞依景祐故事，诏秘书省官，以所访遗书，讨论撰次，增入总目，合为一书。乞别制美名，以更崇文之号。"乃命觌及著作佐郎倪涛、校书郎汪藻、刘彦通撰次，名曰《秘书总目》。

案此《宋会要》之文，《玉海》引之较略。《秘书总目》《宋志》不著录，虽不详其卷数，然《崇文总目》已六十六卷，今更增益数百家，则卷帙当更加多，近人作书目长编，因明修补本《玉海》"合为一书"句，误作"合为一卷"，遂据以入录，云"《秘书总目》一卷"，是未睹其上文增入总目之语也。

靖康之难，书籍荡然。高宗渡江，网罗散失，馆阁益富。至孝宗淳熙时，遂编为《中兴馆阁书目》。宁宗嘉定间又编定《续书目》。陈振孙颇讥其失。其书宋末尚存，《玉海》所引《书目》《续书目》皆此二书也，今亦佚矣。

〔《宋史·钦宗纪》〕 靖康二年四月，庚申朔，金人以帝及皇后太子北归，太清楼秘阁三馆书、天下州府图、府库蓄积为之一空。

〔《宋史·艺文志序》〕 迨夫靖康之难，而宣和馆阁之储，荡然靡遗。高宗移跸临安，乃建秘书省于国史院之右，搜访遗阙，屡优献书之赏。四方之藏稍稍复出，而馆阁编辑日益以富矣。当时类次书目，得四万四千四百八十六卷。至宁宗时，《续书目》又得一万四千九百四十三卷，视《崇文总目》又有加焉。

案《中兴馆阁书目》，编于孝宗淳熙四年，非高宗时所类次，《宋史》之谬如此。

〔《宋史·艺文志》〕 陈骙《中兴馆阁书目》七十卷，《序列》一卷。张攀《中兴馆阁续目》二十卷。

〔《建炎以来朝野杂记》卷四〕 《中兴馆阁书目》者，孝宗淳熙中所修也。高宗始渡江，书籍散佚。绍兴初，有言贺方回子孙鬻其故书于道者，上命有司悉市之。芜湖县僧有蔡京所寄书籍，因取之，以实三馆。刘季高为宰相掾，又请以重赏访求之。五年九月大理评事诸葛行仁献书万卷于朝，诏官其一子。十三年，初建秘阁，又命即绍兴府借故直秘阁陆寘家书缮藏之。十五年，遂以秦伯阳提举秘书省，掌求遗书图画及先贤墨迹，四方多来献者。至是数十年，秘府所藏益充牣。乃命馆职为书目，其纲例皆仿《崇文总目》焉。凡七十卷，秘书监陈骙领其事，五年六月上之。

〔**《通考·经籍考》**〕　高宗渡江，书籍散佚，献书有赏，或以官，故家藏者，或命就录，鬻者悉市之。淳熙四年，秘书少监陈骙言，中兴馆阁藏书，部次渐广，乞仿《崇文总目》类次，五年书成，《玉海》云凡五十二门。较《崇文》所载，实多一万三千八百一十七卷。嘉定十三年，以四库之外，书复充斥。诏秘书丞张攀等续书目，又得一万四千九百四十三卷。绍定辛卯火灾，书多阙。

〔**陈振孙《直斋书录解题卷》八**〕　《中兴馆阁书目》三十卷，秘书监临海陈骙叔进等撰，淳熙五年上之。中兴以来，庶事草创，网罗遗逸，中秘所藏，视前世独无歉焉，殆且过之。其间考究疏谬，亦不免焉。　又《馆阁续书目》三十卷，秘书丞吴郡张攀从龙撰，嘉定十三年上。以淳熙后所得书纂续前录，草率尤甚。

〔**高似孙《纬略》卷七**〕　《中兴馆阁书》殊为简略。余在馆时，日以校对，犹是郡国民间所上，本馆阁不曾再行缮书。又只有一本一篇，借去竟成失落，故阙书亦多。

〔**张淏《云谷杂记》卷二**〕　淳熙中道山诸公作《馆阁书目》云："《广韵》五卷，不知作者。《崇文总目》云：盖后人博采附见，故多丛冗。"夫《崇文目》云丛冗者，盖指《广唐韵》耳，当时既不知为陈彭年所定，且误认《广唐韵》为今之《广韵》，其疏甚矣。馆阁目大抵多舛妄，盖不特此也。

宋时国史凡四修。每修一次，辄有《艺文志》，其每类皆有小序，《通考》尚间引之，并条列其部类及卷数甚详。其续修也，大抵以后之所得补前之所无。惟《中兴艺文志》，似是据书目、续书目，及嘉定以前书为一编。元人修《宋史》，即据此四志，删除重复，合为一志焉。

有宋一代求书之事，《通考》、《玉海》及《续通鉴长编》言之详矣。其收藏校雠之事，又有程俱之《麟台故事》，五卷，武英殿本。其十万卷楼重刻原本作四卷。陈骙之《南宋馆阁录》，及无名氏之《续录》纪载之，各十卷。学者得以考焉。此篇意在详于唐以前，故于宋人惟叙其官修之书目而已。

元起漠北，武功之盛，超轶前代。其于文教，盖有未遑。虽亦常设秘书监，立兴文署，刊刻诸经子史，然未尝如唐开元、宋庆历之撰修目录。惟至正时曾以秘书监所藏古书名画编号缮写，今亦不传。可见者惟王士点等之《秘书监志》中录其藏书之大略而已。

〔《四库全书总目提要》卷七十九《秘书监志提要》〕

元王士点、商企翁同撰。士点有《禁扁》已著录。案《提要》卷六十八《禁扁》条下云：士点字继志，东平人。企翁字继伯，曹州人，官著作佐郎，其书成于顺帝至正中。凡至元以来建置迁除典章故事无不具载，司天监亦附录焉。其所记录，多可以资考核。案此书各家书目均只有旧抄本，一九一六年始有印本。王国维有序，载《观堂集林别集》后编中。

〔**元《秘书监志》**〕 至元十年正月，立秘书监，掌图书经籍。十一月，太保大司农奏兴文署掌雕印文书，属秘书监。又至正二年五月，准监丞王道关奏：窃惟古之书库有目，图画有题，所以谨储藏而便披玩也。伏睹本监所藏，多系金、宋流传及四方购纳，名书名画不为少矣，专以只备御览也。然自至元迄今，库无定数，题目简帙，宁无紊乱？应预将经史子集及历代图书随时分科，品类成号，他时奉旨，庶乎供奉有伦，因得尽其职也。合无行下秘书库，依上类编成号，置簿缮写。

案据此则元亦有图书之簿籍，其体盖如明之《文渊阁书目》。

〔**朱彝尊《经义考》卷二百九十四**〕 按《元秘书志》十一卷，至正二年著作郎王士点、著作佐郎商企翁同编。统计经类四百一十六部，四千三百四册，而史子集不与焉。元之储藏富矣，惜不分著其目。而洪武初修《元史》，命吕复、欧阳佑等采书北平，当时若一关取，则诸书具在，以撰《艺文志》无难。顾《元史》阙焉，不能不致憾于宋、王诸公也。

明初灭元，收其图籍，皆宋、元刻本及钞本，盖合宋、金、元三朝所蓄而聚于一。永乐徙都，移置北京。至正统时，杨士奇始撰《文渊阁书目》，不分经史子集，惟以千字文编号，每号若干橱，有册数而无卷数。自古目录，无若是之陋者，遂开后来藏书目之一派。钱大昕谓为内阁之簿帐，盖得其实。自是以后，有司不复措意，阁中书籍为人所窃取，日就散佚，此亦古今书籍之大厄也。世宗嘉靖时，御史徐九皋请求遗书，事格不行。

〔《明史·艺文志序》〕　明太祖定元都，大将军收图籍，致之南京；复诏求四方遗书，设秘书监丞，寻改翰林典籍以掌之。永乐北京既建，诏修撰陈循取文渊阁书一部至百部，各择其一，得百柜运致北京。正统间，士奇等言“文渊阁所贮书籍，有祖宗御制文集及古今经史子集之书，向贮左顺门北廊，今移于文渊东阁。臣等逐一点勘，编成书目，案《文渊阁书目》前载杨士奇题本，作臣等逐一打点清切，编号置字，写完一本，总名《文渊阁书目》。请用宝钤识，永久藏弆。”题本作永远备照，庶无遗失。制曰“可”。

〔朱彝尊《经义考》卷二百九十四〕　古书著录未有不详其篇卷及撰人姓氏者，故其卷帙宁详无略。殷淳《四部书目》三十九卷，毋煚《古今书录》四十卷，王拱辰等《崇文总目》六十六卷，陈骙《中兴馆阁书目》七十卷，而殷践猷等《群书四录》多至二百卷，昔人之岂好骋其繁富哉？盖以达作者之意，俾论世者知其概尔。迨明正统六年，少师杨士奇、学士马愉、侍讲曹鼐编定《文渊阁书目》，有册而无卷，兼多不著撰人姓氏，致览者茫然自失。其后藏书之家往往效之，虽以叶文庄之该洽，而《菉竹堂目》都不分卷，鄞县范氏《天一阁目》亦然。

〔《四库全书总目提要》卷四十五《文渊阁书目提要》〕

今以《永乐大典》对勘，其所收之书世无传本者往往见于此目，亦可知其庋藏之富。王士祯《古夫亭杂录》载国初曹贞吉为内阁典籍，文渊阁书散失殆尽。贞吉检阅，见宋椠欧阳修《居士集》无一完者，今阅百载，已散失无余。

〔孙承泽《春明梦余录》卷十二〕　永乐辛丑命修撰陈循将南内文渊阁书各取一部至京，计取书一百柜，又遣官四出购买，故阁中所积书计二万余部，近百万卷。刻本十三，抄本十七。嘉靖中阁灾，书移通积库及皇史宬。又正德间，阁学士杨廷和请令中书胡熙、典籍刘伟与主事李继先查校书籍，由是盗出甚多。

〔王肯堂《笔麈》卷二〕　文渊阁藏书皆宋元秘阁所遗，虽不甚精，然无不宋版者。因典籍多，赀生既不知爱重，阁老亦漫不检省，往往为人取去。余尝于溧阳马氏楼中见种类甚多，每册皆有文渊阁印。己丑，既入馆典籍，以书目来，仅四册，凡余所见马氏书，已去其籍矣。及按目而索，则又十无一二，又多残缺，讯之，则曰丙戌馆中诸公领出未还故也。试以讯院吏，院吏曰今在库中。余大喜，亟命出诸库，视之，则皆易以新刻本书，非复秘阁之旧矣！亟以交还典籍，典籍亦竟朦胧以入。今所存仅千万之一，然犹日销月耗，无一留心保护者，不过十年，必至无片纸只字乃已，甚可惜也！

〔又《笔麈》卷四〕　我太祖克燕，首命大将军收秘书监图书典籍，既又诏求遗书，永乐移都北平，命学士陈循辇文渊阁书以从，购遗书四出，所蓄甚富。正统六年大学士杨士奇言“臣逐一打点清切，编置字号，写完一本，总名曰《文渊阁书目》”。诏从之。然自是而后阁臣既鲜省核，典籍又多窃取，而秘府书籍往往散逸于民间矣。嘉靖中御史徐九皋建言，欲将历代艺文志书目参对今贮经籍，凡有不备者，令行中外士民之家，借本送官誊写，原本给还，量优赏赉。其有志所不载及近世中外文僚山林硕学记著撰述有裨治理者，并令搜采，解送礼部，发史馆看详校正，藏诸中秘。而又乞上处分政事之暇，时赐召见讲读侍从诸臣，从容诹访，辨析经旨。寻得旨：书籍充栋，学者不用心，亦徒示虚名耳。苟能以经书躬行实践，为治有余裕矣。此心不养以正，召见亦虚应也。都罢。是时上渐废朝，而请不时召见文学之臣为忤旨，故并求遗书亦报罢。

〔钱大昕《潜研堂文集》卷二十九《跋文渊阁书目》〕 此目不过内阁之簿帐，初非勒为一书如《中经簿》、《崇文总目》之比，必以撰述之体责之，未免失之苛矣。

〔周中孚《郑堂读书记》卷三十二〕 《文渊阁书目》二十卷，《读画斋丛书》本。明杨士奇编。《四库全书》著录作四卷，焦氏《经籍志》、《千顷堂书目》俱作十四卷，疑十字误衍。此本因依元编字号而分之，故有二十卷也。其书以《千字文》排次，自天字至往字，凡二十号，五十橱，共贮七千二百九十七种，每种但著书名册数，而无撰人卷数。案原书于撰人姓名亦间有著者，但缺者居多耳。甚至于往字三橱之新志大半并其册数而不著，致览者茫然自失。如此著录，从来官撰私著所未有也。

至神宗万历时，中书舍人张萱等取阁中书重加检校，编为《内阁藏书目录》，分为部类，并注撰人姓名。亦间有解题。然其文甚略，于原书卷数不尽著，体例亦未尽善，而较之杨士奇目，差可备考。今欲窥有明一代之储藏，惟此二书而已。若焦竑之《国史经籍志》，抄撮史志，多非实有其书，不足据也。

〔丁丙《善本书室藏书志》卷十四〕 《内阁藏书目录》八卷。抄本。右目略注撰人姓名、官职、书之全阙，而部类参差，殊鲜端绪。末叶记云："万历三十三年，岁在乙巳，内阁敕房办事大理寺左寺副孙能传、中书舍人张萱、秦焜、郭安民、吴大山、奉中堂谕校理并纂辑。”

案此书《四库》不著录，近人张钧衡刻入《适园丛书》第二集。

清至康熙时，天下大定，留意文籍，内廷新藏之书，多由儒臣摘叙简明略节，附夹本书之内，见《四库提要》卷首上谕。但未编成目录。乾隆三十七年，诏求遗书，四方之书既集，乃开馆编纂，分为应刻应钞应存目三种，并从朱筠之请，于《永乐大典》内搜辑佚书。于流传甚罕者，则刻板，编为《武英殿聚珍版丛书》。于有裨实用者，则皆缮写校雠，汇为《四库全书》，贮之文渊阁。于俚浅讹谬无可采者，则只存书名，注出略节，谓之存目。每书皆校其得失，撮举大旨，叙于本书卷首，此亦朱筠所奏请。名曰提要，综各书之提要，合为《四库全书总目》。又因卷帙太繁，翻阅不易，另辑《简明目录》一编。至四十六年，全书告成，藏其底本于翰林院。书复别钞数部，建阁于圆明园、沈阳、热河及江、浙两省，与文渊阁而七。在镇江金山者曰文宗，扬州大观堂者曰文汇，杭州西湖者曰文澜。士子有愿读中秘书者，在京许赴翰林院，在外许赴三阁阅览传钞，颇与今之图书馆相似。诸藏书家钞本多出于此，好事者往往取以刻入丛书。于一代文化，不为无助焉。惜乎于四库失收之书，未能续加搜求，随时编目，持较唐、宋之屡次修纂者，犹不能无愧色耳。

〔《清文献通考》卷二百二十四《经籍考》〕　《四库全书总目》二百卷，《简明目录》二十卷，乾隆四十七年奉敕编。臣等谨案乾隆三十七年，诏求遗书。四方大吏悉心采录。江南、浙江好古之士各以其藏书来献。旋因安徽学政朱筠言，《永乐大典》中多人间未见之本，命开四库全书馆于翰林院，遴选儒臣，详审编核。又设局于武英殿，专司缮录之事。凡经史子集条分得失，其善本则著录，其外间所稀观者，则以聚珍版广厥流传，其余则附见存目。每校一书，进呈乙览，馆臣次第甄录。四十六年，编定全书三万六千册。从古图书之备，未有盛于此者。复综各书提要，合为总目。又专辑著录各书，括其简要，为《简明目录》。

以上所言，大抵为公家藏书目录。汉杨仆、刘向之著录，乃起于奉诏校书。魏、晋、南北朝，则大抵为秘书监丞之职掌。其以处士而著书者，阮孝绪一人而已。宋、齐以后，王公缙绅之名录，梁任昉之目录，史皆不载，然可见私家藏书之目，六朝已有之。但自唐以前，书既不传，体制不可复考。宋以后作者甚多，别具专篇论之，此不复详。

十　目录类例之沿革

自汉以上固已有目录,《隋志》举《诗》、《书》之序以为源起,此如太史公之《自序》,但为一书之篇目而已。一书之中,简篇既宜有先后,则其次序自当有义,不可随意信手,如积薪然也。故必分别部居,不相杂厕。于是《书》有虞、夏、商、周,《诗》有风、雅、颂,而《史》有本纪、表、书、世家、列传,以为全书之纲领。作序之时,举当篇之小题纳之于总称之下,而属之以大名,然后诵读有伦,取携甚便。此大名总称小题者,犹之后世之部次也。

〔《诗·国风》疏〕　《诗》者,一部之大名,《国风》者,十五国之总称。

〔《礼记·曲礼》疏〕　《礼记》者,一部之大名,《曲礼》者,当篇之小目。案大名小目又谓之大题小题,见《诗》释文。

汉韩信、杨仆始校兵书,其次序之法,不可得而考。至刘向合天下之书为之校雠定著,作为《叙录》,然只载在本书。及子歆卒父之业,始奏《七略》,等次群书为六略三十八种。后汉、三国承之,无所改易。至晋荀勖作《中经新簿》,始变《七略》之法,为甲乙丙丁四部。其后齐王俭又依《七略》作为《七志》,梁阮孝绪复斟酌刘王之间,以撰《七录》。而自晋宋至今官撰目录,则皆用四部。凡每略分为若干种，每部分为若干类，每类又分若干子目，即所谓类例也。但汉晋齐梁尚无此名。惟《隋书·许善心传》言“善心更制《七林》，区分类例”，类例之名，盖起于此。

郑樵《通志·校雠略》有《编书必谨类例论》六篇，谓“学之不专者，为书之不明也，书之不明者，为类例之不分也。类例分则百家九流各有条理，虽亡而不能亡”。又曰：“类例既分，学术自明，以其先后本末具在。”盖古之编书目者，无不有类例。然特以为部次之法而已，未尝言其重要。言类例之重要者，自樵始。焦竑《国史经籍志》，更本其说而推演之，以为“类例不分则书亡”。夫书亡不亡，非尽关于类例不明。观牛弘所言五厄，大抵以兵火为最多。然编撰目录必明类例，则固不易之说也。

大凡事物之繁重者，必驭之以至简，故网有纲，裘有领。书之类例，文字之部首，皆纲领也。汉许慎《说文解字叙》曰：“其建首也，立一为耑，方以类聚，物以群分，同牵条属，共理相贯，杂而不越，据形系联，引而申之，以究万原。”此分类之法也。《说文》以九千三百余字，而统之以五百四十部，《七略》以六百三家一万三千二百一十九卷，而属之以六略三十八种，此《七略》总数，见《七录序》。其意相同，皆所以便检查也。既欲分门类，固不可无义例，于是《说文》以形旁相同者归于一部，《七略》以学出某官者归于一家。使知其意者因以求其字，通其学者可以求其书，而检查乃益便。然《说文》之字，尽于部中，虽以一二字为一部无害也。若书则除目录之外，别有物在。其庋藏也，有阁有殿，有馆有库，分屋列架，故各类相较，不能过多，亦不能过少。《隋志》言“隋炀帝秘阁之书，于东都观文殿构屋以贮之，东屋藏甲乙，西屋藏丙丁”。《唐会要》言开元时集贤院书，分经史子集四库。度荀勖之分四部，其义不过如此。

甲乙丙丁者，其藏书之处所用之标题符号耳。即刘歆之六略，何独不然。章学诚谓“古人著录，不徒为甲乙部次计”，《校雠通义·互著》篇。又曰“《艺文》一志，实为学术之宗，明道之要，而后人著录，乃用之为甲乙计数而已矣”，其陈义甚高。实则目录之兴，本以为甲乙计数，而“学术之宗，明道之要”，特因而寓之而已。譬之《易》本为卜筮，而以寓事物变易之理；《春秋》本为记事，而以寓褒贬之义。古今学术，其初无不因事实之需要而为之法，以便人用，传之久，研之精，而后义理著焉。必欲以《易》为卦歌，《春秋》为朝报，固未可，而谓其始本不为此而作，则亦非也。夫言理者必寓于事，事理兼到而后可行。故类例虽必推本于学术之原，而于简篇卷帙之多寡，亦须顾及。盖古之著目录者，皆在兰台、秘阁，职掌图书，故必兼计储藏之法，非如郑樵焦竑之流，仰屋著书，按目分隶而已也。故如《文渊阁书目》但以《千字文》编号，每号为若干橱，《李蒲汀书目》，罗振玉玉简斋刻本。但分房屋朝东朝西，一屋几柜，一柜几层者，固绝不足以语类例，而于刘、班之著录，求之过深，或责之过苛者，亦未达古人之意也。

郑樵、焦竑之论类例，皆取义于兵法，樵譬之以部伍，竑喻之以进退，其说甚精。书之有部类，犹兵之有师旅也。虽其多寡不能如卒伍之整齐划一，而要不能大相悬绝，故于可分者分之，可合者合之。《七略》之变为四部，大率因此，不独为储藏之不便也，即其目录之篇卷，亦宜略使之相称。盖古书既用卷轴，则不宜于过长。刘歆《七略》即为七卷，而宋、梁、陈、隋之四部目录皆四卷，故胡应麟曰：“自唐以后，四部卷数相当。”《经籍会通》卷二。《七略》、四部之分合，可因此而得其故矣。

〔《通志·校雠略·编次必谨类例论》〕　士卒之亡者，由部伍之法不明也。书籍之亡者，由类例之法不分也。类例分，则九流百家各有条理，虽亡而不能亡也。巫医之学，亦经存没而学不息，释老之书，亦经变故而书常存。观汉之《易》书甚多，今不传，惟卜筮之《易》传。法家之书亦多，今不传，惟释老之书传。彼异端之学能全其书者，专之谓矣。

〔又〕　类书如持军也，若有条理，虽多而治，若无条理，虽寡而纷。类例不患其多也，患处多之无术耳。

〔《国史经籍志》卷三〕　记有之，"进退而度，出入有局，各司其局"，《礼记·曲礼》注云：局，部分也。疏云：明君以军行之礼。书之有类例，亦犹是也。故部分不明则兵乱，类例不立则书亡。向、歆剖判百家，条纲粗立，自是以往，书名徒具，而流别莫分。官縢私楮，丧脱几尽，无足怪者。尝观老释二氏，虽历废兴而篇籍具在，岂尽其人之力哉？二家类例既明，世守弥笃，虽亡而不亡也。

以上总论类例

刘歆《七略》，有《辑略》，有《六艺略》，有《诸子略》，有《诗赋略》，有《兵书略》，有《术数略》，有《方技略》。阮孝绪云："其一篇即六篇之总最，故以辑略为名。"盖《辑略》即《班志》之小序，实只六略。故《论衡》云"六略之书，万三千篇"。《对作》篇。其中又分六艺为九种，诸子为十家，诗赋为五种，兵书为四种，数术为六种，方技为四种，故《汉志》云"大凡书六略三十八种"。然当刘向校书时，已分为六部，歆特因其成例序次之而已。《汉书·刘歆传》曰："歆乃集六艺群书，种别为《七略》。"种别者，谓书之部次，即类例也。又赞曰："《七略》剖判艺文，综百家之绪。”剖判者，取古今之艺文分析之也，盖亦即指类例而言。《隋志》曰：“刘向《别录》，刘歆《七略》，剖析条流，各有其部。”语意尤为明白。知编书必谨类例，固非郑樵之创论。特汉时尚无类例之名，又古人言简，说之不详耳。

向、歆类例，分为六略，盖有二义：一则因校书之分职，一则酌篇卷之多寡也。所谓因校书之分职者，《七略》著录之书，虽只一万三千余卷，然一书有数本，则篇卷增多，如《荀子》仅三十二篇，而中书乃三百二十二篇，其多乃至十倍，则合各书复重之本，少亦当有四五万卷。一一为之删除定著，又须字字刊其讹谬，然后作为书录，自非一人之精力所能办，故向歆相继领校秘书，又谓之领主省。其下所置官属，谓之校秘书，又谓之校治。以后世之制明之，领校者，盖全书之总裁而兼总纂，而校治则分校官也。领校之下，又有任宏等三人分任一门，以为之辅，其职颇似后世之总校，皆各用其所长。任宏为步兵校尉，故校兵书；尹咸为太史令，故校数术；李柱国为侍医，故校方技。以向本儒者，此类或非其所长，而技术之书，非深通其学者不能校也。

〔**刘秀《上山海经表》**〕　侍中奉车都尉光禄大夫臣秀领校秘书言，校秘书太常属臣望所校《山海经》，凡三十二篇，中略。建平元年四月丙戌，待诏太常属臣望校治，侍中光禄勋臣龚，侍中奉车都尉光禄大夫臣秀领主省。

〔**《校雠通义·校雠条理》篇**〕七之五　《七略》以兵书、方技、数术为三部，列于诸子之外。至四部而皆列子类。然列其书于子部可也，校书之人则不可与诸子同业也。必取专门名家，亦如太史尹咸校数术，侍医李柱国校方技，步兵校尉任宏校兵书之例，乃可无弊。否则文学之士但求之于文字语言，而术业之悮或有因而受其累者矣。

案向校书时之官属，除刘歆外，可考者有刘伋、见《七录序》。班斿、《汉书·叙传》云：斿与刘向校秘书。杜参。见《汉志·诗赋略》师古注引《别录》。《晏子书录》云"臣向谨与长社尉臣参校雠"，《列女传录》云"臣向与黄门侍郎歆所校《列女传》"，《初学记》卷二十五引。知参、歆二人，皆助向校诸子者。若太常属臣望、光禄勋刘龚龚，向曾孙，见《董仲舒传》。校《山海经》，见刘秀《进山海经表》。则在向死之后。杨宣与刘歆共校书在平帝时，见《华阳国志》卷十。苏竟与歆校书，更在王莽时矣。《后汉书·苏竟传》，王莽时与刘歆等共典校书。

所谓酌篇卷之多寡者，史出于《春秋》，后为史部，诗赋出于《三百篇》，后为集部，乃《七略》于史则附入《春秋》，而诗赋自为一略者，因史家之书，自《世本》至《汉大年纪》，仅有八家四百一十一篇，不能独为一略，只可附录。附之他略皆不可，故推其学之所自出，附之《春秋》。诗赋虽出自《三百篇》，然六艺《诗》仅六家四百一十六卷，而《诗赋略》乃有五种百六家千三百一十八篇，如援《春秋》之例附之于《诗》，则末大于本，不得不析出使之独立，刘勰所谓"六艺附庸，蔚成大国"也。《文心雕龙·诠赋》篇。阮孝绪《七录序》于《七略》分合之故言之甚明。后世如马端临胡应麟犹能知此意。而郑樵乃谓《世本》诸书不当入《春秋》类。然樵又尝曰："《月令》乃礼家之一类，以其为书之多，故为专类。"夫可以书之多而分，独不可以书之少而合乎？樵之予夺不一，宜其为章学诚之所讥也。

〔《七录序》〕　刘氏之世，史书盖寡，附见《春秋》，诚得其例。《七略》诗赋不从六艺《诗》部，盖由其书既多，所以别为一略。

〔《通考》卷一百九十一〕 案班孟坚《艺文志》，《七略》无史类，以《世本》以下诸书附于《六艺略》《春秋》之后。盖《春秋》即古史，而《春秋》之后，惟秦、汉之事，编帙不多，故不必特立史部。

〔《经籍会通》卷二〕 刘歆《七略》，诗赋一略，则集之名所由昉。而司马氏书尚附《春秋》之末，此时史籍甚微，未足成类也。郑以《史记》不当入经，盖未深考此耳。

〔《通志·校雠略·编次不明论》〕 《汉志》以《世本》、《战国策》、秦大臣《奏事》、《汉著记》为《春秋》类，此何义也？

〔《校雠通义·补校汉艺文志》篇〕十之三 诗赋篇帙繁多，不入《诗经》而自为一略。

〔又《郑樵误校汉志》篇〕 郑樵讥《汉志》以《世本》、《战国策》、秦大臣《奏事》、《汉著记》为《春秋》类，是郑樵未尝知《春秋》之家学也。《汉志》不立史部，以史家之言皆得《春秋》之一体。书部无多，附著《春秋》，最为知所原本。又《国语》亦为国别之书，同隶《春秋》。樵未尝讥正《国语》，而但讥《国策》，则所谓知一十而不知二五者也。

至于《论语》、《孝经》小学之附六艺，则因其皆当时学校诵习之书也。《论语》、《孝经》汉人皆谓之传记，《论语》书多，故自为一类。《孝经》则附以《五经杂议》、《尔雅》、《弟子职》诸书，皆后世之五经总义，特当时总解群经之书尚少，故姑附之于此耳。小学书为学童所必读，亦以次入焉。《汉志》云"刘向校经传诸子诗赋"，于六略中独变六艺之名。《刘歆传》云“讲六艺传记，诸子、诗赋、数术、方技，无所不究”，于六艺诸子之间，忽著传记两字，明六艺之中，除五经以外，皆传记也。班固之记事，可谓苦心分明矣。而或者犹以为刘、班独尊孔子之书为经，故著之于《六艺略》。刘向儒者，固尊孔，然此则非其义也。

〔赵岐《孟子题辞》〕 孝文皇帝欲广游学之路，《论语》、《孝经》、《孟子》、《尔雅》皆置博士。后罢传记博士，独立五经而已。

〔姚振宗《七略别录佚文叙》〕 《汉书·儒林传》，依功令，但载《易》、《书》、《诗》、《礼》、《春秋》五经，其余谓之传记。故《论语》、《孝经》、小学三家，唯见《艺文志》。

〔王鸣盛《蛾术篇》卷一〕 《论语》、《孝经》皆记夫子之言，宜附于经，而其文简易，可启童蒙，故虽别为两门，其实与文字同为小学。小学者，经之始基，故附经也。

〔王国维《观堂集林》卷四《汉魏博士考》〕 案传记博士之罢，钱氏大昕以为即在置五经博士时，汉武帝建元五年也，钱氏说见《潜研堂文集》卷九。其说盖信。然《论语》、《孝经》、《孟子》、《尔雅》虽同时并罢，其罢之之意则不同。《孟子》以其为诸子而罢之也，至《论语》、《孝经》则以受经与不受经者皆诵习之，不宜限于博士而罢之者也。刘向父子作《七略》，六艺一百三家，于《易》、《书》、《诗》、《礼》、《乐》、《春秋》之后，附以《论语》、《孝经》、原注：《尔雅》附。小学三目。六艺与此三者，皆汉时学校诵习之书。以后世之制明之，小学诸书者，汉小学之科目；《论语》、《孝经》者，汉中学之科目；而六艺则大学之科目也。武帝罢传记博士，专立五经，乃除中学科目于大学之中，非遂废中小学也。以下所引证据甚详，今姑从略。

案王氏解《论语》、《孝经》小学附入六艺之故，谓皆汉时学校诵习之书，其说甚精。惟谓《论语》、《孝经》为汉中学之科目，则余颇疑之。盖大学小学之名，为汉所固有，无俟取譬后世之制，而汉人文字中无有言及中学者。及读《玉烛宝典》卷一引崔寔《四民月令》云："正月农事未起，命成童以上，注：年十五以上至三十。入大学，学五经，师法求备，勿读书传。严氏《全后汉文》卷四十七辑《四民月令》，此条据《齐民要术》卷三辑入，无"师法"以下八字。研冻释，命幼童注：谓十岁以上至十四。入小学，学书篇章。"注：谓六甲、九九、《急就》、《三苍》。又卷十一引云："十一月，砚水冻，命幼童读《孝经》、《论语》篇章，入小学。"原无"入"字，据《齐民要术》卷三引补。然后知《论语》、《孝经》，亦汉人小学书也。其言十一月入小学，读《孝经》、《论语》，与《魏志·邴原传》注引《原别传》"邻有书舍，原遂就书，一冬之间，诵《孝经》、《论语》"之言，尤为相合。夫谓之邻里书舍，则仍是小学耳。

阴阳家之与数术，《汉志》以为同出于羲和之官。而数术独为一略者，固因一言其理，一明其数，亦由数术之书过多，六种百九一家，二千五百二十八卷。犹之诗赋之于《三百篇》耳。章学诚遂谓当以阴阳诸篇附之尹咸，恐亦未是。观司马谈之论六家要指，见《太史公自序》。六家者，阴阳、儒、墨、名、法、道德也。已有阴阳一家，则自当入之诸子。使《汉志》出《三百篇》以入诗赋，章氏能不议其后乎？大抵《七略》《别录》，虽意在"辩章旧闻"，然于条别学术之中，亦兼顾事实。阮孝绪之论史书诗赋，可谓通人之见矣。

〔《校雠通义·校雠条理》篇〕七之五　《七略》以兵书、方技、数术为三部，列于诸子之外者，诸子立言以明道，兵书、方技、数术皆守法以传艺，虚理实事，义不同科故也。至四部而皆列子类矣。

〔又《汉志诸子》篇〕十四之十一　诸子阴阳之本叙，以谓出于羲和之官，数术七种之总叙，又云"皆明堂、羲和、卜史之职也"。今观阴阳部次所叙列，本与数术之天文五行不相入，是则刘、班叙例之不明，不免后学之疑惑矣。盖《诸子略》中阴阳家乃邹衍谈天、邹奭雕龙之类，空论其理而不征其数者也。《数术略》之天文历谱诸家，乃《泰壹》、《五残》、《日月星气》以及《黄帝》、《颛顼》、《日月宿历》之类，显征度数而不衍空文者也。其分门别类，固无可议。惟于叙例，亦似鲜有发明尔。然道器合一，理数同符，刘向父子校雠诸子，而不以阴阳诸篇付之太史尹咸，以为七种之纲领，固已失矣。叙例皆引羲和为官守，则又不精之咎也。

案章氏理数之说甚精，可谓妙悟。至谓阴阳家与天文五行不相入，则非是。考阴阳家有宋司星子韦、齐邹衍二家之书。《论衡·变虚》篇引《子韦书录序奏》云："子韦曰，君出三善言，荧惑宜有动。于是候之，果退舍。"宋景公时荧惑守心事，见《吕氏春秋·制乐》篇、《淮南子·道应训》、《新序·杂事》篇。《书录序奏》，即刘向《别录》也。是阴阳家何尝不言天文？《七略》曰："邹子有终始五德，言土德从不胜，木德继之，金德次之，火德次之，水德次之。"《文选》卷十九应吉甫《华林园集诗》注引。是阴阳家何尝不言五行？《汉志》阴阳二十一家三百六十九篇，今已一篇不存，何所考而知其引羲和为官守为叙次不精乎？夫不思多闻阙疑之义，而便辞巧说，毁所不见，此学者之大患也。

以上论《七略》

自向、歆以六略部次群书，《七录》序谓“东汉兰台犹为书部”。王隐《晋书》叙郑默著《魏中经簿》，亦不言其于类例有所变更。至荀勖《晋中经新簿》，始分四部，此学者所共知也。然汉、魏之间，实已先有四部之名。孔融文曰：“证案大较，在五经四部书。”魏文帝《自叙》云：“及长而备历五经四部，《史》《汉》诸子百家之言。”以四部置之经子史之外，则非荀勖之四部矣。所指为何等书，无可考证。以意度之，七略中六艺凡九种，而《刘向传》但言“诏向领校中五经秘书”。盖举《易》、《书》、《诗》、《礼》、《春秋》立博士者言之，则曰五经；并举乐言之，则曰六艺；更兼《论语》、《孝经》、小学言之，则为九种。汉末人以为于九种之中独举五经，嫌于不备，故括之曰五经四部。四部者，即指《六艺略》中之乐、《论语》、《孝经》、小学也。此虽未有明证，而推测情事，或当如此。

〔《御览》卷六百八〕　孔融《与诸卿书》曰：郑康成多臆说，人见其名学为有所出也。证案大较，要在五经四部书，如非此文近为妄矣。

〔《华阳国志》卷十下〕　李撰自五经四部、百家诸子、伎艺算计、卜数医术、弓弩机械之巧皆自思焉。

〔《抱朴子·祛惑》篇〕　五经四部，并已陈之刍狗，既往之糟粕。

〔陶宏景《本草集注序录》〕　其五经四部军国礼服，若详用乖越者正于事迹非宜耳。

〔钱大昕《潜研堂文集》卷十三《答问》十〕　魏文帝《典论自叙》称"五经四部、《史》《汉》、诸子百家之言，靡不毕览"，《魏志·文帝纪》注引。所谓四部者，似在五经诸子之外，亦不知其何所指。

案《北史·祖珽传》，又有五经三部之称。当时目录皆用四部分类，行之已久。所谓三部，盖即指子史集，与后汉时之五经四部不同。

以上论汉、魏时之四部

荀勖《中经》分为四部：一曰"甲部"，纪六艺及小学；二曰"乙部"，有古诸子家，近世子家，兵书，兵家，术数；三曰"丙部"，有史记，旧事，皇览簿，杂事；四曰"丁部"，有诗赋，图赞，汲冢书。见《隋志》序。其曰甲乙丙丁者，甲乙丙丁非名也，因其中所收之书为例不纯，无可指名，而姑以是名之也。

案《史记·万石君传》云："长子建，次子甲，次子乙，次子庆。"俞樾《古书疑义举例》卷三引入"寓名例"，谓甲乙非名也，失其名而假以名之也。考《汉书·成帝纪》云："孝成皇帝，元帝太子也，母曰王皇后，元帝在太子宫生甲观画堂。"师古曰："甲者，甲乙丙丁之次也。《元后传》言见于丙殿，此其例也。"周寿昌《汉书注校补》曰："汉制多以干支立名，如律令有甲令、乙令、丙令、计簿有甲帐、乙帐，漏刻称甲夜、乙夜，甲观可类推。《后汉书·清河王庆传》'以长别居丙舍'，《后汉书·百官志》有丙舍长一人，是又有甲舍、乙舍等名也。"余谓周氏之征引者详矣，但谓汉制名以干支立名，则非是。盖古人于凡事物之多而无定名与失其名者，则皆以甲乙丙丁代之，取其便于识别，犹之后世以天地玄黄编号耳。荀勖之四部正是此例。及南北朝与隋唐虽仍用甲乙丙丁之名，然其分部皆按书之性质，不似勖之以皇览簿与史部同部，汲冢书与诗赋同部，于是经史子集之名遂起而代之矣。

又案荀勖《中经》，隋唐《志》皆十四卷。然《七录》序云“晋《中经簿》书簿少二卷，不详所载多少”，则勖原书当有十六卷。盖四部各得四卷，正是因书之多寡分合之以使之匀称。自梁时亡其二卷，《隋志》不注明残缺，而后世多不晓其意矣。

勖之甲部，即《七略》、《汉志》之六艺，后世之经部。盖历代惟经学著述极富，未尝中辍，旧书虽亡，新制复作，故惟此一部，古今无大变更。其乙部则合《汉志》之诸子、兵书、数术为一部，四部中皆无方伎，盖已统于术数之中。为后世子部之祖。考汉诸子十家，惟儒、道、阴阳三家有西汉末人之著作，儒家有刘向扬雄，道家阴阳并有近世不知作者。余若纵横杂家，皆至武帝时止，农家至成帝时止，小说家至宣帝时止。而名、墨二家，则只有六国人书。可以见当前汉时诸子之学，已在若存若亡之间。由汉至晋，中更王莽董卓之乱，其存焉者盖寡矣。《中经》著录之古诸子凡若干家，今无可考。《七录·子兵录》中阴阳部农部各止一种，此所谓一种即一家，非《汉志》三十八种之种。墨部四种，纵横部二种而已。儒道杂三部最多，恐有大半是晋以后之新著。以此推之，晋时子部之书，当亦无几。此所以合《汉志》四略之书归于一部也。

《中经新簿》之类例，以分古诸子家近时子家为最有条理。盖自汉而后，不独名法之学失其传，即他家亦多无师法，非复周秦之旧。取后世之书强附九流，按门分隶，是犹吕夺嬴宗，牛继马后，问其名则是，考其实则非也。张之洞《书目答问》以周秦诸子自为一类，昔尝诧为特识，今乃知源出于勖耳。至兵书之外，又有兵家，不知以何为别。岂以《汉志》著录者为兵书，用《七略》之旧名。近世为兵家耶？然立名未安，此则勖之疏也。

〔《书目答问·子部》注〕　周秦诸子皆自成一家学术，后世群书，其不能归入经史者强附子部，名似而实非也。若分类各冠其首，愈变愈歧，势难统摄。今画周秦诸子聚列于首，以便初学寻览。汉后诸家，乃依类条列之。

史书本附《春秋》，《中经簿》始自六艺内析出。然分门未久，其书不能甚多。诗赋在《汉志》虽有五种百六家，然至晋当已亡失大半，新作盖亦无几。胡应麟谓此时史集二部尚希，其说是也。故丙丁两部之中，史记、旧事、即故事。杂事即杂史。皆史也，而《皇览簿》则非。《皇览》乃类书之祖，《隋志》言梁有六百八十卷，故能以一书自为一类。诗赋图赞皆集也，而汲冢书则非。盖为此两部之书过少，故取无类可归之书，分别附入，以求卷帙匀称。后人颇讥议其杂，实则荀勖亦自觉之，是以不立部名，但以甲乙丙丁为目，则固不得而议之矣。持以较后世之经史子集，虽亦约略近似，而其实非也。

汲冢所得书，《晋书·束晳传》详载其目，其中四部之书皆有，《中经》不使之各归其类，而并附于丁部，王鸣盛以为不可解，赵翼以为失当，余谓此无不可解亦无所谓失当也。盖当时官收得汲冢竹书，武帝以付秘书，虽以今文写之，而其简策必仍藏秘府。以其皆科斗字，不与他书同，故不可以相杂厕，以取原书与所写之本并贮一处，以便相校雠。以其自为一类也，故附诸四部之末。犹后世藏书目以宋、元本别著于录，而今之图书馆有善本书库之比耳。

〔**《晋书·束皙传》**〕　太康二年，汲郡人不准发魏襄王墓，或言安厘王冢，得竹书数十车，大凡七十五篇，漆书，皆科斗字。初，发冢者烧策照取宝物，及官收之，多烬简断札，文既残缺，不复诠次。武帝以其书付秘书校辍次第，寻考指归，而以今文写之。

〔**王鸣盛《十七史商榷》卷六十七**〕　《隋·经籍志》分经史子集四部。案四部之名，起晋荀勖《中经簿》。寻前后著录家皆分为七，如刘歆《七略》，王俭《七志》，阮孝绪《七录》，皆杂乱繁碎。惟荀勖稍近理。然子不当先史，诗赋等下忽有汲冢，亦不可解。且甲乙丙丁，亦不如直名经史子集。故《隋志》依用而又改移之。

〔**赵翼《陔余丛考》卷二十二**〕　古书分类以四部分者，自晋荀勖始。其中编次，子先于史，汲书又杂诗赋内，位置俱未免失当。

案王氏尝谓“目录之学，学中第一紧要事”。见《商榷》卷一。故其所著《蛾术篇》第一门即说录，书凡分十门。皆言目录之事。然实于此学所得不深。如此条所言，都无是处。其谓经史子集为《隋志》所改移，亦不免汩于俗说。王氏以博洽名，然尚如此，其余诸家，更不胜其驳，故皆略之。《通考》卷一百七十四引宋叶梦得《过庭录》云：“古书自唐以后，以甲乙丙丁略分为经史子集四类”，此亦用《新唐志》之说，知其沿讹已久。

以上论荀勖四部

《中经》四簿，子居史前。东晋李充为元帝作书目，始将其乙丙两部之书互换，由是四部之序次始定。《七录》序又言“充没略众篇之名，众篇之名，谓荀勖之六艺、小学、古诸子家、近世子家等分类之名也。总以甲乙为次”。盖当时仅有书三千一十四卷，古今著录，未有更少于此者，若复强分门类，则一类之中，不过数卷，故总而录之，不复条别，亦不得已之变例也。本传言其以类相从，则其次序之间仍按书之体例，所异者，不标类名耳。

〔《文选》任彦升《王文宪集序》注〕　臧荣绪《晋书》曰：李充，字弘度，为著作郎。于时典籍混乱，充删除烦重，以类相从，分为四部，甚有条贯，秘阁以为永制。五经为甲部，史记为乙部，诸子为丙部，诗赋为丁部。

案今《晋书·李充传》无五经为甲部以下四句，《御览》卷二百三十四引《晋中兴书》亦无此四句。《玉海》卷五十二引充传，有五经为甲，史记为乙，诸子为丙，诗赋为丁四句，在分为四部之下，似即自《文选注》转引。余疑此四句，乃李善释四部之义，非臧书所有。《玉海》杂入充本传之中，盖非也。钱大昕《元史艺文志》及《潜研堂答问》见文集卷三。即据《文选注》此条为说。今人读钱氏书，有不能得其出处者矣。

《隋志》簿录所著录之书目，自宋至隋，除《七志》、《七录》外，皆以四部为名，盖并用李充之次序，所谓“秘阁以为永制”者也。南朝人呼四部，只谓之甲乙丙丁。然考颜之推《观我生赋》自注，则梁元帝时校书，已分经史子集四部。后人信欧阳修《新唐志序》之谬说，以为名起于唐者，非也。南北朝书目，今并已佚，其分类之例，不可得而考矣。

〔《南史·何宪传》〕　博涉该通，群籍毕览。任昉、刘讽共执秘阁四部书，试问其所知，自甲至丁，书说一事，并叙述作之体，连日累夜，莫见所遗。

〔颜之推《观我生赋》自注〕见《北齐书》本传。　王司徒表送秘阁旧书八万卷，乃诏比校部分，为正御副御重杂三本，左民尚书周弘正、黄门郎彭僧朗、直省学士王珪、戴陵校经部。左仆射王褒、吏部尚书宗懔、员外郎颜之推、直学士刘仁英校史部。廷尉卿殷不害、御史中丞王孝纯、中书郎邓荩，金部郎中徐报校子部。右卫将军庾信、中书郎王固、晋安王文学宗菩业、直省学士周确校集部也。

〔赵翼《陔余丛考》卷二十二〕　古书分类，未有经史子集之名。汉刘歆著《七略》，宋王俭撰《七志》，梁阮孝绪撰《七录》，隋许善心撰《七林》，皆以七分部。其以四部分者，自晋荀勖始。宋谢灵运殷淳梁任昉殷钧等因之，各造四部书目，皆以甲乙丙丁为部。隋炀帝于观文殿藏书，亦仍旧称。其名以经史子集者，则唐武德初魏郑公收东都图书，凡八万六千九百六十六卷，其后又因马怀素奏，乃令殷践猷等治经，韦述等治史，毋煚等治子，王湾等治集，自注：见《马怀素传》。自此经史子集之为四，一成不变矣。今《隋书·经籍志》已分经史子集者，《隋书》本唐人所修也。自注：《宋史·谢泌传》云：唐景龙中分经史子集，命薛稷、沈佺期、武平一、马怀素分掌。

案赵氏号称史学名家，而此节所叙四部源流，则殊多谬误。荀勖之后忘却李充，南朝四部书目，亦不止谢灵运等数人。至谓经史子集之名始于唐武德初，遍考诸书，并无明文，不知其何所本？赵氏作《廿二史劄记序》，自言以历代史书为日课，而于《颜之推传》熟视无睹，可见考证之难。

〔钱大昕《元史艺文志》〕 自刘子骏校理秘文，分群书为六略。是时固无四部之名，而史家亦未别为一类也。晋荀勖撰《中经簿》，始分甲乙丙丁四部，而子犹先于史。至李充重分四部，五经为甲部，史记为乙部，诸子为丙部，诗赋为丁部，而经史子集之次始定。厥后王亮、谢朏、任昉、殷钧撰书目，皆循四部之名。虽王俭阮孝绪析而为七，祖暅别而为五，然隋唐以来志经籍艺文者，大率用李充部叙而已。

案自来叙四部源流者，惟钱氏之说最为明确。

隋唐之时，四部之名仍为甲乙丙丁，亦或谓之经史子集，盖甲乙者举其部言之，经史者举其书言之也。故新、旧《唐志》二名兼用，曰某部某录，自宋以后，始无复有以甲乙分部者矣。

〔《隋书·经籍志》〕 东都观文殿，东屋藏甲乙，西屋藏丙丁。

〔《隋书·牛弘传》〕 及东夏初平，获其经史四部重杂三万余卷。

〔《唐六典》卷八〕 宏文馆典书二人，馆中有经史子集四部之书，使典之也。

〔又卷九〕 集贤殿书院书有四部，一曰甲为经，二曰乙为史，三曰景为子，四曰丁为集，故分为四库。

〔又卷十〕 秘书郎掌四部之图籍，分库以藏之，以甲乙景丁为之部目。甲部为经,其类有十。乙部为史,其类一十有三。景部为子,其类一十有四。丁部为集,其类有三。《旧唐志》云,“四部者,甲乙丙丁之次也,甲部为经”云云,与此略同。

〔又卷二十六〕 司经局洗马掌经史子集四库图书刊辑之事。 又校书正字掌校理刊正经史子集四库之书。

案就以上所引观之,知隋、唐时仍以甲乙丙丁分部。新、旧《唐志》均谓之“甲部经录,乙部史录,丙部子录,丁部集录”,是其证矣。惟《隋志》只题经史子集,删去甲乙丙丁之名,特史家省文耳。而王鸣盛遂谓“甲乙丙丁不如直名经史子集,《隋志》依荀而又改移之,唐宋以下为目者皆不能违”,见《十七史商榷》卷六十七。不知两《唐志》皆不直名经史子集也。以今之言四部者多同王氏,故不可不辨。

夫部类之分合,随宜而定。书之多寡及性质既变,则部类亦随之而变。七略之易为四部,亦势使然也。四部之法行之既久,人以为便。其间虽有李淑、郑樵之徒,纷纷改作,取四部之书离析之为若干类。然一家之言,人所不用。经史子集之名,遂相沿至今不废。

〔《校雠通义·宗刘》篇〕二之一 《七略》之流而为四部,如篆隶之流而为行楷,皆势之所不容已者也。史部日繁,不能悉隶以《春秋》家学,四部之不能返《七略》者一。名、墨诸家,后世不复有其支别,四部之不能返《七略》者二。文集炽盛,不能定百家九流之名目,四部之不能返《七略》者三。钞辑之体,既非丛书,又非类书,四部之不能返《七略》者四。评点诗文，亦有似别集而实非别集似总集而又非总集者，四部之不能返《七略》者五。凡一切古无今有古有今无之书，其势判如霄壤。又安得执《七略》之成法以部次近日之文章乎？

以上论经史子集四部

自荀勖李充之后，秘阁藏书皆以甲乙丙丁为部次。官撰书目，必依所藏之书著录。制度所系，不能以私意变更。王俭在宋时撰《元徽书目》，仍用四部之法，然俭意不谓然，故又依刘歆《七略》，别撰《七志》。一曰经典志，纪六艺小学史记杂传。二曰诸子志，记今古诸子。三曰文翰志，纪诗赋。四曰军书志，纪兵书。五曰阴阳志，纪阴阳图纬，六曰术艺志，纪方伎。七曰图谱志，纪地域及图书。其道佛附见，合为九条。以上见《隋志序》。观其分部大抵祖述刘氏，亦步亦趋。书本九篇，而必裁之为七，殆如《七启》、《七命》之摹拟《七发》，务在规抚形似而已。

〔《七录序》〕　王俭《七志》改六艺为经典，次诸子，次诗赋为文翰，次兵书为军书，次数术为阴阳，次方技为术艺。以向歆虽云《七略》，实有六条，故别立图谱一志，以全七限。其外又条《七略》及二汉《艺文志》、《中经簿》所阙之书，并方外之经佛经道经，各为一录。虽继《七志》之后，而不在其数。

〔《经籍会通》卷二〕　王俭《七志》，前六志咸本刘氏六略，但易其名，而益其图谱及佛道二家。名虽曰七，实九志也。

〔钱大昕《潜研堂文集》卷十三《答问》十〕　宋元徽初，秘书丞王俭撰《七志》，盖仿汉之《七略》，而改辑略为图谱，案辑略与图谱实不同，此句微欠分析。又附入老释书，则俭自立新意也。

王俭图谱一志，最为郑樵所称。实则各书之图本可随类附入，俭第欲足成七篇之数，故立此志耳，未必如樵所云云也。魏晋以后，史书日多，自当别为一部，以《七略》之合于《春秋》也，则亦合之。释道之经，《七略》所无，则录其书而不敢列其名。其弊皆在刻意摹古。四部之隶属群书，本不能无失，而俭之必欲返之于《七略》，亦未见其为得也。其间小有变更者，刘以《论语》、《孝经》附于六艺，而王《志》经典《孝经》居前；刘以阴阳入子，在九流之内，王名数术为阴阳，则其《诸子志》必无此一家，此皆不明向歆序次之意，既不从四部，又变《七略》而不得其当，不免进退失据。近人章太炎以其合史于经，合于古文家之说，从而称之，所谓不虞之誉也。惟其兼载二汉所阙之书，使后人得有所考，其例极善。

〔《通志·图谱略·索象》篇〕　汉初典籍无纪，刘氏《七略》，只收书不收图。萧何之图自此委地。后人之将慕刘、班之不暇，故图消而书日盛。惟任宏校兵书，有图四十三卷，载在《七略》，独异于他。王俭作《七志》，六志收书，一志专收图谱，谓之《图谱志》。不意末学而有此作也。

〔《经典释文》叙录〕　五经六籍次第互有不同，如《礼记·经解》之说，以《诗》为首，《七略》、《艺文志》所记，《周易》居前。阮孝绪《七录》亦同此次，而王俭《七志》《孝经》为初。

〔章炳麟《国故论衡》中《原经》篇〕　经与史自为部，始晋荀勖为《中经簿》，以甲乙丙丁差次，非旧法。《七略》《太史公书》在《春秋》家。其后东观、仁寿阁诸校书者，若班固、傅毅之伦，未有变革，讫汉世依以第录。虽今文诸大师，未有经史异部之录也。荀勖分四部，本已陵杂。丙部录《史记》，又以《皇览》与之同次，无友纪，不足以法。后生如王俭，犹规其过。

案章氏此篇意在驳今文家《春秋经》不为史之说，言各有当，本不为目录而发。

〔又〕 《七志》本同《七略》，但增图谱，道佛耳。其以六艺、小学、史记、杂传同名为《经典志》，而出图纬使入阴阳，卓哉！二刘以后，一人而已。

案《七略》本无图纬，《中经》亦不知归入何部，《隋志》皆附经部。图纬之学，出于阴阳，王俭合为一志，固自可从。

〔《通志·校雠略·编次必记亡书论》〕 古人编书皆记其亡阙，所以仲尼定书，逸篇具载。案《尚书》逸篇亡于秦火，序书之时，并无逸篇，此说不确。王俭作《七志》已，又条刘氏《七略》及二汉《艺文志》、魏《中经簿》所阙之书为一志。阮孝绪作《七录》已，亦条刘氏《七略》及班固《汉志》、袁山松《后汉志》、魏《中经》、晋四部所亡之书为一录。案阮书并无此录，但条其存亡之数于序后耳。隋朝又记梁之亡书。及唐人收书，只记其有，不记其无，是致后人失其名系。

夫古之作书目者，皆先校书而后著录，故因书分类，就目检书。

以此部类多寡之间，极费斟酌。王俭《七志》作于宋时，宋之官书，仍分四部，而俭《七志》独为九类。此盖自为一家之言，并不按书编目，故史书虽多，仍可附经。图谱虽少，自可成志。离书与目而二之，自俭始矣。

以上论王俭《七志》

六朝官撰目录，皆只四部而已。惟梁刘孝标撰《文德殿书目》，分术数之文，更为一部，使奉朝请祖暅撰其名录，谓之《五部目录》。盖取《七略》中数术方技之书，自子部内分出，使专门名家，司其校雠也。此最得汉人校书分部之意。阮孝绪因之作《七录》，一曰经典录，纪六艺，二曰记传录，纪史传，三曰子兵录，纪子书兵书，四曰文集录，纪诗赋，五曰技术录，纪数术，谓之内篇。即用经史子集之次，稍变其名。而以数术别为一录，师《文德殿目》之成例也。若除其外篇佛道二录，而第就内篇数之，则名为《七录》，实五录耳。王、阮二家虽同法《七略》，而王一意返古，阮之类例，则斟酌于古今之间，就书之多少分部，不徒偏重理论，自序言之甚明。后人泛以王阮并称者，非也。

〔**《七录序》**〕　今所撰《七录》，斟酌王、刘。王以六艺之称不足标榜经目，改为经典，今则从之，故序《经典录》为《内篇》第一。刘、王并以众史合于《春秋》，刘氏之世史书甚寡，附见《春秋》，诚得其例。今众家记传倍于经典，犹从此志，实为繁芜。且《七略》诗赋不从六艺《诗》部，盖由其书既多，所以别为一略。今依拟斯例，分出众史，序《记传录》为《内篇》第二。诸子之称，刘王并同。又刘有《兵书略》，王改兵为军，兵书既少，不足别录，今附于子末，总以子兵为称，故序《子兵录》为

《内篇》第三。王以诗赋之名，不兼余制，故改为文翰。窃以顷世文词，总谓之集，变翰为集，于名犹显，故序《文集录》为《内篇》第四。王以数术之称，有繁杂之嫌，故改为阴阳；方技之言，事无典据，又改为艺术。窃以阴阳偏有所系，不如数术之该通。术艺则滥六艺与数术，不逮方技之要显。故还依刘氏，各守本名。但房中神仙，既入仙道，医经经方，不足别创。故合术伎之称，以名一部，为《内篇》第五。王氏图谱一志，刘略所无，刘数术中虽有历谱，而与今谱有异。窃以图画之篇，宜从所图为部，故随其名题，各附本录。谱即记注之类，宜与史体相参，故载于《记传》之末。自斯已上，皆《内篇》也。

〔《潜研堂答问》十〕 梁秘书监任昉、殷钧亦撰四部目录，而术数之书别为一部，故称五部目录。阮孝绪更为《七录》，其前五录，盖沿五部之旧。然则齐、梁四部，亦史先于子可知矣。

案据《七录序》，《五部目录》乃刘孝标《文德殿目录》，非任昉殷钧之书。钱氏盖误读《隋志》。

《七录》外篇二：一曰佛法录，二曰仙道录。《隋志》谓六曰佛录，七曰道录，非是。考《汉志》道家在诸子，神仙在方技，本非一家。其时尚未有佛，道士之经，亦出东汉以后。荀勖作《中经簿》时，佛经尚只十六卷。见《七录序》。其书既少，盖在近世子家，道经当亦同例。王俭作《七志》，以此二家并非《七略》所有，遂从附见，不在《七志》之内。至梁而佛经大盛，尝于华林园中总集释典。《文德五部目录》，释氏不与焉。见《隋志》。道家之经，较少于佛，犹在诸子。孝绪《七录》根据五部目录，故以佛法为外篇，又用王俭之例，立仙道一录以配之，然子兵录内仍有道部。盖外篇所录，皆道经及神仙家言也。

〔**《七录序》**〕　释氏之教，实被中土，讲说讽味，方轨孔籍。王氏虽载于篇，而不在志限，即理求事，未是所安，故序《佛法录》为《外篇》第一。仙道之书，由来尚矣，刘氏神仙陈于方技之末，王氏道经书于《七志》之外，今合序《仙道录》为第二。王则先道而后佛，今则先佛而后道。盖所宗有不同，亦由其教有浅深也。

〔**《经籍会通》卷二**〕　阮孝绪《七录》，又本王氏而加纪传，并诸子、兵书为子兵，阴阳、术艺为技术，又益以佛、道二家。史书至是渐盛，与经子并列。而佛、道二家之说，大行中国矣。

案史自荀勖时已不附《春秋》，然丙部犹附以《皇览》，至李充以后，乙部盖已纯为史书。观李善《文选》王俭集序注可知，非至梁始盛也。此由不知《七录》出于《五部目录》之故。

以上论阮孝绪《七录》

唐魏征修《隋书·经籍志》，分为经史子集，而唐之宏文馆、集贤院、秘书省藏书亦分四库。欧阳修《新唐志序》遂曰："至唐始分为四类，曰经史子集。"后人不复见六朝四部目录，亦以为自《隋志》始。今考《隋志》四部之后，附有道佛经二篇，但录其每类卷数，而不载书名。道经分经戒、饵服、房中、符录《七录》作符图。四类，与《七录》全同。卷数亦多相合。篇后有小序一篇，至二三千言，叙其源流甚悉。故名为四部，实六部也。取以较阮氏《七录》，但裁其术伎一录，还之诸子耳。

隋之藏书，以大业为盛，有《大业正御书目录》，又于内道场集道佛经，别撰目录。唐平王世充，收其图书，《隋志》言“考其目录见存，分为四部”。然则志之所书皆用隋目编次。隋道佛经既别有目录，故《隋志》亦从附见。寻隋之所以别二氏于四部之外者，盖用《七录》之例。新旧《唐志》合佛道于诸子道家之中，录其著述而斥其经典。后人编目，大抵不外取法隋唐二志而已。

以上论《隋志》四部

合而观之，七略之变而为四部，不过因史传之加多而分之于《春秋》，因诸子、兵书、数术、方技之渐少而合之为一部，出数术、方伎则为五，益之以佛、道则为七，还数术、方技则为六，并佛、道则复为四，分合之故，大抵在诸子一部。互相祖述，各有因革。虽似歧出枝分，实则同条共贯也。

惟王俭志在复古，书本九篇，强分七部，以六朝之著述，合西汉之门类，削趾适屦，势所不行。故许善心之《七林》，不见著录，马怀素之《续志》，竟未成书。然则后人犹欲用《七略》旧例部次群书者，亦可已矣。

〔《郡斋读书志》卷一〕 刘歆始著《七略》，至荀勖分为四部，盖合兵书、术数、方技于诸子，自《春秋》类摘出《史记》，别而为一，六艺、诸子、诗赋皆仍歆旧。其后历代所编书目，如王俭、阮孝绪之徒咸从歆例。案王、阮名同实异。谢灵运、任昉之徒咸从勖例。唐之分经史子集，藏于四库，是亦祖述勖而加详焉。欧阳公谓其始于开元，案欧公但谓始于唐。其误甚矣。

〔《潜研堂答问》十〕 隋、唐以后叙书目者，大率循经史子集之次,而子家寥寥,常并释道之技而一之。自道学兴于宋儒,人人各有语录,而儒家之书亦滋多矣。

夫古今作者,时代不同,风尚亦异。古之学术,往往至后世而绝,后之著述,又多为古代所无。四部之法,本不与《七略》同,史出《春秋》,可以自为一部,则凡后人所创作,古人所未有,当别为部类者,亦已多矣。限之以四部,而强被以经史子集之名,经之与史,史之与子,已多互相出入。又于一切古无今有,无部可归之书,悉举而纳之子部。艺术入,而琴棋书画为子,谱录入,自农家分出。而草木鸟兽亦为子矣。类书《隋志》附之杂家,《唐志》自为一类。至《四库总目》而丛书亦附杂家矣。附存目谓之杂编,《明志》入之类书。名实相舛,莫此为甚。故经史子集之分部,尚不如甲乙丙丁混而名之之为得也。

唐宋以后,著述日繁。核其体例,多非古之四部所能包。宋人已觉其不安,故《崇文总目》、《书录解题》虽按四部分类,而无经史子集之名。李淑、郑寅遂别为部类。淑《邯郸图书志》于经史子集四志外,益以艺术志、道书志、书志、画志而为八。寅《郑氏书目》于经史子文四录外,益以艺录、方技录、类录而为七。观其所增之部,大抵用阮孝绪之意,自子部内分出耳。至郑樵之《通志略》,经类外,有礼、乐、小学,诸子类外,有天文、五行、艺术、医方、类书,合之史类、文类,而为十二。仍以子部内分出者为多。其出礼、乐于经者,以其中仪注、俗乐之书,不可杂于经也。至清孙星衍《祠堂书目》,史学之外,有地理、金石,诸子之外,有天文、医律、类书、书画,合之经学、小学、词赋而为十。以上各家均详见分部异同表。此二家者,皆不复用四部之名,又多所离析分合,虽或有当有不当,然可见经史子集，非一成不易之法矣。其他家书目，亦多自为义例者。然或杂乱无条理，或本之诸家而少变之，纷纷甚多，不暇悉论也。

以上总论沿革

自来言及书目，辄曰经史子集四部。实则自齐梁以后已尝数变矣。今之学术，日新月异而岁不同，决非昔之类例所能赅括。夫四部可变而为五，祖暅。为六，《隋志》。为七，阮孝绪、许善心、郑寅。为八，李淑。为九，王俭。为十，孙星衍。为十二，郑樵。今何尝不可为数十，以至于百乎？必谓四部之法不可变，甚且欲返之于《七略》，无源而强祖之以为源，非流而强纳之以为流，甚非所以“辨章学术，考镜源流”也。

藏书之目，所以供检阅。故所编之目与所藏之书必相副，收藏陈设之间，当酌量卷册之多少厚薄。从来官撰书目，大抵纪载公家藏书，是以门类不能过于繁碎。甲乙之簿与学术之史，本难强合为一。刘歆《七略》收书不多，又周秦学术，至汉虽有废兴，而古书尚存，篇卷约略相当，故即按书分隶，因以剖判百家，尚不甚难。然史附《春秋》，而诗赋别为一略，已不能不牵就事实。后世之书日多，而学有绝续，体有因创，少止一二，多或千百，其数大相径庭。为书目者，既欲便检查，又欲究源流，于是左支右绌，顾此失彼，而郑樵焦竑之徒得从而议其后，亦势之所必至也。至今而检查之目与学术门径之书愈难强合。如丛书一类，自当析之各隶本门，而藏书之际，势不能分置数十处，若造簿籍而必用七略四部之法，未有不为所困者矣。

自阮孝绪作《七录》，自言“致王公缙绅之名簿，凡在所遇，若见若闻，更为新录”。夫以所见闻者入录，则有其名不必有其书，是已离书与目而为二，与藏书家之目不同。然当用卷轴之时，犹或为篇幅所限制，今既积叶而成册，虽以一行为一叶可也，数百叶为一册亦可也。一二书为一部不为少，千百书为一部不为多，此真可按书之性质分部，因以辨章学术，考镜源流矣。既非如文渊阁之按橱编号，何必限其部数为七为四哉！

张之洞谓有藏书家之书目，有读书家之书目。余谓藏书家之书目，如今图书馆所用者，但以便检查为主，无论以笔画分，以学术分，或以书类人，或以人类书，皆可；兼而用之尤善。俟治图书馆学者讨论之。若读书家之书目，则当由专门家各治一部，兼著存、佚、阙、未见，合《别录》、《艺文志》与《儒林》、《文苑传》为一，曲尽其源流，以备学术之史。此意已于目录学之体制诸篇言之详矣。夫既各治其书，则一切七略四部之成法，举不足以限制之。即郑樵"有专门之书则有专门之学，学守其书，书守其类"之谓也。欲论次群书，兼备各门，则宜仿郑樵孙星衍之例，破四部之藩篱，别为门类，分之愈细乃愈佳，亦樵所谓"类例不患其多"也。

以上类例之商榷

〔附录〕 古今书目分部异同表

《史记》于纪传之外，复有表之一体，《梁书·刘杳传》引桓谭《新论》云："三代世表，旁行斜上，并效周谱。"由是言之，表之从来远矣。凡著作中如遇头绪烦复非文字所能形容者，惟表可以曲尽其事。使纲举而目张，执简以驭繁，使读者持以上下相比，纵横相较，珠联绳贯，一目了然。然为之者甚勤而观之者甚厌，以其无兴趣之可寻也。《四库提要》卷四十五曰："史家之难，在于表志，而表文经纬相牵，或连或断，可以考证而不可以诵读，学者往往不观。"斯言允矣。古今书目之部类互有不同，几于千端万绪，歧路之中又有歧焉，然其因革损益，皆有其渐，不比而观之，不能得其所以然。如列之一表之中，参互钩稽，则于分合出入之间，有以心知其意。盖《七略》四部同条共贯，相为因缘，虽变而未尝变也。既已尽其源流，又以见其初非一成不易之法，神而明之，斯在善学者矣。初本欲作一部类表，然古目录书多已亡佚，有知其部分有不得其类别者。如经史子集，定于李充，此古今著录之大关键，岂可不知？若但就现存之诸史《艺文志》表而列之，则以为四部始于《隋志》矣。如此亦何取乎有此表也？故博考群书，制为《分部异同表》。

一 《七略》四部，名异而实同。荀勖、李充取六略之书合之为四。王俭、阮孝绪又取四部之书分之为七。观其分部之性质，实于根本无所改革。今以经史子集相沿较久，故仍以此为纲，其不同者皆分别归纳其中，以便观览。

二 隋、唐《志》及《古今书录》皆用李充之法，但亦微有不同，故仍分别著之，以期详尽。

三 《隋志》言“文德殿目录，其术数之书更为一部，使奉朝请祖暅撰其名，故梁有《五部目录》”，此亦当载入表者。但其余四部之名不可知，故不列入，而著其说于此。

四 自宋以后，目录皆统于四部，然犹有李淑、郑樵、郑寅、孙星衍四人辄思改革，虽用其说者甚少，然亦著录分部之变例，可供学者之参考者也。二郑以类书自为一类，张之洞于四部之外别录丛书，皆有理致，故亟取之。其他取法此数家以意分合者，姑从略焉。

五 王俭之图谱志，张之洞之丛书别录，皆非四部所能包，故皆别为一阑。若夫类书隶之子部，虽有未安，然自《隋志》以来，相沿既久，此是表其源流，并非别谋改作，故从其朔著之云耳。

前　　言

《古书通例》为外舅余嘉锡先生遗著。余先生，湖南常德人，生于一八八四年，卒于一九五五年。解放前，一直在北京各大学授课，并任辅仁大学国文系主任；解放后，曾任中国科学院语言研究所专门委员。平生无书不读，以史学、古籍考订和目录学名家。著有《目录学发微》、《四库提要辨证》、《余嘉锡论学杂著》、《世说新语笺疏》等书。所著《四库提要辨证》二十四卷，八十万字，博大精深，久已为学者所称道。本书则为作者三十年代在北京各大学讲授校读古籍时所写的讲义，一名《古籍校读法》。

中国的古书，自周秦至明清，流传至今的总在五万种以上，大抵时代距今愈远的书，问题也愈多。如书籍的真伪问题，作者谁属的问题，作者的时代问题，书的篇目编次和卷帙多寡存佚的问题，书中有无后人增益或删削的问题等等，种种不一。前人固有所考证，然亦往往有得有失。究其原因，固然由于考核有精粗，然而也与是否通达古代著作的体例有关。不明古人著作体例，就难免有似是而非之论。

余先生这本书专就汉魏以上的古书举出一般通例，详加诠释，以为学者读古书之助。书分四卷：一、案著录，二、明体例，三、论编次，四、辨附益。书中对古书的真伪、古书的命名和编定、诸子书中造作故事的缘由、古书分别内外篇的性质，以及古书中的附录等都援引例证，分别解说，使读者知汉魏以上古书的体例与后代著述有不同。如不明古人著述的主旨和书籍编定的原委，而以后代著作的体例论列先秦、汉初古籍的真伪，传本的是非，则不能无误。这本书虽然篇章不多，而探微索隐，足以解疑释惑。读者据此举一以反三，所知自多。

作者博览群书，凡有考证，皆有凭据，莫不原原本本索其根由，未尝率尔立论。他认为学者考校古书，自当实事求是，多闻阙疑。要做到“揆之于本书而协，验之于群籍而通”，“若意虽以为未安，而事却不可尽考，则姑云未详，以待论定”。这种治学的审慎态度，对研究和整理古籍非常重要。前人每每好论古书的真伪，或以不伪为伪，既厚诬古人，又贻误后学，实为不审慎之过。如汉陆贾《新语》，屡为汉人所称道；晋崔豹《古今注》，唐人屡引其书，而《四库总目提要》却都视为赝作，节外生枝，徒令学者迷罔不解。类似这种情况的很多，足为先戒。

关于阅读古书的问题，前人大都从文句和词语的解释着眼，而论及古书体例者不多。余先生这本书作为讲章，可惜没有全部写完，卷四《辨附益》一篇仅有“古书不皆手著”一节，说明古书中属于弟子门人附益的文字并非伪作。至于后世羼乱增益的情况，当别有说，而文章缺如。然在作者所撰《论学杂著》中有《太史公书亡篇考》一文，以为《史记》原亡十篇，仅存目录，今之所传，为褚少孙、冯商等人所增益，考辨极详，可资参考。

又本书每言及“家”、“家法”以及“依托”等词，但没有解说。案作者在所作《四库提要辨证·子部·法家类》“《管子》”一条下说：“向、歆、班固条别诸子，分为九流十家。而其间一人之书又自为一家，合若干家之书而为某家者流。明乎其所谓家者，不必是一人之著述也(家者合父子师弟言之)。父传之子,师传之弟,则谓之家法。六艺诸子皆同,故学有家法。称述师说者,即附之一家之中。如公、穀《传》中有后师之说是也。其学虽出于前人,而更张义例,别有发明者,则自名为一家之学。如《儒林传》中某以某经授某,某又授某,由是有某某之学也。其间有成家者,有不能成家者。学不足以名家,则言必称师,述而不作。虽笔之于书,仍为先师之说而已,原不必于一家之中分别其孰为手撰,孰为记述也。况周、秦、西汉之书,其先多口耳相传,至后世始著竹帛。如公羊、穀梁之《春秋传》、伏生之《尚书大传》。故有名为某家之学,而其书并非某人自著者。惟其授受不明,学无家法,而妄相附会,称述古人,则谓之依托。如《艺文志》《文子》九篇,注为依托,以其与孔子并时,而称周平王问,时代不合,必不出于文子也。"这一段话对何者为"家",何者为"家法",何者谓之为"一家之学",何者谓之为"依托",剖析甚明,可补本书注文之未备。

本书以往只有讲课临时印本,始终未曾正式出版,所以流传极少。现在根据一九四〇年排印本整理,分别段落,重加校订、标点,以供研究和整理古籍者参考。

周祖谟

一九八三年六月三十日

目　　录

绪　论

古今载籍，浩如烟海，处则充栋宇，出则汗牛马，老死不能遍读；初学对之，望洋而叹，有废然而返耳！司马谈《论六家要旨》曰："儒者以六艺为法，六艺经传以千万数，累世不能通其学，当年不能究其礼；博而寡要，劳而少功。"见《史记·太史公自序》。夫司马谈当西汉初年，且仅就儒者一家六艺言之，已苦其繁博如此。故学者必有守约施博执简御繁之道，"优而柔之，使自求之；餍而饫之，使自趋之；庶乎涣然冰释，怡然理顺"，不至隐其学而疾其师，苦其难而不知其益也。

扬雄论读书，推本于五经，譬之升东岳而浮沧海，以为好书必要诸仲尼。雄作《法言》以拟《论语》，以儒者自居，其言不得不如此。亦以当时所有，皆三代秦汉之书，不能以时代为断，故就其性质为去取。盖亦于繁博之中，力求简约耳。

东汉至隋，书经五厄，牛弘言书有五厄，见《隋书》卷四十八本传。古书日亡，其仅有存者，皆以少而见珍。故韩愈自言其为学之始，非三代、两汉之书不敢观，《答李翊书》。是已不问出于何家，但属古书，皆宜先读矣。后人论学，率同斯旨。大抵时代愈早，愈为可贵。明胡应麟至谓得明代书百万卷，不能当三代之一；张之洞谓秦以上书，一字千金，皆是意也。明之李梦阳等，禁人勿读唐以后书，虽不免主张过度；且梦阳等之读书，不过资之以为诗文，尚未足以尽古书之用;然欲研究中国学术,当多读唐以前书,则固不易之说也。

〔**胡应麟《经籍会通》卷四《述见闻》篇**〕　宋世书千卷,不能当唐世百;唐世书千卷,不能当六朝十;六朝书千卷,不能当三代一:难易之辨也。然今世书万卷,亦不能当宋千。

〔**张之洞《輶轩语·语学》**〕　读书宜多读古书。除史传外,唐以前书宜多读,为其少空言耳。大约秦以上书,一字千金;由汉至隋,往往见宝;与其过也,无亦存之。唐至北宋,去半留半。南宋迄明,择善而从。

案治学所以必读古书者,为其阅时既久,亡佚日多,其卓然不可磨灭者,必其精神足以自传,譬之簸出糠粃,独存精粹也。后人之书,则行世未远,论定无闻,珠砾杂陈,榛楛勿翦,固宜其十不足以当一耳。然亦未可一概而论。盖古书之传不传,亦正有幸有不幸。有以牵连而并存,如释、道藏及业书之类。有以变乱而俱亡;如牛弘所言五厄。其得也或出于无心,如敦煌佚书、流沙坠简之类。其失也或缘于有意;如范晔之志蜡车,李贺之集投溷之类。千端万绪,盖非一途。特既幸存于今,则皆足以考古。猥琐之事,可以观物情;《輶轩语》云:"大抵天地间人情物理,下至猥琐纤末之事,经史所不能尽者,子部无不有之,其趣妙处校之经史,尤易引人入胜。"荒谬之谈,可以见风俗;文字可以明通假,歌谣可以证音韵;至于《拾遗》、《搜神》之记,《洞冥》、《神异》之编,则刘勰所谓事丰奇伟,辞富膏腴,无益经典,而有助文章者也。《文心雕龙·正纬》篇。此不独古籍为然,而古籍则为一切事物之源,弥以寡而可贵。故曰"与其过也,无亦存之"。若夫学问之事,有不可以时代论者。清儒之学,不独陵轶元、明,抑且方驾唐、宋。清儒经学小学自辟蹊径,远过唐、宋,其他一切考证,则无不开自宋人,特治之益精耳。至于史学,不逮宋人远甚。乾嘉诸儒,鄙夷宋学,窃不谓然。欲读古书,非观清儒及近人之笺注序跋不可,否则不独事倍功半,或且直无下手之处。张氏此条,专为读古书言之。其“论读书不必畏难”一条又云:“读书一事,古难今易。无论何门学问,国朝先正皆有极精之书。前人是者证明之,误者辨析之,难考者考出之,自注:参校考证。(以下皆张氏自注,不复出。)不可见之书采集之。一分真伪而古书去其半,一分瑕瑜而列朝书去其十之八九矣。且诸公最好著为后人省精力之书,一搜补,或从群书中搜出,或补完,或缀辑。一校订,讹脱同异。一考证,据本书,据注,据他书。一谱录,提要及纪元、地理、各种表谱。此皆积毕生之精力,踵曩代之成书而后成者,故同此一书,古人十年方通者,今人三年可矣。”与此条各明一义,互相发明,读古书所宜知也。

虽然,研治中国古代学术当读古书,最难读者亦莫如古书,古书亦甚繁,读之者不可不知所别择。张之洞谓“一分真伪而古书去其半,一分瑕瑜而列朝书去其八九”,斯固然矣。而欲分真伪,则有三法,亦有三难:

一曰:考之史志及目录以定其著述之人,及其书曾否著录。然周秦之书,不必手著。《汉志》所载之姓名,不尽属之著述之人。其他史志及目录所载书名撰人,《新唐志》及《宋史·艺文志》。皆不免有讹误。若其著录与否,则历代求书,不能举天下之载籍,尽藏之于秘府;况书有别称,史惟载其定名;篇有单行,志仅记其总会。《汉志》多有此例。又往往前代已亡,后来复出。或发自老屋,而登中秘;或献自外国,以效梯航。至于晁子止之《读书》,晁公武《郡斋读书志》。陈直斋之撰录,陈振孙《直斋书录解题》。只纪一家之有无,未及当代之存佚。其余诸家书目，见闻益隘，盖不足言。是则据史志目录以分真伪之法，不尽可凭也。其难一矣。

二曰：考之本书以验其记载之合否。然古书本不出自一人，或竹帛著自后师，或记叙成于众手，或编次于诸侯之客，见《史记·信陵君传》，详见后。或定著于写书之官。刘向。逸事遗闻，残篇断简，并登诸油素，积成卷帙。故学案与语录同编，说解与经言并载。又笺注标识，混入正文，批答评论，咸从附录；以此语不类其生平，事并及于身后。至于杜撰事实，造作语言，设为主客之辞，鸣其荒唐之说，既属寓言，难可庄论。故摘其纰缪，固自多端，校其因缘，由来非一。是则即本书记载以分真伪之法，容有未尽也。其难二矣。

三曰：考之群书之所引用，以证今本是否原书。然古书皆不免阙佚。盖传写之际，钞胥畏其繁难，则意为删并；校刻之时，手民恣其颟顸，则妄为刊落。又有《兔园》之册，本出节钞，坏壁之余，原非完帙。而类书之采用，笺注之援引，往往著者则署为前人，书名则冠以"又曰"；于是甲乙相淆，简篇互混。况饤饾之学，固异专门，掇拾之时，不皆善本；乃欲借宾以定主，何异郢书而燕说。又有古书既亡，后人重辑，明人所辑之书，多不注出处，并不著明出于搜辑，致后人或认为古书，或斥为伪作，其实皆非也。讥其疏漏，固所难辞，诋为伪造，则非其罪。是则援群书所引用，以分真伪之法，尚非其至也。其难三矣。

以此三难，是生四误：不知家法之口耳相传而概斥为依托，《汉志》之所谓依托，乃指学无家法者言之，详见后。误一。不察传写之简篇讹脱而并疑为赝本，误二。不明古书之体例，王引之《经传释词》。而律以后人之科条，误三。不知学术之流派，而绳以老生之常谈，误四。将欲辨此歧途，归于真谛，其必稽之正例变例，以识其微；参之本证旁证，以求其合。多为之方，而不穷于设难，曲致其思，而不安于谬解。不拾前人之牙慧，而遽以立论；不执一时之成见，而附以深文。揆之于本书而协，验之于群籍而通。以著作归先师，以附益还后学。传讹之本，必知其起因；伪造之书，必明其用意。有条有理，传信传疑；如戴东原所谓十分之见者，则庶乎其可以读古书矣。

颜之推云："观天下书未遍，不得妄下雌黄。"《家训·勉学》篇。此语亦何容易！然天下书纵不可遍观，而一时有一时之文体，一代有一代之通例。参互考较，可以得其情；排比钩稽，可以知其意。今故将读古书诸难题，条列为篇，每篇又分子目，皆旁搜证据，详加解释。其中成说，多出前修，并加援引，明非臆说。引而伸之，触类而长之，是在善读者耳。

卷一　案著录第一

诸史经籍志皆有不著录之书

凡欲读古书，当知古之学术分为若干家，某家之书，今存者几种，某书为某人所撰凡若干篇、若干卷，而后可以按图索骥，分类以求。又或得一古书，欲知其时代撰人及书之真伪，篇之完阙，皆非考之目录不为功。自唐以前，目录书多亡，今存者汉、隋、唐之经籍、艺文志而已。宋以后私家目录，虽有存者，然所收仅一家之书，不足以概一代之全；仍非先考史志不可。盖一代之兴，必有访书之诏，求书之使。《通考》卷一百七十四《经籍考总叙》，载之甚详。天下之书既集，然后命官校雠，撰为目录。修史者据为要删，迻写入志，故最为完备，非藏书家之书目所可同年而语。张之洞《书目答问》，历举汉以下诸史志，张氏所举，尚有《经典释文叙录》，《文献通考》中《经籍考》。谓为"目录之最要者，虽非专书，尤为纲领"，职是故也。

昔班固考世所传东方朔之书，张衡辟图纬之妄，皆以刘向不著录为证。唐开元中，令儒官详定《子夏易传》。于是刘知几引《汉书·艺文志》、阮氏《七录》，司马贞引荀勖《中经簿》、《隋书·经籍志》、王俭《七志》，以议其姓名卷数乖剌错谬。以上所言均详《目录学发微》。则利用史志及目录以考古书之真伪，由来旧矣。

虽然，谓史志著录最为完备者，特就大较言之耳。好学之士，嗜书若命，古今所同。其抱残守阙，有非君相之威力所能胁取之者。秦政焚书坑儒，定挟书之律，偶语诗书者弃市。然天下学士，如伏生之徒，皆壁藏其书，汉兴复出。夫严刑峻罚所不能禁，则必有高位厚禄所不能劝者。况历代求书，不过每书一卷，赏绢一匹；隋开皇、宋嘉祐。献至数百卷，始授以试衔，后唐同光。赐以科名，宋建隆。与以文资官而已。宋嘉祐。以上并见《通考》。清时修《四库全书》，搜访之法，至为详尽。然进书最多至五六七百种者，乃赐以《图书集成》一部；百种以上者，仅赐《佩文韵府》一部耳。见《四库全书总目》卷首。持较历代，弥叹其薄。恶能鼓舞天下之人，使尽出其所藏，登诸中秘也哉？又况州县之吏，不善奉行；胥役之徒，所至烦扰。山谷之叟，目不睹文告；遗逸之老，志不慕爵赏。有深闭固拒，藏之惟恐不密耳。至于编目之人，意为去取，修史之时，妄行刊落；其端非一，难可殚陈。故就史志以考古书之真伪完阙，虽为不易之法，然得之者固十之七八，失之者亦不免二三。若仅恃此法以衡量古今，是犹决狱者不能曲体物情，得法外之意，而徒执尺一以定爰书；则考竟之时，必有衔冤者。前人序跋，论列古书，往往似此，不可不察也。诸史为经籍艺文作志者，凡有六家。考其所著录，于当时之书，皆有阙漏未及收入者。今条举之于后。《清史稿·艺文志》，不录古书。今取《四库提要》论之，附之篇末焉。

一、《汉书·艺文志》　案刘向奉诏校书合中外之本，管、晏书录均云，凡中外书若干篇。考民间书之有无，《管子书录》云："《九府》书，民间无有。"杀青缮写，著为《别录》。子歆继之，总群书而奏其《七略》。宜乎举天下之书尽归著录，无复遗逸矣。班固删取其要，以为《艺文志》。"《七略》书三十八种，六百三家，一万三千二百一十九卷"，见《广弘明集》卷三阮孝绪《七录序》。《艺文志》"大凡书三十八种，五百九十六家，万三千二百六十九卷"，《志》后总数与今本不合。较《七略》"入三家五十篇，省兵十家"。班固自注。以所"入"

与“省”相除,家数卷数皆相符,是则《汉志》全录《七略》,自省兵十家外,无所删除也。乃王应麟作《考证》,十卷,《玉海》附刻本。增入不著录之书二十七部,虽其间有志已著录,而今本传其别名者;有自古书中裁篇单行者,有曾否著录,疑不能明者;有出于东汉以后,疑向、歆未见者;有伪托者;然除此之外,亦实有明见于《汉书》纪、传,确为刘、班时书,而本志不收者数种。至今人章炳麟、顾实所举,又往往出于王氏之外。是《七略》及《汉志》,皆有不著录之书也。以班固本书之说推之,其故有三:一则民间所有,秘府未收也。《楚元王传》曰:“元王亦次之《诗传》,号曰《元王诗》,世或有之。”云“世或有之”,明非秘府所有,“或有”者,如今人言版本学者所谓少见云耳。以其传本少见,秘府无其书,故不著于录。一则国家法制,专官典守,不入校雠也。《礼乐志》曰:“今叔孙通所撰礼仪,与律令同录,臧于理官,法家又复不传,刘攽谓法家当读上句,王先谦读属下句,王说是。汉典寝而不著,民臣莫有言者。”夫礼仪律令,既臧于理官,则不与他书“外则有太常、太史、博士之藏,内则有延阁、广内、秘室之府”《艺文志》注引《七略》。者同。《后汉书·曹褒传》言“班固上叔孙通《汉仪》十二篇”,固既深惜汉典之寝而不著,及亲得其书,乃不与刘向、扬雄、杜林书《汉志》新入三家。同入《艺文》者,盖班固作《志》,用《七略》之成例,《七略》不录国家官书,故不得而入之也。王先谦《礼乐志补注》谓“《汉仪》十二篇固后乃得之,作《志》时未见。”非是。一则前汉末年人著作,未入中秘者,《七略》不收,《汉书》亦遂不补也。《七略》之作,由于奉诏校书,故当时人著作,成书较后者,皆不收入。班固直录《七略》,新入者仅三家,刘向、扬雄,以大儒负盛名,杜林《苍颉训纂》,因其为小学书,家弦户诵,故破例收入,其余皆不甚留意。《王莽传》之《乐经》,《律历志》之《三统历》,并不见录,他可知矣。刘向、扬雄书,所收亦尚未尽,《方言》是矣。《艺文志》于汉时书,不尽著于录,证之本书,章章可考。其他古书,真出于西汉以前而不见于志者,皆可以三例推之。否则一书二名,或裁篇别出者耳。特非证佐明白,未可轻信。不得举后世伪妄之书,概援此例以借口也。

〔《论衡·案书》篇〕　六略之录万三千篇《对作》篇同,惟“录”字作“书”。

案此指《七略》言之。六略者,除《辑略》不数。万三千篇,举其成数。与《七录》序合。

〔《四库全书总目》卷八十五《汉艺文志考证提要》〕宋王应麟撰。其传记有此书名而《汉志》不载者,亦以类附入。《易》类增《连山》、《归藏》、《子夏易传》;《诗》类增《元王诗》;《礼》类增《大戴礼》、《小戴礼》、《王制》、《汉仪》;乐类增《乐经》、《乐元语》;《春秋》类增《冥氏春秋》;道家增《老子指归》、《素王妙论》;法家增《汉律》、《汉令》;纵横家增《鬼谷子》;天文增《夏氏日月传》、《甘氏岁星经》、《石氏星经》、《巫咸五星占》、《周髀》、《星传》;历谱增《九章算术》、《五纪论》;五行增《翼氏风角》,经方增《本草》;凡二十六部各疏于其下,而以不著录字别之。其间如《子夏易传》、《鬼谷子》,皆依托显然。而一概泛载不能割爱。案《考证》所补不著录之书,兵书内尚有《黄石公记》,《提要》失考。

案王氏所增二十七部其中如《子夏易传》,即《汉志》《易》家之《韩氏》;名婴。《大戴礼》,《小戴礼》,即《礼》家之《记》百三十一篇;《鬼谷子》即纵横家之《苏子》;名秦。皆一书而二名。又如《王制》在《礼记》中,《乐元语》为河间献王所传,《食货志注》引邓展语。当在《乐》家《王禹记》二十四篇之内。《九章算术》,经张苍删补,见刘徽《九章算术序》。当在阴阳家《张苍》十六篇内。《星传》出于黄帝,见《晋书·天文志》。当在天文家《黄帝杂子气》三十三篇内。皆古书之裁篇别行者,此二例,别有专篇考之,详见后。非不著于录也。至于《连山》、《归藏》,或以为在《易》家《古杂》八十篇中;沈钦韩《疏证》说。或以为《连山》即《数术略》之《夏龟》,《归藏》即《南龟书》,"南"疑"商"之讹;刘师培《左庵集》卷一《连山归藏考》。以《古杂》之说为近是。《夏氏日月传》,说日月食,《天文志》。疑在天文家《汉日食月晕杂变行事占验》十三卷内。《甘氏石氏星经》,《巫咸五星占》,亦疑在天文家《泰一杂子星》诸书之内。《本草》或谓即经方内之《神农黄帝食禁》。沈钦韩《疏证》及孙星衍《本草经序》说。《周髀》疑亦在历谱十八家中,不知当属何家。凡此皆曾否著录,疑不能明者也。《冥氏春秋》、公羊家。《老子指归》、此指《隋志》著录者,今本乃伪书。《黄石公记》、《翼氏风角》,皆东汉以后人所称引,未必果出西汉,是否《汉志》失收,不可知。若《乐经》立于王莽,非古书,《素王妙论》则王国维以为魏、晋人所依托,《观堂集林》卷十一《太史公行年考》。皆不得谓《汉志》不著录。惟《元王诗》、《汉律》、《汉令》、《五纪论》,皆为《汉书》所引,且确为《七略》未收之书耳。

〔章炳麟《检论》卷二《征七略》〕　萧何之《九章》,见《刑法志》。叔孙通之《礼器制度》,案见《周礼·凌人》注及诸经疏中,详《玉海》卷三十九。王官所守,布在九区,及秦氏图籍,高祖以知地形阨塞户口多少强弱者,案见《萧何传》。皆阙不著。

《律历志》所述和声、审度、嘉量、权衡、职之大乐内官大仓大行者，今在《历谱》十家与否，无文可知。案《律历志》“二曰和声”以上，尚有“一曰备数”，又云“其法在算术，宣于天下，小学是则，职在太史，义和掌之”。章氏不引者，以算术已著录《汉志》，而太史之书，又为《七略》所有也。及夫大尊桂酒，征于元帝时大宰丞李元之记。见《礼乐志》晋灼注引。案《志·郊祀歌》云“尊桂酒宾八乡”注，灼曰：尊大尊也。元帝时大宰丞李元记云：以水渍桂，为大尊酒。盖其大者国之典章，刊劾一字，罪至殊死，固不待校，其细者笾豆之事，佐史之职，官别为书，亦不暇校雠缮写：是以不著于录也。

二、《隋书·经籍志》　《隋书》十志本为《五代史》而作，梁、陈、齐、周、隋。其篇第编入《隋书》，俗呼为《五代史志》。见《史通·正史》篇。六朝以前目录书皆亡，仅此书《经籍志》见其崖略，故读古书者必取资焉。《志序》云：“炀帝即位，秘阁之书，限写五十副本，分为三品，又于内道场集道、佛经，别撰目录。此所言目录即本志“簿录类”之《隋大业正御书目录》九卷，非道佛经之目也。大唐武德五年，克平伪郑，王世充。尽收其图书及古迹焉。行经底柱，多被漂没，其目录亦为所渐濡，时有残缺。今考见存，分为四部。其旧录所取，文义浅俗、无益教理者，并删去之。其旧录所遗，辞义可采，有所弘益者，咸附入之。远览马史、班书，近观王、阮志录，挹其风流体制，削其浮杂鄙俚，离其疏远，合其近密，约文绪义，凡五十五篇。”以此考之，则当时撰述，实据大业目录为底本，参以王俭《七志》、阮孝绪《七录》之体制，《四库提要》以为皆“根据于《七录》”者，卷二十一《夏小正戴氏传提要》。非也。惟注中梁有某书，或有出于《七录》者耳。既于旧录有所删去，则六朝以前古书为所刊落，不见于著录者，必甚多。故为唐人所不满。《旧唐书·马怀素传》卷一百二。言怀素于开元初上疏曰：“南齐已前坟籍旧编，王俭《七志》以后著述，其数盈多。《隋志》所书亦未详悉。或古书近出，前志阙而未编；或近人相传，浮词鄙而犹记。”序方自谓于文义浅俗者并删去之，又言削其浮杂鄙俚，而怀素正诋其记载浮鄙，不啻以矛刺盾，知自序之言，盖不足信。夫其所记者既不必佳，则其所删去者，未必不佳矣。新、旧《唐志》所载隋以前书，多《隋志》所不著录或注为残缺亡佚者，则怀素所谓古书近出，阙而未编者也。《旧唐志》本之毋煚《古今书录》，《新志》本之《四库书目》，二书皆修于开元时，正在怀素之后。故其所录，当为可信。而后来目录家之论古书者，或反以《隋志》不著录，至唐复出为可疑，其亦不考之甚矣！清章宗源尝作《隋志考证》，用王应麟之例，每类补入不著录之书。今其全稿已佚，只存史部，就其书考之，凡补六百一十九部，《志》注为梁有隋亡，或残缺者，尚不在此数。推之经、子、集三部，至少当亦不下一千余种，亦可骇矣！章氏所考，大抵精确，不似王氏之疏略。虽其间见于六朝人书中，至修《隋志》时已亡者固甚多。然即以正史言之，其为刘知几所评论，《书钞》、《类聚》、《初学记》等书所征引，而不见于志者，往往有之。鱼豢《魏略》即其一也。至《太平御览》所引，不皆采自本书，不可以断存佚。此皆唐人所亲见，竟不著于录，知马怀素之言，不吾欺也。

三、《旧唐书·经籍志》　《志序》云：“煚等案指毋煚。《四部目》，及《释道目》，并有小序，及注撰人姓氏，卷轴繁多，今并略之。但纪篇部，以表我朝文物之大。其《释道录》目附本书，今亦不取。据开元经篇为之志，天宝已后，名公各著文章，儒者多有撰述。臣以后出之书，在开元四部之外，不欲杂其本部。是不能也，故不为也。

今据所闻，附撰人等传。其诸公文集，亦见本传。此并不录。”据其所言，盖全从毋煚《古今书录》中录出，但删其小序，存其书名而已。天宝以后书且不录，遑望其于古书有所增益乎。他姑不论，即《新志》所收开元以前书，《旧志》亦往往不著录。知其并《开元四库书目》，亦未尝一考也。《旧志》惟录毋煚原序，较胜《新志》之空谈。

四、《新唐书·艺文志》　《新志》每类后所著右某类若干家，若干部，若干卷，皆开元以前书。又注云，自某书以下不著录，则天宝以后书也。考其所著录，凡《旧志》所有皆已收入。且开元以前书，亦有《旧志》所无者。如开卷《连山》十卷，司马膺注，即《旧志》所不著录也。《旧志》载毋氏《古今书录》，大凡五万一千八百五十二卷，而《新志》序云：“藏书之盛，莫盛于开元，其著录者五万三千九百一十五卷，而唐之学者自为之书，又二万八千四百六十九卷。”卷数较《古今书录》加多，知其所据，非毋氏书，与《旧志》不同。考《通志·艺文略》，于《古今书录》之外，别有《开元四库书目》四十卷，亦见《崇文总目》卷二十三。盖修于毋氏书之后。毋书修于开元九年。故书多于旧。《新志》盖即据之以为蓝本，固可稍补《旧志》之阙憾，然仍多不著录之书。盖历代求书，皆不能尽天下之藏。故古书往往不入秘府，而复出于民间。要在随时搜访之耳。今《新志》断自开元以前，此后只以唐人著作充数。则古书之出于天宝以后者，自不见收。唐人书成于开元以前者，其中所引古书或后复亡佚，姑置不论。今举天宝以后者言之。如释慧琳《一切经音义》，成于元和五年，所引用书不见于《唐志》者，不下数十种。而日本人藤原佐世所撰之《日本现在书目》，在《古佚丛书》中。载其国使臣入唐所得之书，为《志》所不著录者尤多。近年敦煌石室所出唐写本书，亦间有出于两《志》之外者。读罗振玉《雪堂校刊群书叙录》自知。然则考古书者，第见史志不著录，便谓当时已佚，岂通论哉？

五、《宋史·艺文志》　宋时官撰书目，见于《玉海》者极多。卷五十二。《宋志》著录四部。《崇文总目》、《秘阁书目》、《中兴馆阁书目》、《中兴馆阁续书目》。又宋时国史尝屡修，每史皆有艺文志；见于《通考·经籍考》所引者，有《三朝志》、《两朝志》、仁宗、英宗。《四朝志》、《中兴志》，高宗。元人修志时以《国史艺文志》为本，见《宋志序》。合此数者，删除重复，编次成之，各书体例不一，史官无识，削足适屦。故或一书数见，或竟失收。历代史志，惟此为最不足据。且《通考》卷一百七十四。言"《崇文总目》或相重，亦有可取而误弃不收者"，《玉海》卷九十二引《两朝艺文志》同。则《宋志》之丛脞，无怪其然。至中兴以后，并无书目及史志，修志者遂不能复补，故南宋著作多不著于录。清黄虞稷作《千顷堂书目》，张氏《适园丛书》本。始补辑之。倪灿作《明史艺文志稿》，在《群书拾补》及《八史经籍志》内。题为《宋史志补》亦并录南宋之书。然两家所录仍不能完备。各家藏书目所收宋人书，尚有出于其外者。益可想见《宋志》之荒陋。其于有宋一代尚如此。然则欲据此志以考古书之存亡完阙，鲜不为所误者矣。

六、《明史·艺文志》　黄、倪两氏之书，皆《明志》之底稿，其后重修诸臣，削其南宋以下四朝之书，独录有明一代著作，以为此志。盖用宋孝王《关东风俗传·坟籍志》，唯取当时撰者之例。见《史通·书志》篇。历代著录之例，自是一变；论者皆以为恨。然有明一代藏书仅有杨士奇《文渊阁书目》。《读画斋丛书》本。其书以《千字文》编号，但录书名册数，而无撰人卷数，此何可入史志？至张萱之《内阁书目》《适园丛书》本。所载多残编断简，编次无法，官书既如此，私家藏书目，尤不足据。修史者无所取资，故不得已从此变例,盖亦未可甚责也。惟明人书亦多不著录,此则无词以自解,而以晚季著作语涉忌讳者为尤甚。今遗书日出,多不见于志中。以非古书,故不具论。

〔附《四库全书总目》〕　《七略》《别录》既亡,宋以后目录书,盖未有如《四库总目》之完善者。故张之洞谓为读群书之门径。见《輶轩语》。然体既博大,谬误自多。举之更仆不能尽;详见拙著《四库提要辨证》。今只就古书不著录言之。推原其故,盖有数因:

一曰:藏书家宝惜,不愿献官。陆心源《宋椠婺州九经跋》《仪顾堂续跋》卷一。曰:"怡贤亲王为圣祖之子。其藏书之所,曰乐善堂,大楼九楹,积书皆满。乾隆中,四库馆开,天下藏书家皆进呈,惟怡府之书未进。其中为世所罕见者,如《施注苏诗》宋施元之注,《四库》著录者为宋荦翻刻之宋残本。全本有二,此外可知矣。怡府之书,藏之百余年,至载垣以狂悖诛,而其书始散落人间。"以当时亲贵,处辇毂之下,而于求书之诏,熟视无睹。推之海澨山陬,从可知矣。

二曰:献书者以为书已收入,不及进呈。如鄞县范懋柱进书至六百余种,曾被褒赏。然考其《天一阁书目》,《文选楼》本。中有罕见之书,为《四库》所不著录者尚伙。彼固非有所吝惜,然尚如此。则夫抱一二残册,保护之若头目者,安望其送官献纳耶?

三曰:官司之搜访,馆臣之纂修,每详于远而忽于近,有四证焉:(甲)清内阁大库中,贮有明文渊阁所藏书,修四库书时,竟不一检视。其作《文渊阁书目提要》,《总目》卷八十五。徒羡其《永乐大典》所收之书,世无传本者,往往见于此目,又惜其已阅百载,散失无余,宁非笑端?宣统元年大库屋坏,移出所贮,始为人知。大学士张之洞,奏请以阁中所藏四朝书籍,设学部图书馆。缪荃孙、夏曾佑,均有《学部图书馆善本书目》。其书今并入北京图书馆。(乙)内庭所藏宋、元、明刊及影钞精本,集为《天禄琳琅》,有乾隆四十年官撰书目,亦录入《四库全书》。此指《前编》言之,《续编》修于嘉庆十年,《四库》不著录,两编皆有王先谦刻本。其中与著录本异同甚多,亦不一考。(丙)《道藏》刻于明正统,《释藏》且有雍正时敕编之本,板藏内府。除彼教经典外,《四库》例不录道、佛经。古书极多。四库馆臣未之知,竟不入目。故《总目·释家类》卷一百四十五。有宋释赞宁之《宋高僧传》,而无梁释慧皎、唐释道宣之书。“道家类”卷一百四十六。有宋林希逸之《庄子口义》而无老子、列子《口义》。其他尚不能遍举也。乾嘉诸儒始读释、道藏,取其善本校刊之,然尚不能尽。(丁)修四库书时,自《永乐大典》辑出佚书三百余种,诚为有功文献。然有签出备辑,而其后竟付阙如者。今所传《大典》残本封面后,间有馆臣签出佚书单,尚可考见。又有旧钞残本《永乐大典书目》,即四库馆辑书底本,中多不著录之书。又有书已辑成,而未经编录,遂不复收者,如路振《九国志》,苏过《斜川集》之类皆是也。凡此数端,皆近在咫尺之间,只须一举手一投足之劳,即可校录,乃皆忽而不察。昔人所以致慨于目能见千里,而不能见其睫也。

以上三事,不过举其荦荦大者言之。又有销毁查禁之书,有目录三种,咫进斋、式训堂皆有刻本。不登著录,以其皆明、清人著作,故不暇论。凡兹所举,虽就《四库总目》言之,然历代官修书目,皆不免此弊。举一反三,可以悟古书不著录之故矣。阮元有《四库未收书目提要》,即《揅经室外集》,但即当时古书收采,亦尚不能尽。后来所出,更无论矣。

本篇所言不著录之古书,多已散佚,惟杂见于前人著述中援引,清儒往往搜辑成书,恐学者读之,疑其不见著录,故就诸史志证明其故，非为一切伪书作辩护也。至于今日尚存之书，惟周、秦诸子。因有一书二名，及裁篇别出二例，故多不见于《汉志》。其他则虽暂佚于前，而复出于后，其为时必不能甚久，皆有端绪可寻，隋、唐以来相传之古书是也。时代既早，纵属依托，亦自有其价值。除海舶传来，石室发掘，断无伏匿数千百年之理。若《古三坟》、《子华子》之突出于宋，子贡《诗传》、申培《诗说》、《於陵子》、《天禄阁外史》之突出于明，伪妄显然，不得并援此例。当于"辨真伪篇"中言之。

《中华现代学术名著丛书》

【第一辑 四十种】

马氏文通	马建忠
国故论衡	章太炎
王国维文学论著三种	王国维
吴梅词曲论著四种	吴　梅
中国中古文学史 汉魏六朝专家文研究	刘师培
中国文学批评史（上、下）	郭绍虞
甲骨文字释林	于省吾
中国俗文学史	郑振铎
汉语语音史	王　力
红楼梦辨	俞平伯
中国韵文史	龙榆生
汉魏六朝诗论丛	余冠英
台湾通史（上、下）	连　横
秦汉史	吕思勉
中国史学史	金毓黻
史学要论	李守常
中国通史简编（上、下）	范文澜
国史大纲（上、下）	钱　穆
中国史纲（一、二卷）	翦伯赞
春秋史	童书业
魏晋南北朝史论丛	唐长孺
明清社会经济史论文集	傅衣凌
西夏史稿	吴天墀
中国伦理学史（外一种）	蔡元培
新唯识论	熊十力
东西文化及其哲学	梁漱溟
科学与玄学	罗志希
中国艺术精神	徐复观
论逻辑经验主义	洪　谦
九朝律考	程树德
比较宪法	王世杰　钱端升
中国法律与中国社会	瞿同祖
中国民治论	鲍明钤
中国官僚政治研究	王亚南
通货新论	马寅初
中国经济思想史	唐庆增
中国厘金史	罗玉东
北平生活费之分析	陶孟和
论社会学中国化	吴文藻
第四种国家的出路	吴景超

【第二辑 三十种】

目录学发微 古书通例	余嘉锡
积微居小学金石论丛	杨树达
现代中国文学史（外一种:明代文学）	钱基博
等韵源流	赵荫棠
诗言志辨 经典常谈	朱自清
话本小说概论（上、下）	胡士莹

书名	作者
司马迁之人格与风格 道教徒的诗人李白及其痛苦	李长之
明清史讲义（上、下）	孟　森
国史要义	柳诒徵
中国南洋交通史	冯承钧
通史新义	何炳松
魏晋清谈思想初论	贺昌群
中国救荒史	邓云特
认识论	张东荪
科学方法论 科学概论	王星拱
中国哲学史大纲	胡　适
知识论（上、下）	金岳霖
法相唯识学	太　虚
陈康：论希腊哲学	陈　康
康德的知识学	齐良骥
中国文化的展望	殷海光
中国道教史	傅勤家
监狱学	孙　雄
中国法制史概要	陈顾远
新政治学大纲	邓初民
财政学	何　廉　李　锐
中国之棉纺织业	方显廷
中国田制史	万国鼎
南洋华侨与闽粤社会	陈　达
文化人类学	林惠祥

【第三辑　三十五种】

书名	作者
中国小说史略 （外一种：汉文学史纲要）	鲁　迅
现代吴语的研究	赵元任
古典新义	闻一多
谈艺录	钱锺书
唐诗综论	林　庚
中古文学史论	王　瑶
中国近三百年学术史（新校本）	梁启超
通鉴胡注表微	陈　垣
隋唐制度渊源略论稿 唐代政治史述论稿	陈寅恪
中国古代社会研究	郭沫若
古史辨自序（上、下）	顾颉刚
安阳	李　济
绿营兵志	罗尔纲
东汉的豪族	杨联陞
佛道散论	蒙文通
中国哲学史（上、下）	冯友兰
艺境	宗白华
西方美学史（上、下）	朱光潜
近代唯心论简释	贺　麟
康德学述	郑　昕
历代刑法考（上、下）	沈家本
中国商事法	刘朗泉
中国近百年政治史	李剑农
中国政治思想史（上、下）	萧公权
中国国民所得（一九三三年） （外一种：国民所得概论）	巫宝三
中国棉纺织史稿	严中平
当代中国社会学	孙本文
乡土中国　生育制度　乡土重建	费孝通
滕固美术史论著三种	滕　固
中国古代服饰研究	沈从文
A GRAMMAR OF SPOKEN CHINESE 中国话的文法	Yuen Ren Chao 赵元任

MODERN DEMOCRACY IN CHINA	Mingchien Joshua Bau
中国民治主义	鲍明钤
THE GOVERNMENT AND POLITICS OF CHINA	Ch'ien Tuan-sheng
中国的政府与政治	钱端升
THE POST-WAR INDUSTRIALIZATION OF CHINA, INDUSTRIAL CAPITAL IN CHINA	H. D. Fong
战后中国之工业化 中国之工业资本	方显廷
LAW AND SOCIETY IN TRADITIONAL CHINA	T'ung-Tsu Ch'ü
中国法律与中国社会	瞿同祖

【第四辑 三十种】

中国旧小说考证	胡 适
文心雕龙札记	黄 侃
卢前曲学论著三种	卢 前
孟姜女故事研究及其他	顾颉刚
中国目录学史	姚名达
校雠学	向宗鲁
唐五代西北方音	罗常培
中国文法要略	吕叔湘
清史探微	郑天挺
中国文化史（上、下）	陈登原
中国文化与中国的兵	雷海宗
佛学研究十八篇（校点本）	梁启超
中国景教	朱谦之
德国古典美学	蒋孔阳
神学四讲	赵紫宸
法律哲学导论	居 正
民国司法志	汪楫宝
国际法大纲	周鲠生
罗马法原论（上、下）	周 枏
马克思的政治思想	吴恩裕
欧美各国现行宪法析要	龚 钺
经济史：历史观与方法论	吴承明
从古典经济学派到马克思	陈岱孙
中国历史上的基本经济区	冀朝鼎
中国教育改造	陶行知
平民教育与乡村建设运动	晏阳初
中国教育制度沿革史	郭秉文
COTTON INDUSTRY AND TRADE IN CHINA	H. D. Fong
中国之棉纺织业	方显廷
KEY ECONOMIC AREAS IN CHINESE HISTORY	Ch'ao-Ting Chi
中国历史上的基本经济区	冀朝鼎
THE CHINESE SYSTEM OF PUBLIC EDUCATION	Ping Wen Kuo
中国教育制度沿革史	郭秉文

【第五辑 三十种】

词史	刘毓盘
元白诗笺证稿	陈寅恪
上古音研究	李方桂
从诗到曲（上、下）	郑 骞
训诂学概论	齐佩瑢
唐代进士行卷与文学 古诗考索	程千帆
南朝文学与北朝文学研究	曹道衡
先秦政治思想史	梁启超
中国史学通论	朱希祖
隋唐史	岑仲勉
中国地理学史（先秦至明代）	王成组
中国妇女生活史	陈东原
基督教与中国文化	吴雷川
中国天主教传教史概论	徐宗泽
道教史	许地山
论道	金岳霖
文化与人生	贺 麟

书名	作者
寄簃文存	沈家本
中国婚姻史	陈顾远
中国法律在东亚诸国之影响	杨鸿烈
孔门理财学	陈焕章
上海工业化研究	刘大钧
乡村建设理论	梁漱溟
中国经济原论	王亚南
金翼	林耀华
幼稚园教材研究　幼稚教育新论	张雪门
近代中国留学史　近代中国教育思想史	舒新城
THE ECONOMIC PRINCIPLES OF CONFUCIUS AND HIS SCHOOL	Chen Huan-Chang
孔门理财学	陈焕章
THE GROWTH AND INDUSTRIALIZATION OF SHANGHAI	D. K. Lieu
上海工业化研究	刘大钧
THE FINANCING OF PUBLIC EDUCATION IN CHINA	Ronald Yu Soong Cheng
中国教育财政之改进	陈友松

【第六辑　四十种】

书名	作者
齐如山国剧论丛	齐如山
先秦文学 中国文学史讲义	游国恩
中国文学批评史（上、下）	罗根泽
中国文学发展史（上、下）	刘大杰
宋元明讲唱文学	叶德均
晚照楼论文集	马茂元
汉书窥管	杨树达
欧化东渐史	张星烺
西域史地考古论集	黄文弼
中国疆域沿革史	顾颉刚　史念海
先秦诸子系年	钱　穆
古器物中的古代文化制度	徐中舒
中国社会之史的分析（外一种：婚姻与家族）	陶希圣
唐代长安与西域文明	向　达
古代神话与民族	丁　山
小屯、龙山与仰韶	梁思永
中国史纲	张荫麟
岳飞传	邓广铭
胡惟庸党案考	吴　晗
等不等观杂录	杨文会
欧阳竟无内外学	欧阳竟无
中国佛教史	蒋维乔
中国宗教思想史大纲	王治心
理学纲要	吕思勉
汉魏两晋南北朝佛教史	汤用彤
两汉经学今古文平议	钱　穆
墨学源流	方授楚
中国哲学大纲	张岱年
中国伶人血缘之研究　明清两代嘉兴的望族	潘光旦
中国乡约制度	杨开道
藏族宗教史之实地研究	李安宅
中国封建社会	瞿同祖
法律教育	孙晓楼
财政学总论	陈启修
社会主义经济论稿	孙冶方
变态心理学派别	朱光潜
旧石器时代之艺术	裴文中
中国教育财政之改进	陈友松
THE SYSTEM OF TAXATION IN CHINA IN THE TSING DYNASTY, 1644-1911	SHAO-KWAN CHEN
清代中国的税收制度	陈兆鲲
VILLAGE AND TOWN LIFE IN CHINA	L.K.Tao Y.K.Leong
中国的乡村与城镇生活	陶孟和　梁宇皋

古书不题撰人

欲读古书，当考作者之姓名，因以推知其身世，乃能通其指意。孟子曰："诵其诗，读其书，不知其人可乎？"焦循曰："古人各生一时，则其言各有所当。惟论其世，乃不执泥其言，亦不鄙弃其言，斯为能尚友古人。"《孟子正义》。陈启源曰："考孟子所论读诗之法，然则学诗者必先知诗人生何时？事何君？且感何事而作诗？然后其诗可得而读也。"《毛诗稽古篇》卷二十五。其言可谓明切矣。然古书多不题撰人：则欲知人论世，其事乃至不易也。

司马迁曰："西伯拘而演《周易》。"《汉书·司马迁传》《报任安书》。《汉书·艺文志》亦云："文王重《易》六爻，作上下篇。"然《易·系辞传》只云："《易》之兴也，其于中古乎？作《易》者，其有忧患乎？"又曰："《易》之兴也，其当殷之末世，周之盛德耶？当文王与纣之世耶？"其辞乃疑而未定。盖古书本无撰人，既未题为文王所作，作《易传》者亦不敢质言之也。

《尚书》百篇之序，汉儒皆以为孔子所作。然其序于作者姓名，有著有不著。至于"伊尹作《咸有一德》，咎单作《明居》，周公作《无逸》，周公作《立政》"，皆只一句，不言所以作之之意。此由古书不题撰人，故考得其作者，即以为序。其所不知，则从阙如矣。

陈启源曰："《诗》三百篇，其作者之主名，有诗人自著之者：如《节南山》、《巷伯》、《烝民》、《崧高》，是也。有见于他籍者：如《载驰》、自注:《左传》,亦见《叙》。《鸱鸮》、《书·金縢》,亦见《叙》。《常棣》、《国语》。《抑》、《国语》,亦见《叙》。《桑柔》、《左传》,亦见《叙》。《时迈》、《思文》,皆《国语》。是也。其诗人不言。他典不载,而《序》得其姓氏者:《风》之《清人》、公子素。《渭阳》、秦康公。《七月》,周公。《小雅》之《何人斯》、苏公。《宾之初筵》,卫武公。《大雅》之《公刘》、《泂酌》、《卷阿》、皆召康公。《民劳》、召穆公。《板》、凡伯。《荡》、召穆公。《云汉》、仍叔。《韩奕》、《江汉》、皆尹吉甫。《常武》、召穆公。《瞻卬》、《召旻》,皆凡伯。及《鲁颂》四篇皆史克。尔。其余或言某大夫,某人,或言大夫,或言微臣,或言下国,或言太子傅,或并不言其人。盖古世质朴,人惟情动于中,始发为诗歌,以自明其义。非若后世能文之士,欲暴其才,有所作辄系以名氏也。及传播人口,采风者因而得之,但欲识作诗之意,不必问其何人作也。国史得诗,则述其意而为之叙,案陈氏先云"大、小《叙》,子夏之徒为之。"此云国史,前后不同。固无由尽得作者之主名矣。师儒传授,相与讲明其意,或于叙间有附益;然终不敢妄求人以实之。阙所不知,当如是耳。"书名见前。陈氏之言,可谓通达。不惟可以解诗,即凡古书之不题撰人者,皆可以其说推之,学者可无事穿凿也。

案《小序》所考得诗人之姓氏,尚有《鄘风》之《柏舟》篇,以为共姜所作,陈氏失考。又案《常棣》、《诗迈》、《思文》,《国语》皆引作周公之诗,而《诗序》不言。《左氏》哀四年《传》"申包胥如秦乞师,秦哀公为之赋《无衣》",与"卫人所为赋《硕人》",隐三年。"郑人为之赋《清人》,"闵二年。"国人哀之,为之赋《黄鸟》"文六年。义例正同。且味其诗中语气,与包胥乞师情事亦相合。故王夫之《诗经稗疏》,谓为秦哀公所作。其说至确。而《序》以为刺用兵,列于康公《渭阳》诗之前。然则《小序》所言作诗之主名,未必果可据也。

《周礼》、《仪礼》,相传皆周公之书;而《周礼》则自汉儒已有异论。林硕何休之说,均见贾公彦《序周礼废兴》。《汉志》但以《礼记》为七十子后学者所记。郑玄《目录》,始间考得其作者。然诸儒之说,往往不同。如《王制》、《月令》。计《六经》之中,惟孔子作《春秋》,独有明文可考,后无异议耳。《史记》言"曾参作《孝经》",《仲尼弟子列传》。而郑玄以为孔子作。《孝经序》疏引《六艺论》。刘向、何晏《论语序》引。班固以《论语》为孔子弟子所记,而郑玄指为仲弓、子夏、子游等所撰定。见《论语序》邢疏。盖汉儒之说,虽多有所受之,而亦不免于意度。善读书者,亦惟慎思明辨,好古敏求,信其所可信,疑其所可疑耳。

周秦古书,皆不题撰人。俗本有题者,盖后人所妄增。段玉裁曰:"《经典释文》、唐石经初刻,皆云《丧服经传》第十一,无'子夏传'三字。贾公彦《疏》单行本亦无。今各本皆作《丧服》第十一子夏传,非古也,盖浅人增此三字。贾《疏》曰:'《传》曰者,不知是谁人所作,人皆云孔子弟子卜商字子夏所为,按公羊高是子夏弟子。《公羊传》有云者何、何以、曷为、孰谓之等,今此传亦云者何、何以、孰谓、曷为。弟子欲本前师。此《传》得为子夏所作。'玩贾氏此语,知贾氏作《疏》时,古经未尝有此三字,贾氏因人言而傅会之,要亦未尝妄增于古经传标题也。自唐石经改刻增窜,遂使古人意必之辞,成牢不可破之论矣。"《经韵楼集·古丧服经传无子夏传三字说》。凡古书之题撰人者,皆所谓意必之辞也。

《史记·韩非传》云:"人或传其书至秦,秦王见《孤愤》、《五蠹》之书曰,'嗟乎!寡人得见此人与之游,死不恨矣。'李斯曰:

‘此韩非之所著书也。’”《司马相如传》云：“蜀人杨得意，为狗监侍上。上读《子虚赋》而善之曰：‘朕独不得与此人同时哉！’得意曰：‘臣邑人司马相如自言为此赋。’上惊，乃召问相如，相如曰：‘有是。’”秦皇、汉武，亲见其书，乃不知为何人所作，非李斯与韩非同门，杨得意与相如同邑，熟知其事，竟无从得其姓名矣。此皆古人著书不自署名之证也。

《汉志·六艺略》不独于经不著姓名，即诸家传记章句，亦有著有不著；其例颇不画一。以《易》一家言之，如“《易传》周氏二篇，字王孙。杨氏二篇，名何字叔元。韩氏二篇，名婴。王氏二篇，名同。丁氏八篇，名宽。以上皆班固自注。”此于注中见其名字者也。“孟氏、京房十一篇，《灾异》孟氏、京房六十六篇，五鹿充宗《略说》三篇，京氏、段嘉十二篇”，此于正文书名中姓名全具者也。而“蔡公二篇”，注云：“卫人事周王孙”，则知其里贯而失其名字。“服氏二篇，颜师古注：“刘向《别录》云服氏，齐人号服光。”《章句》施、孟、梁丘氏各二篇”，施雠、孟喜、梁丘贺均见《儒林传》。其名皆有可考，竟不复注。《淮南道训》二篇，淮南王安聘明《易》者九人，号九师说。虽知其事迹，而不能详其名氏。至于“《古五子》十八篇，《古杂》八十篇，《杂灾异》三十五篇，《神输》五篇，《图》一”，则并不知出于何人，即姓氏亦无之矣。盖古人著书，不自署姓名，惟师师相传，知其学出于某氏，遂书以题之，其或时代过久，或学未名家，则传者失其姓名矣。即其称为某氏者，或出自其人手著，或门弟子始著竹帛，或后师有所附益，但能不失家法，即为某氏之学。古人以学术为公，初非以此争名；故于撰著之人，不加别白也。

《书》家有《传》四十一篇，不注姓名，《隋志》云：“伏生作《尚书传》四十一篇，以授同郡张生，张生授千乘欧阳生。”《晋书·五行志》云:"伏生创纪《大传》。"《经典释文叙录》云:"《尚书大传》三卷,伏生作。"故今本皆题曰"汉伏胜撰"。《通考》卷一百七十七引《崇文总目》已题汉济南伏胜撰。考《玉海》卷三十七引《中兴书目》:案郑康成《叙》云:"盖自伏生也。伏生为秦博士,至孝文时,年且百岁。张生、欧阳生,从其学而授之。音声犹有讹误,先后犹有差舛,重以篆隶之殊,不能无失。生终后,数子各论所闻,以己意弥缝其阙,别作《章句》;案《汉志》有欧阳《章句》三十一卷,大、小夏侯《章句》各二十九卷,而无张生《章句》。考《儒林传》夏侯胜之学由其先夏侯都尉从张生受《尚书》,则夏侯《章句》即张生之学。又特撰大义,因经属指,名之曰《传》。刘向校书得而上之,凡四十一篇。"寻此序之意,盖张生、欧阳生之《尚书》,虽受自伏生而其所作《章句》,则以己意弥缝其间,不纯记伏生之口说,故别自专门名家。而此《传》则杂成众手,不出一人,故不可以题为张氏或欧阳氏。传之者,推本师授,知其出自伏生耳。乃自唐以后,遽从而实之曰伏生作。故知自《隋志》以后,凡古书之注某人撰者,多误以传其学之人,即为著书之人。而今本所题之撰人,又后世浅人,据隋、唐《志》所妄增矣。《四库提要》卷十二。引康成序谓"此《传》乃张生、夏侯生所述,特源出于胜,非胜自撰"。其说诚是,特不知古书似此者正多,不独《大传》为然也。

诸经传注,最初只加姓氏于书名之上,并不别题撰人。至于《齐诗》、《鲁诗》,则不以氏而以地,盖惟取与他家相识别耳。《公羊传疏》云:"《左氏传》者,左丘明亲自执笔为之,以说经义,其后学者题曰左氏矣。且《公羊》者,子夏口授公羊高,高五世相授至汉景帝时公羊寿,与弟子胡母生乃著竹帛。胡母生题亲师,故曰公羊,不说卜氏矣。《穀梁》者,亦是著竹帛者题其亲师,故曰穀梁也。"陆德明《毛诗音义》解《毛诗》二字之义云:"《诗》是此书之名,毛者，传诗人姓。既有齐、鲁、韩三家，故题姓以别之。或云小毛公加《毛诗》二字。又曰河间献王所加。”是则并书名上之姓氏，亦非本人所题矣。

自《诗》分为四，《春秋》分为五，乃题姓氏于传之上以为识别。其后一传之中，又多别自名家，各为章句故训，于是复题其姓氏。盖其初由后人追题者，久而变为著者自署矣。其初只称氏者，久而并署姓名矣。今虽不能考其所自始，要是汉、晋以后之事。不可以例周、秦及汉初古书也。郑玄、赵岐、杜预注经皆只称氏，惟何休、何晏、王弼称名。然《公羊解诂》亦有作何氏者，则题“何休学”者，或后人所妄改也。

案《公羊》疏云：“案旧题云：《春秋隐公经传解诂》第一，公羊何氏。今定本云何休学。今案《博物志》曰：‘何休注《公羊》，云何休学，有不解者。或答曰，休谦辞，受学于师，乃宣此义不出于己。’是其义也。”见卷一。阮元《校勘记》云：“臧礼堂曰：‘何氏题何休学非也。杜预解《左传》，止题杜氏。赵岐《孟子章句》，但题赵氏。郑注《孝经》，但题郑氏，古人逊谦，不欲自表其名。此说非是，详见后。但著氏族，俾可识别耳。’按唐石经《桓公第二》何休学，原刻作何氏，后磨改作何休。据疏引《博物志》，则晋时已称何休学矣。”

《诗》疏释“郑氏笺”三字曰：“不言名而言氏者，汉承秦灭学之后，典籍出于人间，各专门命氏，以显其家之学。故诸为训者，皆云氏不言名。”此言深得古人之意。夫古书既不署名，而后人乃执相传之说，谓某书必某人所自作。就其时与事以求之，鲜有不见其牴牾者矣。

传注称氏，诸子称子，皆明其为一家之学也。《诸子略》中，自黄帝至太公、尹佚不称子者，此等书大抵作于六国时。此其人皆古之君相，平生本无子之称号也。周初惟鬻子称子。自陆贾、贾谊以下不称子者，学无传人，未足名家也。此举其大较言之，六国子书亦有不称子者，盖皆用当时所通称以题其书，不可一概而论，详《法家》篇。盖专门之学衰，而后著述之界严；口耳之传废，而后竹帛之用广。于是自著之书多而追叙附益之事乃渐少。然不可以例周、秦古书。夫《春秋》三传皆不题左丘明、公羊高、穀梁赤，故既题《荀卿新书》，见刘向《叙录》。不别题荀况撰，既题《晏子》，不别题晏婴撰。推之他书莫不皆然。古人既未自题姓名，则其书不必出于自著矣。

古书之题某氏某子，皆推本其学之所自出言之。《汉志》本之《七略》，上书某子，下注名某者，以其书有姓无名，明此所谓某氏某子者，即某人耳，非谓其书皆所自撰也。今所传刘向《叙录》，如《管子录》云："管子者，颍上人也，名夷吾，号仲父。"《晏子录》云："晏子名婴，谥平仲，莱者，今东莱地也。"《孙卿书录》云："孙卿赵人，名况。"此特因其书名《管子》，《晏子》，《孙卿子》而加以解释，以下即叙其平生事迹，于其书是否本人所作，或门弟子所记，不置一词，与《别录》言"《论语》皆孔子弟子记诸善言"何晏《论语集解序》引。者不同。惟《晏子录》云："又有颇不合经术，似非晏子言，疑后世辩士所为者。"此特言其记载失实，不似出于晏子之口，非辨其是否婴所自著也。自《隋志》不明此义，于《晏子春秋》则曰齐大夫晏婴撰，《孙卿子》则曰楚兰陵令荀况撰，《管子》则曰齐相管夷吾撰，其他古书，莫不求其人以实之。古人既不自题姓名，刘向、刘歆、班固又未言为何人所撰，不知作《隋志》者何以知之？然因此后人遂谓"管子自序其事泛滥而不切"，《汉书艺文志考证》卷六引叶适说。"晏子已亡，后人采婴行事为之，按今《晏子》实即《汉志》著录之本，说详孙星衍《晏子春秋序》。以为婴撰则非也。"《通考》卷二百十二引《崇文总目》。可谓辩乎其所不必辩者矣。按《汉志考证》引《傅子》曰“《管子》书过半是后之好事者所加”，则傅玄已不能解此。《隋志》之误，亦有所自来也。

《汉志·数术略》中所著录之书，无姓氏者十之八九。其小序曰：“史官之废久矣，其书既不能具，虽有其书而无其人。”由此言之，则周、秦以前书之有其人者，必其学有授受，师师相传，知其出于某某，始因以题之。若数术则史官放废，专门之家法已亡，而其人遂不可知。然则古书之姓名，皆非其人所自题。《六略》中凡书名不著姓氏者，皆不可考者也。刘、班特于《数术略》言之，以当发凡起例耳。

汉无名氏《中论序》曰：“予以荀卿子、孟轲，怀亚圣之才，著一家之法，继明圣人之业，皆以姓名自书，按荀子名况不名卿，孟子名亦只见于书中，此语不可据。犹至于今，厥字不传。原思其故，皆由战国之世，乐贤者寡，同时之人，不早记录，况徐子《中论》之书，不以姓名为目乎？恐历久远，名或不传，故不量其才，喟然感叹，先目其德以发其姓名，述其雅好不刊之行，属之篇首，以为之序。”《中论》卷首。是汉末人著书，尚不自题姓名也。而谓周、秦人书，有自题某官某人撰者乎？

约而言之，则周、秦人之书，若其中无书疏问答，自称某某，则几全书不见其名，或并姓氏亦不著。门弟子相与编录之，以授之后学，若今之用为讲章；又各以所见，有所增益，而学案、语录、笔记、传状、注释，以渐附入。其中数传以后，不辨其出何人手笔，则推本先师，转相传述曰：此某先生之书云耳。既欲明其学有师法，又因书每篇自为起讫，恐简策散乱，不可无大题以为识别，则于篇目之下题曰某子，而后人以为皆撰人姓名矣。古书既多不出一手，又学有传人,故无自序之例。汉以后惟六艺立博士,为禄利之途。学者负笈从师,受其章句,大儒之门,著籍者辄数千人。而所自著之书,则无人肯受。于是有于篇末为之叙,自显姓名者,如太史公、扬雄自序是也。或奏进之书,则于文中自称某官臣某,如道家郎中婴齐、杂家之博士臣贤对之类是也。然仍无于篇题之下,自标某人撰之例。后人因其所自称以题其书,故专家之书,有传其氏不传其名者。而自著之书,则有传其名不传其氏者矣。若既无自序,文中又不自称名,久之或竟无可考。故《中论序》谓"恐历久远,名或不传",则有同时之人为之作序之例。要之皆因著者不自题姓名之故也。至于每卷自署某人撰,虽不详其所自始;要其盛行,当在魏、晋以后矣。

《论衡·书解》篇曰:"著作者为文儒,说经者为世儒。二儒在世,未知何者为优?或曰:文儒不若世儒。世儒说圣人之经,解贤者之传,义理广博,无不实见。故在官常位,位最尊者为博士,门徒聚众,招会千里。身虽死亡,学传于后。文儒为华淫之说,于世无补,故无常官。弟子门徒,不见一人。身死之后,莫有绍传。此其所以不如世儒者也。"读此可以知汉以后著作,亟亟于自显姓名之故矣。而遂以此例古之作者,必求其人以实之,又从而辩其某书非某人所撰。此乃执曹公之律令以案肃慎氏之不贡楛矢,先零之盗苏武牛羊也。不知古人著述之体例,而欲论古书之真伪,其弊往往似此。

古书书名之研究

古书之命名，多后人所追题，不皆出于作者之手，故惟官书及不知其学之所自出者，乃别为之名，其他多以人名书。今列举古人名书之例，叙之如左：

一曰：官书命名之义例。　章学诚曰："六经皆史也。古人不著书，古人未尝离事而言理，六经皆先王之政典也。"《文史通义·易教上》。其说树义甚精。《汉志》谓"诸子出于王官，皆起于王道既微，诸侯力政，时君世主，好恶殊方，是以九家之说，蜂出并作"，是则春秋以前，并无私人著作，其传于后世者，皆当时之官书也。其他诸子在三代以前者，多出依托，详见后。其书不作于一时，不成于一手，非一家一人所得而私，不可题之以姓氏，故举著书之意以为之名。如"'连山'似山出内云气；原作出内气变，据阮氏《校勘记》改。'归藏'者，万物莫不归而藏于其中"，《周礼·春官·太卜》注。"生生之谓易，"《系辞传》。"'乘'者兴于田赋乘马之事，因以为名，'梼杌'者，嚚凶之类，兴于记恶之戒，因以为名"，《孟子》赵岐注。"《春秋》者，鲁史记之名也，'记事'者，以事系日，以日系月，以月系时，以时系年，年有四时，故错举以为所记之名也"，杜预《春秋序》。此其命名皆有意义。至于《诗》、《书》、《礼》、《周官》之类，尤为显而易见。《六经》之外，《尔雅》之名最古。《大戴记·小辩》篇云："子曰：'《尔雅》以观于古，足以辩言矣。'"魏张揖以为即今之《尔雅》，又云"周公著《尔雅》一篇"，《上广雅表》，《经典释文序录》云：《释诂》一篇，盖周公所作。其言虽不知信否，要是古之官书，后人递有附益耳。详见后。《汉志·六艺略》中之书，如《司马法》，《国语》，《世本》，《战国策》，太古以来年记，儒家中之《周政》，《周法》，大抵源出古史，故皆举所记之事以命其书。若《汉著记》，《汉大年纪》之类，盖亦汉史所记。即《楚汉春秋》，亦不在陆贾二十三篇之内。盖记事之书，与立言之体，固自不同耳。

二曰：古书多摘首句二字以题篇，书只一篇者，即以篇名为书名。　程大昌曰："《荡》之诗，以'荡荡上帝'发端。《召旻》之诗，以'旻天疾威'发端。盖采诗者摘其首章要语，以识篇第，本无深义。"《考古编》卷一《诗论》九。顾炎武曰："《三百篇》之诗人，大率诗成取其中一字二字三四字以名篇，故十五国并无一题，《雅》《颂》中间一有之。《颂》为宗庙之乐，出于士大夫之手，故另命名，非民间歌谣。五言之兴，始自汉、魏，而《十九首》并无题，《郊祀歌》《铙歌曲》各以篇首字为题。"又曰："古人之诗，有诗而后有题；今人之诗，有题而后有诗。有诗而后有题者，其诗本乎情；有题而后有诗者，其诗徇乎物。"《日知录》卷二十二。王国维曰："诗之《三百篇》、《十九首》，词之五代、北宋，皆无题。非无题也，诗中之意，不能以题尽之也。"《人间词话》卷上。愚谓不独诗词也，古人之著书作文，亦因事物之需要，而发乎不得不然，未有先命题，而强其情与意曲折以赴之者。故《诗》、《书》之篇名，皆后人所题。诸子之文，成于手著者，往往一意相承，自具首尾，文成之后，或取篇中旨意，标为题目。至于门弟子纂辑问答之书，则其纪载，虽或以类相从，而先后初无次第。邢昺《论语疏·学而第一》，《正义》曰："其篇中所载，各记旧闻，意及则言，不为义例，亦或以类相从。"故编次之时，但约略字句，断而为篇，而摘首句二三字以为之目。叶梦得曰："古书名篇，多出后人，故无甚理，老氏别《道》、《德》为上下篇，其本意也。若逐章之名，则为非矣。惟《庄》、《列》似出其自名。"《避暑录话》卷一。此言是也。按《庄子·内篇》诸篇目，虽皆有意义，而《外篇》《骈拇》、《马蹄》之类，仍是摘字名篇。《孝经》之名，见于《史记》，《仲尼弟子列传》云："曾参作《孝经》。"邢《疏》引《钩命决》："孔子曰，吾志在《春秋》，行在《孝经》。"纬书之言，恐不可据。其源甚古。《汉志》云："夫孝，天之经，地之义，民之行也。举大者言，故曰《孝经》。"则此书亦是摘篇中字句以题篇。邢《疏》云："《易》有《上经》、《下经》，《老子》有《道经》、《德经》，孝为百行之本，故曰《孝经》。经之创制，孔子所撰也。"阮福《义疏》，因谓"以经为书之名目，实自《孝经》始"，其说皆不免于穿凿，非是。因书只一篇，故即以篇名为书名也。王国维曰："《诗》、《书》及周、秦诸子，大抵以二字名篇，此古代书名之通例。字书亦然。《苍颉篇》首句虽不可考，然《流沙坠简》卷二第十八简上，有汉人学书字中有'苍颉作'三字，疑是《苍颉篇》首句中语，故学者书之。其全句当云'苍颉作书'。《爰历》、《博学》、《凡将》诸篇，亦有首二字名篇，今《急就篇》尚存，可证也。"《观堂集林》卷五《史籀篇疏证序》。按今《急就篇》首句云："急就奇觚与众异。"按《汉志》，《苍颉》、《凡将》诸书，皆只一篇，故摘字名篇，别无书名也。《史记·孔子世家》云："子思作《中庸》。"沈约曰："《礼记·中庸》取子思子。"见《隋书·音乐志》。《汉志》儒家有《子思》二十三篇，此篇盖在其中。使其单行，则只名《中庸》，不名《子思》矣。盖书只一篇，篇名即书名也。儒家有《王孙子》一篇，注云："一曰《巧心》。"严可均以为未详。《铁桥漫稿》卷五《王孙子叙》。愚谓《汉志》诸子，除不知作者外，皆只以人名书。其只一篇者，盖别无篇题。独《王孙子》又别题其篇曰

《巧心》,故注为"一曰"也。《尹文子》一篇,今本作二篇,曰《大道》上,《大道》下,此为有书名又有篇名者,或为汉以后人所题,或班固略之,皆不可知。

三曰:古书多无大题,后世乃以人名其书。　古人著书,多单篇别行;及其编次成书,类出于门弟子或后学之手,因推本其学之所自出,以人名其书。《史记·韩非传》云:"作《孤愤》、《五蠹》、内、外《储说》、《说林》、《说难》,十余万言。"《孟子传》云:"驺衍深观阴阳消息,而作怪迂之变,终始大圣之篇,十余万言。"《汉书·董仲舒传》云:"仲舒所著,皆明经术之意,及上疏条教凡百二十三篇,而说《春秋》事得失,《闻举》、《玉杯》、《繁露》、《清明》、《竹林》之属,复数十篇十余万言。"《史记·管子传》、《庄子传》、《商君传》、《屈原传》、《汉书·东方朔传》,引其所著书,亦只有篇名。此所叙诸子著书,皆只有篇名,无书名;又因全书不可胜举,故只随举数篇,以见其大凡。盖由古人著书,其初仅有小题,谓篇名。并无大题也。谓书名。余若《史记·老子传》云:"于是老子乃著书上下篇,言道德之意五千言而去。""或曰老莱子,亦楚人也,著书十五篇,言道家之用。"《孟子荀卿传》云:"慎到著十二论,环渊著上下篇。""荀卿于是推儒、墨、道德之行事兴坏,序列著数万言而卒。"《汉书·贾谊传》云:"凡所著述五十八篇。"《公孙贺传》云:"贺祖父昆邪,著书十余篇。"《王贡两龚鲍传》云:"蜀有严君平,依老子、严周之指,著书十余万言。"此所叙诸子著书,只云若干篇若干言,初不云所著为何书,盖其书本无大题,后人始以人名名之也。《史记·孟荀传》云:"赵有公孙龙,为坚白同异之辩,魏有李悝,尽地力之教。"此特叙其著书之意,犹之荀卿推儒、墨、道德之行事兴坏云耳,非其书名坚白同异及尽地利也。《汉志》《公孙龙子》十四篇,《李子》三十二篇。《史记·虞卿传》云:"不得意,乃著书,上采《春秋》,下观近世,曰《节》、《义》、《称》、《号》、《揣》、《摩》、《政》、《谋》,凡八篇,以刺讥国家得失,世传之曰《虞氏春秋》。"然则《虞氏春秋》之名,乃世之传其书者名之耳,非卿所自名也。《晏子》之名《春秋》,亦同此例。《司马穰苴传》云:"齐威王使大夫追论古者司马兵法,而附穰苴于其中,因号曰《司马穰苴兵法》。"《陆贾传》云:"陆生乃粗述存亡之征,凡著十二篇,每奏一篇,高帝未尝不称善,左右呼万岁,号其书曰《新语》。"是则《司马穰苴兵法》,乃齐威王之大夫号之;《新语》之名,亦高帝之所号也。此古人著书不自命名之证也。推之《申子传》云"著书二篇号曰《申子》",《汉书·蒯通传》云"通论战国时说士权变,亦自序其说,凡八十一首,号曰《雋永》",亦当是时人号之矣。《史记·孙武传》云"世俗所称师旅,皆道《孙子》十三篇",《信陵君传》云"诸侯之客,进兵法,公子皆名之,《索隐》云,公子所得进兵法,而必称其名,以言其恕也。故世俗称《魏公子兵法》",此亦是世俗之人所称,与世传《虞氏春秋》同。独《孟子传》云"退而与万章之徒,序《诗》、《书》,述仲尼之意,作《孟子》七篇",与他传但言著书若干篇者不同。盖史公率尔言之,非作书之时已名《孟子》也。《司马相如传》云:"相如已死,家无书,问其妻,对曰长卿固未尝有书也。时时著书,人又取去,即空居。长卿未死时,为一卷书,曰有使者来求书,奏之。无他书。"此亦古人著书不自编次之证也。盖因事作文,不自收拾,后人取而编辑之,因以人题其书。故《汉志》诸子、诗赋二略,题某人或某官某者,居十之九。古人之学,专门名家,所作杂文,皆在诸子,独于诗赋,别为一略。及至东京专家之学衰,而后别集兴,《隋志》云别集之名,盖汉东京之所创也。又追为西汉以前人编集。《隋志》自楚兰陵令《荀况集》以下,凡四百三十七部，皆题某官某人，与《汉志》诸子诗赋之例同；其别为集名者只数部耳。见后。《隋志》经子史三部撰人。皆用双行注于书名之下，独集部因以人名书，故不别注撰人。汉、魏以后，学者著书，无不自撰美名者，独至文章，多由后人编定。故别集直书姓名者，至宋犹多。元、明以后，此风渐寡。然文集之不必手定，则今人尚多有之。古之诸子，即后世之文集也。出于门弟子所编，其中不皆手著，则题为某子。出于后人所编，非其门弟子，则书其姓名。汉武以后，传记不立博士，专家之学衰，故书名无称子者，考之《汉志》可知也。汉人书称子者仅有蒯通一家。东汉以后人著书，皆手自编定，其称某子，乃其人自子之耳。而《论衡·案书》篇乃曰："董仲舒著书不称子者，意殆自谓过诸子也。"此由不知古人著作体例，故有此傅会之说矣。

四曰：《汉志》于不知作者之书，乃别为之名。　古之诸子，皆以人名书。然《汉志》中，亦有别题书名者，则大率不知谁何之书也。如儒家有《内业》十五篇，注曰："不知作书者。"《谰言》十篇，《功议》四篇，《儒家言》十八篇，阴阳家有《杂阴阳》三十八篇，法家有《燕十事》十篇，《法家言》二篇，并注曰："不知作者。"道家有《道家言》二篇，阴阳家有《卫侯官》十二篇，并注曰："近世不知作者。"杂家有《杂家言》一篇，注曰："《王伯》注"师古曰：言王伯之道。"不知作者。"此皆《数术略序》所谓虽有其书，而亡其人也。《内业》、《谰言》之属盖皆后人之所题，或即用其首篇之名以名书。《管子》有《内业》篇。《儒家言》、《杂阴阳》、《法家言》、《杂家言》，则刘向校雠之时，因其既无书名，姓氏又无可考，姑以其所学者题之耳，皆非其本名也。此条当与《古书不著撰人》篇第十三条参看。

五曰：自撰书名之所自始。　古书自六经官书外，书名之最早而可据者，莫如《论语》。《坊记》出于子思，《隋书·音乐志》沈约曰:《坊记》取子思子。已引《论语》曰:“三年无改于父之道,可谓孝矣。”则当时已谓之《论语》矣。盖他书多散篇单行,后人编次,独《论语》则门人论纂之时,已勒为成书。既裒然巨帙,不可无大名以总汇之也。《史记·吕不韦传》云:“是时诸侯多辩士,如荀卿之徒,著书布天下,不韦乃使其客人人著所闻,集论以为八《览》,六《论》,十二《纪》,十二余万言,以为备天地万物古今之事,号曰《吕氏春秋》。”此言以为备天地万物古今之事,号曰《吕氏春秋》,则《春秋》之名,出于不韦之意,与他书为时人所号者不同。自著书而自命之名,始见于此。不韦之举,纯出于好名。又其书成于众人之手,非所自撰,与他人著书以传后学者不同,故亟亟焉表章之。盖古以学术为公器者,至是始为私人争名之具矣。其始已有《魏公子兵法》,亦宾客所进。不韦之养士,即系效法四公子,故亦有此举。其后淮南王安,招致宾客方术之士数千人,作为《内书》二十一篇,《外书》甚众,见《汉书》本传。高诱《淮南鸿烈解叙》云:“天下方术之士,多往归焉。于是遂与苏飞、李尚、左吴、田由、雷被、毛被、伍被、晋昌等八人,及诸儒大山、小山之徒著此书。”其事与吕不韦正同,故亦自号曰《鸿烈》。《淮南·要略》篇云:“此《鸿烈》之《泰族》也。”高诱《叙》云:“鸿,大也;烈,明也。”《西京杂记》卷三云:“淮南王安,著《鸿烈》二十一篇。”其《要略》篇即全书之自序,具列篇目与其所以作文之意,前后两言故著二十篇,是其书已自行编定矣。司马迁作《史记·自序》云:“凡百三十篇,五十二万六千五百字,为《太史公书序》。”是迁书亦出手定,且自名为《太史公》也。王国维《太史公行年考》谓史公原书本有小题,而无大题。然此语明见于《自序》,今案《孝武本纪集解》引韦昭说,谓“《史记》称迁为太史公,是外孙杨恽所称”。《索隐》引桓谭《新论》,以为“太史公造书,书成示东方朔,朔为平定,因署其下。太史公者,皆东方朔所加之也”。此二说盖谓于每卷篇目之下，别题太史公三字，所谓小题在上，大题在下，非谓《自序》中之书名也。至迁书在汉时只名《太史公》，不名《史记》，则钱大昕《潜研堂文集》卷十二《答问》九已发其端，王氏《行年考》引证尤为详尽。其说固确不可易。盖自撰书名，萌芽于《吕氏春秋》，而成于武帝之世。适当罢黜百家之后，文儒著书，无人可传，不能不自行编次。专门之学衰而后著述之界严，于此可以知体例变迁之故矣。其后宣帝时则有桓宽之《盐铁论》，西汉末则有刘向、扬雄所序书。东汉以后，自别集之外，几无不有书名矣。

《汉志》著录之书名异同及别本单行

《汉书·艺文志》著录之书，其名往往与今本不同，亦或不与六朝、唐人所见本同，并有不与《七略》《别录》同者。其故由于一书有数名，《汉志》只著其一也。古书书名，本非作者所自题。后人既为之编次成书，知其为某家之学，则题其氏若名以为识别；无名氏者，乃约书中之意义以为之名。所传之本多寡不一，编次者亦不一，则其书名不能尽同。刘向校书之时，乃斟酌义例以题其书。至汉人著述，颇有自题书名者矣，而刘、班牵于全书著录之例，虽其本名，或不尽用；《别录》中盖详著之。《七略》《别录》既亡，班固之自注甚略，书名异同，不尽可考，又有古书之名，为后人所改题，出于向、歆校书以后者。故虽其书真出古人，求之《汉志》而无有，则辩论纷然，疑议蜂起矣。今于其有可考者，旁引群书，为之疏通证明之；其无可考者，不敢强为之说也。试条举其例如下：

一曰《七略》之书名，为班固所改题。如《子夏易传》，即《韩氏易传》是也。此谓《七略》著录之《子夏易传》。若隋、唐《志》之书，张惠言疑为晋以后人作。至北宋人所见，据《通考》引晁说之说，乃唐张弧伪撰。今所传十一卷本，据《经义考》及《四库提要》，乃宋以后人伪作，不可混为一书。　　《汉志》易家有《易传》韩氏二篇，注云“名婴”，按《唐会要》司马贞引《七略》有“《子夏易传》，刘向云：韩氏婴也”，是其书初名《子夏易传》，不名《韩氏易传》。班固因诸家易传至丁氏以至周氏，皆题某氏《古五子》及《淮南道训》以不知作者，故为例外。欲使先后一律，遂采《七略》之语，题为韩氏。但《儒林传》不言韩婴字子夏，后人误以为是孔子之弟子卜商，因疑子夏并不传《易》。而韩婴之《易》，又不详其所从受，何以婴作《易传》，题子夏之字？遂不信刘向之说，别自以意推测，云或丁宽所作，或馯臂子弓所作。均见后。盖谓子弓、丁宽之《易》，均传自商瞿，宜得接闻子夏之绪论也。是已邻于想当然矣。至《隋志》遂从而实之曰："魏文侯师卜子夏传。"于是刘知几、司马贞皆以为疑。夫疑当时传本之非真，可也；并疑《七略》之题韩婴，而斤斤致辨于非卜子夏，则非也。宋人乃别求汉人之字子夏者以当之，孙坦以为杜邺，见《书录解题》卷一，《玉海》卷三十五，《经义考》卷五。赵汝楳以为邓彭祖，见《经义考》卷五，清崔应榴亦以子夏为彭祖，见《吾亦庐稿》卷一。以二人皆字子夏也。其说均不免于无征不信。至清儒张惠言，始信《七略》之《子夏传》为韩婴所作，而又以为韩氏之学，或出于子夏，则仍以子夏为卜商矣，不如臧庸直谓韩婴字子夏，扫昔人之所疑而空之，可谓痛快。然谓婴为幼孩，故字子夏，夏，大也，其解释犹不免迂曲。惟宋翔凤据《儒林传》韩婴之孙名商，谓子夏当是商之字。与卜子夏名字正同。此说文义既协，又与《七略》《汉志》及《儒林传》均无不合，千古积疑，至斯可释。韩婴之传而题以韩商之字者，盖商又有所附益，古人家法相传，固多如此。其后弟子题其亲师，因曰子夏矣。《七略》说之不详，班固又不云"《易传》韩氏，一曰子夏"，遂使后人附之魏文侯师，而异说纷然并作，古书之不易读如此。

〔《唐会要》卷七十七〕　开元七年诏：《子夏易传》，近无习者，令儒官详定。刘知几议曰："按《汉志》《易》有子三家，而无子夏作传者。至梁阮氏《七录》，始有《子夏易》六卷，或云'韩婴作'，或云'丁宽作'。然据《汉书》'《韩易》十二篇，《丁易》八篇'。求其符会，则事殊乖刺者矣。夫以东鲁服膺，文学与子游同列，西河告老，名行将夫子连踪；而岁越千龄，时经百代，其所著述，沈翳不行，岂非后来假凭先哲。必欲行用，深以为疑。"司马贞议曰："按刘向《七略》有《子夏易传》，但此书不行已久，今所存多失真本。又荀勖《中经簿》云'《子夏传》四卷，或云丁宽所作'，是先达疑非子夏矣。又《隋书·经籍志》云：'《子夏传》残阙，梁六卷。'今二卷，知其书错谬多矣。又王俭《七志》引刘向《七略》云：'《易传》子夏，韩氏婴也。'今题不称韩氏，而载薛虞记。又今秘阁有《子夏传》，薛虞记，其质粗略，皆趣非远，无益后学。"

〔张惠言《易义别录》卷十四〕 《释文叙录》"《子夏易传》三卷"，按《叙录》此下有"卜商字子夏，卫人，孔子弟子，魏文侯师"十五字。《七略》云："汉兴韩婴传。"《中经簿录》云"丁宽所作"，张璠云："或馯臂子弓所作薛虞记，虞不知何许人。"《隋书·经籍志》："《周易传》按《隋志》无传字。二卷。魏文侯师卜子夏传，残阙，梁六卷。"案《汉书·艺文志》，《易》有《韩氏》二篇，《丁氏》八篇，而无馯臂子弓，则张璠之言不足信。丁宽受《易》田何，上及馯臂子弓，受之商瞿，非自子夏，则荀勖言丁宽亦非。刘向父子，博学近古。以为韩婴，当必有据。《儒林传》称韩生亦以《易》授人，推《易》意而为之传，不闻其所受，意者出于子夏，与商瞿之传异耶。今所传《子夏传》十一卷，《崇文总目》云十卷，以《释文集解》诸书所引校之，都不相合。晁以道云"是唐张弧所作"，惠征士栋以为唐时子夏残书尚存，无容伪为，案子夏残书自经开元议驳，更不行用，安知不亡于中唐以后耶？为之必宋人也。然予谓即唐时二卷者，亦非真韩氏书。其文浅近卑弱，不类汉文。案唐人所见之《子夏易传》，固未必真韩婴书，然其遗文传者甚少。张氏《别录》所辑，仅数十条，大抵零章断句，惟解"元亨利贞"一条，至五十余字耳。不知何以知其浅近卑弱。且多据朱震《汉上易传》辑入。震所见者，是否为隋、唐《志》著录之本，抑为张弧伪本，尚不可知也。殆永嘉以后，群书既亡，好事者聚敛众说而为之也。

〔**臧庸《拜经日记》卷三**〕《学海堂经解》本。　《释文叙录》："《子夏易传》三卷。"《七略》云："汉兴韩婴传。"《文苑英华》载唐司马贞议云："王俭《七志》引刘向《七略》云：'《易传》子夏，韩氏婴也。'"案考校是非，大较以最初者为主，虽千百世之下可定也。《七略》刘子骏作，班孟坚据之以作《艺文志》，《七略》既云是汉兴子夏韩氏婴传，按《释文叙录》与王俭《七志》所引文各不同，《七志》引云《易传》子夏，韩氏婴也。《易传》是一类之名，子夏是一书之名，韩氏婴也，是释《子夏易传》之语，刘班著录之例，经传章句各归其类。如《汉志》《易传》周氏二篇以下，自服氏至《淮南道训》，皆《易传》也。《七略》所言《易传》子夏，亦同此例，其汉兴韩婴传又其下文之语。今臧氏割裂其文，合两处及上下句为一，使子夏韩氏婴五字相连属，以证其子夏为韩婴字之说，实非《七略》之意。便可知非孔子弟子卜子夏矣。《汉书·儒林传》云："韩婴燕人，婴推诗人之意而作内、外传数万言，亦以《易》授人，推《易》意而为之传。"此尤为韩婴作《易传》之明证。婴为幼孩，故名婴字子夏。夏，大也。《汉志》"《易传》韩氏二篇名婴"，与刘《略》合，但孟坚于志传皆祇书其名，而不载其字，所以滋后人之疑。王俭、陆德明所引《七略》,可补班书所未备。

〔宋翔凤《过庭录》卷一〕 《汉书·儒林传》云:"韩生亦以《易》授人,推《易》意而为之传。燕、赵间好诗,故其《易》微,唯韩氏自传之。其孙商为博士,孝宣时涿郡韩生其后也。以《易》征,待诏殿中曰:'所受《易》即先太傅所传也。'"翔凤案子夏当是韩商之字,与卜子夏名字正同,当是取传韩氏《易》最后者题其书,按韩商之后,尚有涿郡韩生,则商不可为传韩《易》最后者。此自是商于韩婴之《传》,以己意有所弥缝于其间耳。故韩氏《易传》为子夏传也。

二曰《别录》书有数名者,《汉志》只著其一,如《淮南道训》是也。 《初学记》卷二十一引刘向《别录》云:"所校雠中《易传》《淮南九师道训》,除复重定著十二篇。《汉志》作二篇。淮南王聘善为《易》者九人,从之采获,故中书题曰《淮南九师书》。"今本《九师书》上无"淮南"二字,据《玉海》卷三十五引《初学记》补。按《道训》当是淮南著书时所题,犹《淮南子》自名曰《鸿烈》也。然汉中秘书只以著书之人目之,题曰《淮南九师书》。刘向又合此二名,题为《淮南九师道训》。班固《汉志》又省称之曰《淮南道训》,注又有《九师说》之名,自注云:淮南王安聘明《易》者九人,号《九师说》。是可见古书之无定名矣。

三曰刘、班于一人所著,同为一家之学者,则为之定著同一之书名,如《淮南》内、外是也。 《汉志》杂家《淮南内》二十一篇,《淮南外》三十三篇,《淮南王安传》亦只云:"招致宾客方术之士数千人,作为《内书》二十一篇,《外书》甚众,又有《中篇》八卷,言神仙黄白之术,亦二十余万言。"而不言其书名。然《淮南·要略》篇历举所著《内书》二十篇之名，而总括之曰“此《鸿烈》之《泰族》也。”高诱《叙》曰：“其大较之于道，号曰《鸿烈》。”光禄大夫刘向，校定撰具，名之《淮南》，又有十九篇者，谓之《淮南外篇》。按《外篇》篇数，与《汉志》不合。《西京杂记》卷三，言安著《鸿烈》，号为《淮南子》，不可据。夫刘安既自号其书为《鸿烈》，何以刘向校定谓之《淮南》？盖尝考之群书之例而得其说焉。安所著虽有内、外书之分，体例不同，同为杂家之学。《要略》篇末历举太公、儒家、墨家、管子、纵横、刑名、商鞅之书，论其学之所由生，而终之曰：若刘氏之书，观天地之象，通古今之论云云，是即杂家兼儒墨合名法之旨，特其大较归之于道耳。《鸿烈》特其《内篇》之名，不可以该《外书》。刘向既为之撰具，因改题为《淮南》，以总会之。犹之《鬼谷子》编入《苏秦书》，则不名《鬼谷》。《新语》编入《陆贾书》，则不名《新语》也。特《鬼谷》、《新语》，乃合之于其他著述之内，此则内、外篇仍分别著录，为小异耳。

四曰今所传古书之名，有为汉以后人所改题，故与《汉志》参差不合，如老子《道德经》是也。　　《史记·老子传》只言“著书上下篇，言道德之意”。周、秦、西汉人引其书，均只称为《老子》。故《汉志》著录《老子》四家，《老子邻氏经传》，《老子傅氏经说》，《老子徐氏经说》，刘向《说老子》。皆不名《道德经》。扬雄《蜀王本纪》云“老子为关令尹喜，著《道德经》”，《御览》卷一百九十二、《太平寰宇记》卷七十二引。《道德经》之名，始见于此。《蜀王本纪》叙事多荒诞，又其书《汉志》不载，《隋志》始著录，是否扬雄所作，盖不可知。洪颐煊《经典集林》有辑本。《烈仙传》卷上《老子传》云：“关令尹喜强使著书，作《道德上下经》二卷。”《列仙传》旧题刘向撰，应劭《汉书音义》已引用之，当是东汉人伪作。边韶《老子铭》曰：“肥遁之吉，避世隐声，见迫遗言，《道德》之经。”见《隶释》卷三。是《道德经》之名，盛行于汉末。《金楼子·立言》篇引河上公《序》，言："周道既衰，老子疾时王之不为政，故著《道德经》二篇。”今河上公《注》有葛仙翁《序》曰："于是作《道德》二篇，五千文上、下经焉。”河上公《注》，晋以后伪书，不足据。刘向校书时所未有，故不见于《汉志》。古书似此者甚多，如唐天宝中号《老子》为《玄通道德经》，《唐志》云世不称之。《庄子》为《南华真经》，《列子》为《冲虚真经》，《文子》为《通玄真经》，尚有《亢桑子》为《洞灵真经》，本无其书。此是奉诏所改，故书于《唐志》。其他出于私人意为题署者，盖不可尽考矣。

以上释书名异同之例

别本单行者，古人著书，本无专集，往往随作数篇，即以行世。传其学者各以所得，为题书名。及刘向校定编入全书，题以其人之姓名，而其原书不复分著，后世所传，多是单行之本，其为自刘向校本内析出，抑或民间自有古本流传，不尽行用中秘定著之本，皆不可知。今略举数书以明其例。

《鬼谷子》编入《苏子》。　《汉志》纵横家有《苏子》三十一篇，注云“名秦”，而无《鬼谷子》，世皆以为伪书。柳宗元辩《鬼谷子》曰："汉时刘向、班固录书，无《鬼谷子》。《鬼谷子》后出，而险盭峭薄，恐其妄言乱世，难信。”见柳集卷四。疑《鬼谷》者以此为最早。明胡应麟《四部正讹》卷中。因诋为浅陋，谓“即仪、秦之师，宜不至猥下如是”。又云："《鬼谷子》文体不类战国，晋皇甫谧《序》传之。案《汉志》纵横家有《苏秦》三十一篇，《张仪》十篇，隋《经籍志》已亡。盖东汉人本二书之言，会萃附益为此，或即谧手所成，而托名鬼谷，若子虚、亡是云耳。”《少室山房笔丛》卷三十一。《四库提要》卷一百十七。谓“其言颇为近理，然亦终无确证”。今案《史记·

苏秦传》云:“苏秦东师事于齐,时天下之学在齐鲁。而习之于鬼谷先生。”《索隐》曰:“乐台《正义》作乐壹。注《鬼谷子》云:‘苏秦欲神秘其道,故假名鬼谷。’”《正义》云:“《七录》有《苏秦书》,《鬼谷子》有《阴符》七篇,有《揣》及《摩》二篇。《战国策》云:‘得太公《阴符》之谋,伏而诵之,简练以为《揣》《摩》,期年《揣》《摩》成。’按《鬼谷子》乃《苏秦书》明矣。”今殿本《史记正义》无此条,此据《玉海》卷三十五引。《汉书·杜周传赞》云:“业乘危而抵陒。”案谓杜业。注:“服虔曰:‘抵音坻,陒音义,谓罪败而复抨击之,《苏秦书》有此法。’师古曰:‘一说陒读与戏同,《鬼谷》有《抵戏》篇也。’”详师古之意,盖证明服虔所引之《苏秦书》,即《鬼谷子》也。马总《意林》卷二云:“《鬼谷子》五卷,总按其序云:‘周世有豪士隐者居鬼谷,自号鬼谷先生,无乡里族姓名字。’注云:‘此苏秦作书记之也。鬼之言远,有司马相如假无是公云尔。’”按此当是乐台注。新、旧《唐志》皆有《鬼谷子》二卷,注云“苏秦”。司马贞、张守节、颜师古、马总皆唐人,《旧唐志》本之唐毋煚《古今书录》,是唐人自柳宗元外,皆以为《鬼谷子》即《苏子》也。张守节言《七录》有《苏秦书》,今《隋志》有《鬼谷子》。而《苏秦书》不著录。考《隋志》之例,凡阮孝绪《七录》有,而《隋》目录无者,辄注曰梁有某书,亡。今于纵横家,不注梁有《苏秦书》,盖因阮孝绪以《鬼谷子》为苏秦撰也。乐台《鬼谷子注》,见于《隋志》,当是隋以前人。台谓苏秦名鬼谷,是南北朝人亦以为《鬼谷子》为《苏子》也。《文选·吴都赋》刘逵注云:“鬼谷先生书有《抵戏》篇。”按左思《三都赋》成,刘逵、张载作注,皇甫谧作序;使《鬼谷子》为谧所伪撰,逵与之同时,安肯遽引其书?是胡应麟谓成于谧手之说,不足据矣。刘向《说苑·善说》篇引《鬼谷子》曰:“人之不善,而能矫之者,难矣。说之不行,言之不从者,其辨之不固也。既固而不行者，未中其心之所善也。辨之，明之，持之，固之，又中其人之所善，其言神而珍，白而分，能入于人之心。如此而说不行者，天下未尝有也。”今《鬼谷子》无此文，按《内揵》篇陶弘景注云：“揵者，持之令固也。言上下之交，必内情相得，然后结固而不离。”正用辨之，明之，持之，固之之意，知此是《内揵》篇佚文。《汉书艺文志考证》及《四库提要》，仅以“人之不善而能矫之者难矣”一句为《鬼谷子》语，非是。是西汉时已有《鬼谷子》。胡应麟谓为东汉人会粹附益之说，又不足据矣。刘向既引用其语，则不能谓为未见其书，何以《七略》不著于录？盖《鬼谷子》为苏秦手著，其《战国策》中合纵说六国之词，不在此书之中。向合而编之，为《苏子》三十二篇，或是秦、汉间为纵横说者所编。故《鬼谷子》不别著录也。此为拙著《四库提要辨证》之说，后见顾实《汉书艺文志讲疏》，亦持此论，惟不及余说之详。

《新语》编入《陆贾书》。　　《史记》、《汉书》《陆贾传》皆言高帝号其书曰《新语》。《史记》又曰：“余读陆生《新语》书十二篇。”班固《宾戏》云：“近者陆生优游，《新语》以兴。”而《汉志》儒家无《新语》，仅有《陆贾》二十三篇，《四库提要》卷九十一。以为兼他所论述计之，是也。王充《论衡》于《新语》，极口独赞，推崇备至，见《书解》篇、《案书》篇。而其书引《陆贾》者凡三处，见《本性》篇、《书虚》篇、《薄葬》篇。均不见于《新语》，盖皆在十二篇之外也。刘向既并贾他所论述合著于录，《新语》乃奏进十二篇之名，不可以概全书，故以人名书，题为《陆贾》。此本古书之通例，如《中庸》之编入《子思子》，尤其显著者也。后人以《新语》见于本传，故知其与儒家之《陆贾》为一书，而他书似此者，则不能推类以及之，不可谓之善读书也。今所传《新语》皆出于明弘治间李庭梧刻本，实是陆贾原书。《提要》疑为后人依托，所引证纰缪百出，余作《辨证》已驳正之，考订极详，文繁不录。

《六韬》编入《太公书》。　　《汉志》道家有《太公》二百三十七篇，分为《谋》八十一篇，《言》七十一篇，《兵》八十五篇，《隋志》兵家书名冠以太公者凡十种，又梁有《太公杂兵书》一种。其中盖真伪错出，未必皆《汉志》著录之书，然亦当有由二百三十七篇之中析出别行者。其书今存者惟有《六韬》六卷，自陈振孙以为世俗依托，见《书录解题》卷十二。《四书提要》卷九十九。因谓："《汉志》不著录，《三国志・先主传》注，始称闲暇历观诸子及《六韬》、《商君书》，《隋志》始载太公《六韬》，大抵词意浅近，不类古书。"今按《淮南子・精神训》云："故通许由之义，而《金縢》、《豹韬》废矣。"高诱注曰："《金縢》，《豹韬》，周公太公阴谋图王之书也。"是其书西汉已有之。《后汉书・何进传》云："大将军司马许凉、假司马伍宕说进曰：'太公《六韬》，有天子将兵事。'"是《六韬》之名，后汉已有之，不始于三国。再进而征之于《庄子・徐无鬼》篇云："横说之则以《诗》、《书》、《礼》、《乐》，从说之则以《金版》、《六弢》。"陆德明《释文》云："本又作《六韬》，谓太公《六韬》：《文》、《武》、《虎》、《豹》、《龙》、《犬》也。"此与今本次序不同，《何进传》注载其篇第为《文》、《武》、《龙》、《虎》、《豹》、《犬》，与今本合。则周末已有是书矣。《庄子》语《提要》亦引之，但谓陆德明即以为太公《六韬》，未知何据。自颜师古以为即儒家之《周史六弢》，宋刘恕因班固自注云："惠、襄之间，或曰显王时，或曰孔子问焉。"今书乃文王、武王问太公战之事，愈疑其出于后人依托。见《通鉴外纪》卷一。不知儒家之《六弢》，六当作大，《庄子・则阳》篇所谓"仲尼问于太史大弢也"，师古自误说耳。此本沈涛《铜熨斗斋随笔》之语。至于诸家讥其浅驳，诋其鄙俚，书中多言骑战，春秋以前中国未有；《汉志考证》卷五引唐氏说。

避正殿乃战国以后之事；将军之名，始见《左传》，周初亦无此名；《提要》说。不知班固于道家太公下明有自注云："吕望为周师尚父，本有道者；或有近世又以为太公术者之所增加也。"此亦《七略》之语。刘、班云近世增加，则其书有秦、汉间人所作，其记春秋、战国以后之事，自不足怪。古人著书，不皆精粹，浅陋之说，固所时有。九流百家，所出既异，故操术不同。宋以后人读书，好以理学家言是非古人，尤非通方之论。《六韬》之为古书，流传有绪，而说者乃以书名不见《汉志》为疑，此不知古书编次著录之例也。祖谟案：山东临沂银雀山所出汉代竹简有《六韬》。

以上所举三书，皆就其书名出于西汉以前，今确知其编入某书者言之。若夫《本草》之名，见于《平帝本纪》五年，征天下通知方术、《本草》者。及《游侠传》。楼护诵医经《本草》方术数十万言。《周礼·疾医》疏："《中经簿》云：'子义《本草经》一卷'，并不说神农。"然则今之《本草》，乃子义所作，传者托之神农，犹之阴阳家之《黄帝泰素》，本韩诸公子所作，见班固自注。而题为黄帝耳。子义亦作子仪，扁鹊之弟子，见《贾疏》引刘向说及《韩诗外传》卷六。其书当在扁鹊书之内。弟子书附先师，亦古书之通例。《汉志》医经有《扁鹊内外经》，方有《泰始黄帝扁鹊俞拊方》，今不能定知编入何书。又《九章算术》，后汉马续见《马援传》。郑玄见本传。并善之，而《汉志》不著录。考魏刘徽《九章算经序》云："周公制礼而有九数，九章足矣。汉北平侯张苍，大司农中丞耿寿昌，皆以善算命世。苍等因旧文之遗残，各称删补，故校其目，与古或异，而所录者多近语也。"近语谓汉人之语。《提要》卷一百七疑书中长安上林之名，苍不及见，不知此出于耿寿昌。上林苑作于武帝时，寿昌宣帝时人，故引用入书，此之谓所论多近语也。按苍本传言苍善用算律历，《史记·自序》云："汉兴张苍为章程。"《集解》如淳曰："章，历数之《章术》也。"则"章程"之"章"，即谓《九章算术》。《汉志》阴阳家有《张苍》十六篇，本传亦云著书十八篇，言阴阳律历事，疑《九章算术》当在其内。因无确据，不敢以为定论。古书似此者，不胜枚举，学者举一反三焉，可也。至于《孙子》十三篇，在《吴孙子兵法》二十八篇之内，其事与书名无与，详见《论编次》篇。

以上释别本单行之例

卷二　明体例第二

秦汉诸子即后世之文集

章学诚曰:“周衰文弊,六艺道息,而诸子争鸣。盖至战国而文章之变尽,至战国而著述之事专,至战国而后世之文体备。故论文于战国,而升降盛衰之故可知也。”又曰:“后世之文,其体皆备于战国,何谓也?曰子史衰而文集之体盛,著作衰而辞章之学兴。文集者,辞章不专家,而萃聚文墨以为蛇龙之菹也。”《文史通义·诗教上》。此其言是矣。周、秦、西汉之人,学问既由专门传受,故其生平各有主张,其发于言而见于文者,皆其道术之所寄,“九家之说,各引一端,崇其所善”,三语见《汉志·艺文略》。“不能相通,皆有所长,时有所短。”见《庄子·天下》篇。则虽其平日因人事之肆应,作为书疏论说,亦所以发明其学理,语百变而不离其宗,承其学者,聚而编之,又以其所见闻,及后师之所讲习,相与发明其义者,附入其中,以成一家之学。故西汉以前无文集,而诸子即其文集。非其文不美也,以其为微言大义之所托,言之有物,不徒藻绘其字句而已。故《昭明文选序》曰“老庄之作,管孟之流,盖以立意为宗,不以能文为本”也。然而因其不专于为文,遂谓“专名为文者,必沉思翰藻而后可”,见阮元《揅经室三集》卷二《书昭明太子文选序后》。若欲摈之不得与于文章之列,则非也。《文心雕龙》有《诸子》篇。诸子之文,何尝不“事出于沉思,义归于翰藻”耶?专以沉思翰藻为文,乃后世学术之所以日衰也。章氏又曰:“周、秦诸子之学,专门传家之业，未尝欲以文名。苟足以显其业而可以传授于其徒，则其说亦遂止于是，而未尝有参差庞杂之文也。两汉文章渐富，为著作之始衰。然贾生奏议，编入《新书》，相如词赋，但记篇目，皆成一家之言，与诸子未甚相远。初未尝有汇次诸体，裒焉而为文集者也。”《文史通义·文集》篇。可谓知言。今取子书中诸文体，略依《文选》分类序次，胪举于后，皆就其确为古人手著，体制业已成立者言之。若夫今日某体虽源出于古书某篇，而当时实无此名，则不复详。

赋

〔《荀子·赋》篇〕 《汉志·诗赋略》，有《孙卿赋》十篇。儒家有《孙卿子》三十三篇。王应麟《考证》云，当作三十二篇。本是二书。然今《荀子》书内有《赋篇》，刘向原目第三十二，杨倞移入卷十八。凡《礼》、《知》、《云》、《蚕》、《箴》五篇，《遗春申君赋》一篇。又有《成相篇》，亦赋之流，《汉志》杂赋内有《成相杂辞》十一篇。胡元仪按其文义，分为五篇，见王先谦《集解》卷首胡氏《荀卿别传考异》。较《汉志》反多一篇。是孙卿所作赋，刘向定著《新书》之时，皆已收入矣。《诗赋略》所著录，盖别本单行者也。

〔《贾子新书》内有《吊湘赋》〕 《书录解题》卷九曰：“《贾子》十一卷，首载《过秦论》，末为《吊湘赋》。”即《史》、《汉》本传内之《吊屈原赋》，《文选》之《吊屈原文》，今本无此篇。案《汉志》有贾谊赋七篇，《新书》独载《吊湘赋》者，以此篇尤其平生意志之所在也。

〔《东方朔书》中有赋〕 《汉志》无东方朔赋，惟杂家有《东方朔》二十篇。本传言“刘向所录朔书，有《封泰山》、《责和氏璧》，及《皇太子生禖》、《屏风》、《殿上柏柱》、《平乐观》、《赋猎》。”考《枚皋传》云：“武帝春秋二十九，乃得皇子，群臣喜，故皋与东方朔作《皇太子生赋》，及《立皇子禖祝》。”然则《朔传》所言，自皇太子生以下，皆所作赋也。赋不入《诗赋略》，而入杂家者，以其学为杂家，而诗赋则非其所长耳。《枚皋传》云“皋为赋善于朔，自言为赋不如相如”，皋赋既不如相如，而朔又不如皋，故知非其所长。

《汉志》杂家“《臣说》三篇，武帝时所作赋。”王氏补注引沈涛说，谓“志所引杂家皆非词赋，此赋字误衍”，其说非是，东方朔非杂家乎？

诗

〔《荀子》有《佹诗》〕　《赋篇》内《佹诗》一篇，前后皆四言，中杂长句，其体盖在诗赋之间。

〔《东方朔书》内有诗〕　朔本传言“朔书有《七言》、《八言》上下”，《注》晋灼曰：“八言、七言诗，各有上下篇。”

诏　策

〔《汉志》儒家“《高祖》十三篇，高祖与大臣述古语，及诏策也”。〕　案《古文苑》卷十有汉高祖手敕太子五条，宋淳熙无注本在卷五。盖出此书。　又“《孝文传》十一篇，文帝所称及诏策。”

令

〔商子有《垦令》篇〕　案《更法》篇云：“孝公曰：‘善。’于是遂出《垦草令》。”即指是篇也。凡《管》、《商》书中多当时之教令，特此篇明见篇名，最为可据耳。

教

《汉书·董仲舒传》云:"仲舒所著,皆明经术之意,及上疏条教,凡百二十三篇。"

上书　疏

〔《韩非子·存韩》篇云:"诏以韩客所上书,书言韩之未可举,下臣斯甚以为不然。"〕　案此乃附载李斯驳议韩客所上书,即指《存韩》篇也。非书内《初见秦》、《言难》,亦皆所上秦王书。《言难》篇首云"臣非非难言也",末云"愿大王熟察之也"。

〔《汉志》儒家"《贾山》八篇"〕　王氏《补注》引叶德辉曰:"本传惟载《至言》一篇,《传》云,孝文时言治乱之道,借秦为谕,名曰《至言》。其言谏文帝除铸钱,讼淮南无大罪,言柴唐子为不善,皆无其文,当在此八篇中。"

〔又"《贾谊》五十八篇"〕　王应麟《考证》云:"颜师古曰:'谊上疏可为太息者六,今三而止,盖《史》取其切要者。'考《新书》诸篇,其末缀以痛哭者一,流涕者二,太息者四,其余篇目或泛论事机,而不属于是三者,班固作传,分散其书,参差不一。总其大略:自'陛下谁惮而久不为此'已上,则取其书所谓宗首《数宁》、案《数宁》篇,班固录为首段,即所谓臣窃惟事势,可为痛哭者一,可为流涕者二,可为长太息者六也。"痛哭"《新书》作"痛惜"。《藩伤》、《藩强》、《五美》、自注"'一动而五业附',《新书》云'五美'。"《制不定》、《亲疏》、《危乱》,凡七篇而为之。自'天下之势方病大肿'以下,以为痛哭之说,与其书合。按此节乃《新书·大都》篇之后半,其前有"可痛惜"一段,《汉书》删去。至于流涕二说:其论足食劝农者,是其一也,按即《新书·无蓄》诗。而固载之《食货志》,不以为流涕之说也。论《制匈奴》,其实一事，凡有二篇，其一书以为流涕，《新书·威不信》篇有可为流涕语。其一则否，是与前所谓足食劝农而为二也。固既去其一，则以为不足，故又分《解县》、《匈奴》二篇，以为流涕之二。按《汉书》两流涕乃翦裁《新书》四篇为之。其前一节，乃《解县》及《威不信》二篇。后一节则《匈奴》及《势卑》二篇也。于《匈奴》篇删节尤甚。说庶人上僭，按即《孽产子》诗。礼貌大臣，按即《阶级》篇。皆其书所谓太息之说也。固从而取之，当矣；而其书又有《等齐》篇论当时名分不正，《铜布》篇论收铸铜钱，又皆其太息之说也，固乃略去《等齐》之篇不取，而以《铜布》之篇附于《食货志》，顾取《秦俗》、《经制》二篇，其书不以为太息者，则以为之。"案《治安策》中尚有"豫教太子"一段，凡分二节，前一节自"夏为天子"起，至"此时务也"止，乃《保傅》篇文。自"凡人之智能见已然"起，至"人主胡不引殷、周、秦事召观之也"，《新书》无之。古书残阙，事所恒有也。

案《汉书》谊本传所载《治安》之策，及《食货志》所载谊疏二篇，皆取之《新书》。而《治安策》一篇，乃班固取十数篇删节连缀为之，故首言"其大略曰"，赞言"凡所著述五十八篇，掇其切于世事者，著于传"也。王氏考之详矣。《传》尚有《请封建子弟疏》一篇，即《新书》之《益壤》篇；《谏封淮南诸子疏》一篇，即《新书》之《淮难》篇；其他《事势》诸篇，为《汉书》所不采者亦多是所上疏中语。《传》言"谊数上疏陈政事，多所欲匡建"，明所上不止此数篇，特不知其平生凡几上疏，而某一疏《新书》分为某某篇耳。后人习于读《汉书》之文，见其首尾连贯有条理，乃不谓《汉书》录《新书》，而反谓《新书》录《汉书》，《书录解题》卷九云："皆录《汉书》语，非《汉书》所有者，辄浅驳不足观。"可谓颠倒事实矣。《四库提要》卷九十一。又谓："决无摘录一段立一篇名之理，亦决无连缀十数篇合为奏疏一篇上朝廷之理。疑《过秦论》、《治安策》等，本皆为五十八篇之一，后原本散佚，好事者因取本传所有诸篇，离析其文，各为标目，以足五十八之数。"其说亦非。《新书》名"篇"不名"卷"，"篇"者简策之名。今《汉书》所录《治安策》，首尾凡六千四百八十八字，而六太息只存其三，是已明有刊落，颜师古所谓"取其切要者"也。况即所录取者，亦复多所删节，则其原疏，当有一万数千字，是岂一篇之简策所能容？既因其段落分为篇章，自不能不为之标目。古人书疏编入子书者，皆有篇名。贾山上书名曰《至言》，晁错上疏谓之《守边》、《备塞》、《劝农》、《力本》，并见本传，盖即《汉志》《贾山》八篇，《晁错》三十一篇中之篇名。《商君书》内如《算地》、《错法》、《来民》等篇，其文前后无首尾，中自称"臣"，疑亦是奏疏之底稿耳。《大戴礼·保傅》篇，即《新书》之《保傅》、《傅职》、《胎教》、《容经》四篇，而《保傅》篇实即《治安策》中之一节。何谓不可摘录一段立一篇名乎？陆贾《新语》为高祖述存亡之征，而分为十二篇。桓宽《盐铁论》，叙贤良文学与御史大夫、丞相史、御史等互相诘难，语气前后贯注，而分为六十篇。推之《子虚》、《上林》、《两京》、《三都》，亦皆以数篇相为首尾开阖。何谓不可连缀十数篇合为一篇乎？不通古书之体例，固不可与之论是非也。

〔《汉志》儒家"《钩盾冗从李步昌》八篇，宣帝时数言事"〕

案此八篇，盖皆其上书言事之文也。

〔又纵横家"《秦零陵令信》一篇，难秦相李斯"〕 案《文选·吴都赋》注，引秦零陵令上始皇帝书云："荆轲挟匕首，卒刺陛下,陛下以神武,扶榆长剑以相救。"是此一篇,乃其所上之书也。因与李斯相难,故上书言之,篇中引及荆轲之事。洪亮吉以为零陵令有上始皇书,又有难李斯书,见《晓读书斋二录》卷下。非是。

〔又"《徐乐》一篇,《庄安》一篇"。《补注》:沈钦韩曰:"皆见本传。"〕　案《汉书》为二人立传,独载其所上书一篇,了无一事可纪,亦不言有他著述,则此所著录,即其上书之稿,更无疑义也。

又案《汉志》儒家之刘敬、董仲舒、兒宽、公孙弘、终军、吾丘寿王、庄助,法家之晁错,纵横家之邹阳、主父偃,《汉书》皆有传;其传志中所载对策上书诸文,盖皆采之所著书中,以无确据,姑附著于此。

书

〔《鲁仲连子》《汉志》儒家十四篇。**有《遗燕将书》〕**　案书见《史记》本传。据《艺文类聚》卷六十。引《鲁连子》曰:"燕将城守数月,鲁仲连乃为书,著之于矢,以射城中遗燕将。燕将得书泣三日,乃自杀。"与《史记》合。杨倞《荀子·议兵》篇注,引《鲁连子》曰"弃感忽之耻,立累世之功",正此书中语。故严可均以为《史记》取之《鲁连子》,《全上古三代文》卷八。是也。

《燕丹子》有《与其传麹武书》,《麹武报书》。卷上。

〔《汉书·东方朔传》,刘向所录朔书,有《从公孙弘借车》〕　案《初学记》卷十八,《御览》卷四百十,共引有一节,又《艺文类聚》卷八十九引一节，皆题作《与公孙弘借车书》。

又案《古文苑》卷十有董仲舒《诣丞相公孙弘记室书》，疑亦在百二十三篇之内。

设论

〔《东方朔传》："朔因著论，设客难己，用位卑以自慰论。"〕 案据《传》末言，此文亦在朔书二十篇之内。其体本是杂文，源出于屈原之《渔父》，宋玉之《对问》，而屈、宋又仿《庄子》之寓言，故《文心雕龙·杂文》篇曰"自《对问》以后，东方朔效而广之"也。其后扬雄《解嘲》，复规抚之，作者继起，遂自成一体。《文选》题为设论，今姑仍之。

序

〔扬子《法言》有《自序》篇〕 案《庄子·天下》、《淮南·要略》，皆序也，但无序之名。其以自序入著述，始于司马迁《史记》，扬雄仿之。后此如魏文帝《典论》，葛洪《抱朴子》之类，皆有"自序"，不可胜数。又如班固《汉书》，谓之"叙传"，王充《论衡》，谓之"自纪"，王符《潜夫论》，谓之"叙录"，皆自序也。

颂

〔董仲舒《春秋繁露山川颂》第七十三〕 案此颂选入《古文苑》卷十二。

《汉志》儒家刘向所序六十七篇内有《列女传颂》。

论

〔《后汉书·何进传》注："太公《六韬》篇，第一《霸典文论》，第二《文师武论》。"〕 案《文心雕龙·论说》篇云："昔仲尼微言，门人追记，故抑其经目，称为《论语》。盖群论立名，始于兹矣。自《论语》已前，经无论字。《六韬》二论，后人追题乎?”二论即谓此二篇，今本只作《文韬》《武韬》，故黄叔琳注不得其解。

《荀子·天论》篇第十七，《正论》篇第十八，《礼论》篇第十九，《乐论》篇第二十。

《庄子·齐物论》第二。

〔《吕氏春秋》有《开春论》，《慎行论》，《贵直论》，《不苟论》，《似顺论》，《士客论》，凡三十六篇〕　案《文心雕龙》云：“庄周《齐物》，以论为名，不韦《春秋》，六论昭列。”

《东方朔书》有《非有先生论》。见本传。

〔《汉志》杂家“《荆轲论》五篇。轲为燕刺秦王，不成而死，司马相如等论之”〕　案王氏《考证》卷七云：“《文章缘起》：‘司马相如作《荆轲赞》。’《文心雕龙》：《颂赞》篇。‘相如属词，始赞荆轲。’”据其所考，则此“论”一作“赞”，未详孰是。

案贾谊《新书·过秦上》第一，《过秦下》第二，本无“论”字，昭明选入《文选》，题以为论。考《典论》已云：“余观贾谊《过秦论》。”左思《咏史诗》亦云，“著论准《过秦》，作赋拟《子虚》”，则此篇之得“论”名，其来旧矣。

箴

〔《汉志》儒家“扬雄所序三十八篇”。注云：“箴二。”〕

王氏《补注》：沈钦韩曰：“箴二下有脱字，后书《胡广传》：‘初扬雄依虞箴作十二州、二十五官箴，其九箴亡阙。’则雄见存应有二十八箴也。”陶宪曾曰：“《州箴》、《官箴》，合为箴二。”按陶说是也。今《古文苑》有雄箴二十八篇，但多杂入他人之作。

铭

〔《汉志》道家“《黄帝铭》六篇”〕

〔又杂家“孔甲盘盂二十六篇”〕 《文选》卷五十六《新刻漏铭》注引《七略》曰:“盘盂书者,其传言皇帝之史为之。孔甲,黄帝之史也。书盘盂中为诫法,或于鼎,名曰铭。”

对

〔《春秋繁露》《对膠西王越大夫不得为仁》第三十二,《郊祀对》第七十一〕 案《对膠西王》首云“命令相曰”,末云:“臣仲舒伏地再拜以闻。”《郊祀对》,《古文苑》选入卷十一,其篇首云:“廷尉臣汤昧死言:臣汤承制以郊事问故膠西相董仲舒。”末云:“臣犬马齿衰,赐骸骨,伏陋巷,陛下乃奉使九卿问臣以朝廷之事,臣愚陋曾不足以承明诏,臣仲舒冒死以闻。”

又案《汉志》儒家有《河间献王对》上、下,《三雍宫》三篇,杂家有《博士臣贤对》一篇,其体皆当如此,要亦奏疏之类耳。

以上所举各体,特随手掇拾,容有未尽,然即此已可见其大凡矣。刘师培曰:“西汉之时,总集、专集之名未立,隋、唐以上,诗集、文集之体未分。于何征之?观班《志》之叙艺文也,仅序诗赋为五种,而未及杂文。诚以古人不立文名,偶有撰著,皆出入《六经》诸子之中,非《六经》诸子而外,别有古文一体也。如论说之体,近人列为文体之一者也,然其体实出于儒家。自注引见后。书说之体,亦近人列为文体之一者也,然其体实出于纵横家。自注云:“如苏子,张子,蒯通,邹阳,主父偃之文,皆文章中之书说类也,而《汉志》咸列之纵横家中。”推之奏议之体,《汉志》附列于《六经》;自注云:“如《尚书》类列议奏四十二篇,《礼》类列议奏三十八篇,《春秋》类列议奏三十九篇,奏事二十篇,《论语》类列议奏二十篇。”敕令之体,《汉志》附列于儒家。按即指高祖及孝文传言之,已见前。又如传记、箴、铭亦文章之一体,然据班《志》观之,则传体近于《春秋》,自注云:“故太史公冯商所著书,列入《春秋》类。”记体近于古《礼》,自注云:“如《周官经》,《古佚礼》,大、小戴记,皆记体之先声。”箴体附于儒家,铭体附于道家。按即指扬雄《箴黄帝铭》,均见前。是今人之所谓文者,皆探源于《六经》诸子者也。故古人不立文名,亦不立集名。若诗赋诸体,则为古人有韵之文,源于古代之文言,故列于六艺九流之外;亦足证古人有韵之文,另为一体,不与他体相杂矣。”刘氏之说见所著《论文杂记》;分载乙巳年《国粹学报》,北京朴社有单行本。

吾前之所举,仅就诸子中名篇,与后世文体合者言之。刘氏则务究其源,与吾各明一义。合而观之,思过半矣。虽然,刘氏之论文,本于其乡人阮元,其说以为必有声韵对偶,出于沉思翰藻,而后谓之文,故往往流于门户之见,而不自觉,如其所举诸体,皆骈文古文之所共有。谓古人于《六经》诸子之外,更无古文一体,是也。不知又何尝别有骈文一体耶?若谓班《志》于诗赋有韵之文,别于六艺九流之外,不与他体相离,以见骈文乃在《六经》诸子外,自为一体。不知以《七略》中史部附《春秋》之例推之,则诗赋本当附入六艺诗家,故班固曰赋者古诗之流也。其所以自为一略者,以其篇卷过多,嫌于末大于本,故不得已而析出。此乃事实使然,与体制源流之说无与也。使诗赋而必不可与他体相杂也,则荀卿、东方朔之赋何为而入诸子也?使有韵之文而必不可与他体相杂也,则箴铭颂赞,何为而不入诗赋也?

古人之文,所以皆在六艺诸子之中,而不别为文集者,无他焉,彼以道术为体,而以文章为用,文章特其道术之所寄而已。自吟咏情性，登高能赋之外，未有无所为而为文者，章学诚所谓“古人未尝离事而言理也”。孙卿之赋，皆以发明其儒家之学，故编入所著书中。然赋分四家，孙卿其一，《汉志》分屈原赋、陆贾赋、孙卿赋、杂赋为四家。不可不见于《诗赋略》，故又别著于录。至于东方之学，兼儒墨，合名法，而诗赋不足名家，本传赞曰：“扬雄以为朔言不纯师，行不纯德，其流风遗书蔑如也。”即谓其学出杂家。而文章非所长，故颜师古曰：“言辞义浅薄，不足称也。”故惟录之杂家，而不以入诗赋。若“宋玉、唐勒、枚乘、司马相如，下至扬子云，竞为侈丽闳衍之词，没其风谕之义”，《汉志·诗赋略小序》语。则虽扬雄所作，不入儒家矣。此刘向辨章旧闻之义也。《志》又云：“大儒孙卿，及楚臣屈原，离谗爱国，皆作赋以风，咸有恻隐古诗之义。”此言二人均出于《诗三百篇》，但屈原究非儒家，故不与孙卿同例。

徐乐、严安，书止一篇，著录纵横。《汉书》诸传章奏多矣，何以不尽见于《志》，以此例彼，深以为疑。及读《文心雕龙·章表》篇云：“按《七略》《艺文》，谣咏必录。章表奏议，经国之枢机，然阙而不纂者，乃各有故事，而在职司也。”然后知其不列九流者，学不足以名家，而其文则副在官守，故不暇为之校雠著录也。古人之于条别学术，可谓严矣。

刘氏又曰：“九家之中，凡能推阐义理，成一家者，皆为论体。互相辩难者，皆为辩体。儒家之中，如《礼记》《表记》、《中庸》各篇，皆论体也。《孟子·许行》等章，皆辩体也。即道家、法家、杂家、墨家之中，亦隐含论辩两体。宣口为说，发明经语大义亦为说。《汉志》于发明经义之文，即附于本经之下。又贾谊《过秦论》，亦列于《新书》，而《汉志》杂家，复有《荆轲论》五篇，皆论体之列于子者也。”此即前条“论说之体出于儒家”句下注。余谓周、秦诸子，皆有以自名其学，而思以其道易天下，故无不窥世主之好恶，度时君之所能行以为之说，其达而在上，则其条教书疏，即其所著书。其穷而在下，则与其门弟子相与讲求之，或著之简策，或传之口耳，从游者受而记焉。《庄子·天下》篇之论宋钘、尹文曰："上说下教，强聒而不舍也。"夫上说者，论政之语也，其体为书疏之类。下教者，论学之语也，其体为论说之类。凡古人自著之文，不外此二者。其他纪载言行，解说义理者，则后学之所附益也。贾谊《过秦》，本是泛论秦事，与其论时政诸疏，同为编次，而后世标之以论。故知诸子之文，以论为最多矣。

《论衡·对作》篇曰："或曰：'圣人作，贤者述，以贤而作，非也。《论衡》、《政务》，亦王充所著书名。可谓作者。'曰：'非作也，亦非述也，论也。论者，述之次也。五经之兴，可谓作矣；《太史公书》、刘子政《序》、班叔皮《传》，可谓述矣。桓君山《新论》、邹伯奇《检论》，可谓论矣。今观《论衡》、《政务》，桓、邹之二论也，非所论作也。'"又曰："汉家极笔墨之林，书论之造，汉家为多。"是汉人多命所作子书为论也。自桓宽《盐铁论》已开其先。其汉、魏两代人著书，见于《隋志》者，儒家有桓谭《新论》、王符《潜夫论》、王逸《正部论》、周生烈《要论》、魏文帝《典论》、徐幹《中论》、王肃《正论》、王粲《去伐论集》、见新、旧《唐书·艺文志》。杜恕《体论》、袁准《正论》、孙毓《古今通论》；道家有任嘏《道论》；法家有崔寔《正论》、刘邵《法论》、刘廙《政论》、阮武《正论》、桓范《世要论》；名家有卢毓《九州人士论》，又《通古人论》；不著名氏。杂家有王充《论衡》、蒋济《万机论》、杜恕《笃论》、锺会《刍荛论》。自晋以下不计也。论文之源，出于诸子，则知诸子之文，即后世之论矣。

周、秦诸子，以从游之众，传授之久，故其书往往出于后人追叙，而自作之文，乃不能甚多。汉初风气，尚未大变。详《辨附益》篇。至中叶以后，著作之文儒，弟子门徒，不见一人，凡所述作，无不躬著竹帛。如《东方朔书》之类，乃全与文集相等。篇目具在，可复案也。及扬雄之徒，发愤著书，乃欲于文章之外，别为诸子。子书之与文集，一分而不可复合。然愈欲自成一家，而其文乃愈与词赋相近。当于下篇详论之。

汉魏以后诸子

周、秦以及西汉初年诸子，或自著，或追记，或自著与追记相杂揉，其体例至为不一。就自著者言之，大抵不外两种：一书疏，一论说也。其平生随时随事所作之文词，即是著述，未闻有自薄其文词，以为无关学术，而别谋所以自传之道者也。自汉武帝以后，惟六艺经传得立博士。其著作之文儒，则弟子门徒，不见一人，身死之后，莫有绍传。《论衡》语见前。故其时诸家著述，有篇目可考者，如东方朔、徐乐、庄安等，乃全类后世之文集。然九流之学，尚未尽亡，朔等或出杂家，或出纵横，考其文词，可以知之，故犹得自成一子。自是以后，诸子百家，日以益衰。而儒家之徒，亦流而为章句记诵。其发而为文词，乃独出于沉思翰藻。而不复能为一家之言。一二魁儒硕学，乃薄文词为不足为，而亟亟焉思以著述自见矣。

《汉志》有《诗赋略》而无文集。《隋志》云："别集之名，盖汉东京之所创也。"然余则疑西京之末，即已有之。何者？刘向著作，见于《汉志》者，有《尚书》家之《五行传记》，道家之《老子说》，儒家之《新序》、《说苑》、《世说》、《列女传颂图》，《诗赋略》之刘向赋。三十三篇。扬雄著作见于《汉志》者，有小学家之《苍颉训纂》，儒家之《太玄》、《法言》、《乐》、《箴》，《诗赋略》之扬雄赋，十二篇。皆非杂文。若《汉书》所录诸封事，及《扬雄传》所载雄自叙，《匈奴传》所载雄上书，《元后传》所引莽诏雄作诔，全文见《艺文类聚》卷十五，《古文苑》卷二十。不知当载于何书。王氏《汉志补注》,引陶绍曾说,据《说文》所引,谓《解嘲》古亦谓之赋,当在十二篇中,是也。虽《文心雕龙》谓章表、奏议“各有故事,而在职司”。然二人非碌碌者流,不应无人为之收拾。况向之忠言嘉谟,篇章甚富乎。《金楼子·立言》篇曰:“诸子兴于战国,文集盛于二汉。”故疑西京之末,已有别集。班固录扬、刘之文,即就本集采掇之耳。《司马相如传》云:“相如它所著,若《遗平陵侯书》、《与五公子相难》、《屮木书篇》不采,采其尤著公卿者云。”而《汉志》仅有司马相如《赋》二十九篇,疑本传所载《谏猎书》、《封禅文》及此诸篇,皆在其内。盖相如固诗赋家也。

刘向本传言:“向采取《诗》、《书》所载,次序为《列女传》,及采传记行事,著《新序》、《说苑》。”而向所作《列女传叙录》,则只谓“臣向与黄门侍郎歆所校《列女传》,种类相从为七篇”。《初学记》卷二十五,《御览》卷七百一引。《说苑叙录》云:“所校中书《说苑》杂事,及臣向书,民间书,除去与《新序》复重者,其余者浅薄不中义理,别集以为百家,更以造新事十万言以上,号曰《新苑》。”见宋本《说苑》,亦见《全汉文》卷三十七。则此三书,皆非向所创造,特虽采自古书,而能自以义法部勒之,故得为一家之言。向自作之文,以《七略》之义例推之,自当著录于儒家。班固因其非向所自定,故不入录。若扬雄则固不自以所作之文为儒家也。

《法言·吾子》篇云:“或问吾子少而好赋。曰:‘然。童子雕虫篆刻,壮夫不为也!’或曰:‘赋可以讽乎?’曰:‘讽则已,不已,吾恐不免劝也。’”雄自叙其作《太玄》之意云:“雄以为赋者,将以风也。必推类而言,极丽靡之辞,闳侈钜衍,竞于使人不能加也;既乃归之于正,然览者已过矣。往时武帝好神仙,相如上《大人赋》以风,帝反缥缥然有凌云之志。繇是言之,赋劝而不止,明矣。又颇似俳优淳于髡、优孟之徒，非法度所存。贤人君子，诗赋之正也。于是辍不复为，而大潭思浑天。”见《汉书·扬雄传》，即雄自叙也。不知雄自好丽靡之辞，故流入于俳优耳。使雄能如“诗人之赋丽以则”，而不没其风喻之义，则荀卿之赋，何尝不可入儒家之书耶？况赋出于《三百篇》，古人所以专对四方，故曰：“登高能赋，可以为大夫。”《汉志》引《传》曰，按见《毛诗·定之方中传》。诗赋自别为一家之学，何必壮夫不可为？子云欲为西道孔子，《意林》卷三引《新论》：“张子侯曰：扬子云西道孔子也。”乃拟《易》，拟《论语》，刻画以求其似。其文愈工而其去古之立言者愈远。杨德祖曰：“今之赋颂，古诗之流，不更孔公，风雅无别耳。修家子云，老不晓事，强著一书，悔其少作。”《文选》杨德祖《答临淄侯牋》。诚哉其不晓事也！

《自叙》又言：“雄见诸子各以其知舛驰，大氐诋訾圣人，既为怪迂、析辩、诡辞以挠世事，虽小辩终破大道。而或众使溺所闻，而不自知非也。及太史公记六国，历楚、汉，记麟止，不与圣人同，是非颇缪于经。故人时有问雄者，常用法应之，譔以为十三卷，象《论语》，号曰《法言》。”雄之所以自命者绝高，然大抵欲与孔子争名耳。凡雄所作，皆有所规模，亦步亦趋，得其形似。《周易》及《论语》，体制本不与诸子同，雄既拟此二书，故其平生所作之文，乃不见于著作之中；亦因雕虫篆刻，不可以入子书也。究之以艰深之词，浅陋之说，与雕虫篆刻，固无以大异。本欲度越诸子，而其书乃不逮诸子远甚。盖歧文章与著述而二之，自雄始矣。昔人论《太玄》《法言》之语，详见《经义考》卷二百六十八及二百七十八。

东汉以后，文章之士，耻其学术不逮古人，莫不笃志著述，欲以自成一家。流风所渐，魏、晋尤甚。曹子建之在建安，一时独步。然其《与杨德祖书》云：“吾虽德薄，位为蕃侯；犹庶几戮力上国，流惠下民，建永世之业，留金石之功。岂徒以翰墨为勋绩，辞赋为君子哉？若吾志未果，吾道不行，则将采庶官之实录，辩时俗之得失，定仁义之衷，成一家之言。虽未能藏之于名山，将以传之于同好。非要之皓首，岂今日之论乎？”植年四十一而薨，竟不至于皓首，故其所志不就。然观其言，知其不以能翰墨、工辞赋自满也。魏文帝《与吴质书》云：“伟长著《中论》二十余篇，成一家之言。辞义典雅，足传于后；此子为不朽矣。”又《典论·论文》云：“融等已逝，唯幹著论，成一家言。”此上所引并见《文选》。于建安七子中独盛推徐幹者，以其辞赋之外，能自成著作也。此足见当时之重诸子而薄文章矣。又《与王朗书》云：“生有七尺之形，死惟一棺之土，惟立德扬名，可以不朽。其次莫如著篇籍，故论撰所著《典论》、诗赋，盖百余篇。”《魏志·文帝纪》注引。以储君之尊，擅诗赋之美，而犹自撰书论。至明帝乃诏三公，以为“先帝昔著《典论》，不朽之格言，其刊石立于庙门之外。”亦见《魏志·文纪》注。然不闻并刊诗赋，其重视子书可知矣。

晋葛洪《抱朴子·自叙》云：“先所作子书内外篇，幸已用功夫，聊复撰次，以示将来云尔。”又云：“洪年二十余，乃计作细碎小文，妨弃功日，未若立一家之言，乃草创子书。会遭兵乱，流离播越，有所亡失。连在道路，不复投笔十余年。至建武中乃定，时年三十六。凡著《内篇》二十卷，《外篇》五十卷，碑颂诗赋百卷，军书、檄移、章表、笺记三十卷。又撰俗所不列者为《神仙传》十卷，又撰高尚不仕者为《隐逸传》十卷，又抄五经、七史、百家之言、兵事、方技、短杂奇要三百十一卷，别有目录。”又云：“念精治五经，著一部子书，令后世知其为文儒而已。”洪本传称其“博闻深洽，江左绝伦，著述篇章，富于班、马。”观洪之自叙，可谓富矣。汉人上书一篇，即可自为一家。洪所作诗赋杂文，过之百倍，岂犹不得为文儒？而洪以为未足，再三致意于子书，且以细碎小文妨弃功日，是可见魏、晋人之厌薄其文矣。

魏桓范《世要论·序作》篇曰："夫著作书论者，乃欲阐弘大道，述明圣教，推演事业，尽极情类，记事贬非，以为法式，当时可行，后世可修。且古者富贵而名贱废灭，不可胜记。惟篇论俶傥之人为不朽耳。夫奋名于百代之前，而流誉于千载之后，以其览之者有益，闻之者有觉故也。岂徒转相放效，名作书论，浮辞谈说，而无损益哉？而世俗之人，不解作体，而务泛滥之言，不存有益之义，非也。故作者不尚其辞丽，而贵其存道也。不好其巧慧，而恶其伤义也。故夫小辩破道，狂简之徒，斐然成文，皆圣人之所疾矣。"观范之持论，盖谓著书者以明道为尚，不以能文为高。东汉以后，文词渐趋华藻，虽所作诸子，亦皆辞丽巧慧，故范以为小辩破道。然而当时文士，其学本无专门传受，强欲著书以图不朽。谈道初无异致，而行文正其所长。故虽欲于文章之外别作子书，而卒不免文胜其质，转不如西汉人之即以文章为著作，尚去周、秦不远也。

《汉书·儒林传》曰："自武帝立五经博士，开弟子员，设科射策，劝以官禄，讫于元始，百有余年，传业者浸盛，支叶蕃滋。一经说至百余万言。大师众至千余人。盖禄利之路然也。"由此言之，则学问之道，亦正赖功名为之驱使，汉人经术之盛，因其能发策决科，而诸子不立博士，故其学日以益微。古之九流，且无专门授受，况时人自作之子书乎？故《扬雄传》言："刘歆谓雄曰：'空自苦！今学者有禄利，然尚不能明《易》，又如《玄》何？吾恐后人用覆酱瓿也。'"《论衡·齐世》篇亦言："子云作《太玄》、《法言》，张伯松不肯一观。"观之且不肯，安肯传其书。故当时受其学者，仅一侯芭而已。《雄传》言巨鹿侯芭,常从雄居,受其《太玄》、《法言》焉。《论衡·案书》篇云:"子云作《太玄》,侯铺子随而宣之。"《论衡·书解》篇云:"文儒之业,卓绝不循,人寡其书,业虽不讲,门虽无人,书文奇伟,世人亦传。"然则汉人子书,初无门人受业,其书之幸而得传者,端赖文章之奇伟。此所以汉、魏以后诸子,无不肇悦其文词也。

《论衡》言:"汉家极笔墨之林,书论之造,汉家尤多。"详见前篇。桓范论子书,亦谓之著作书论,故汉以后著作名为"子书",其实"论"也。《文心雕龙·诸子》篇云:"陆贾《典语》,贾谊《新书》,扬雄《法言》,刘向《说苑》,王符《潜夫》,崔寔《政论》,仲长《昌言》,杜夷《幽求》,咸叙经典,或明政术,虽标论名,归乎诸子。何者?博明万事为子,适辨一理为论。"刘勰之言欲使"论"与"子"分,然汉、魏子书,大抵适辨一理而已,未见其能博明万事也。其间虽如王充《政务书》,以其上郡守之奏记,题为备乏禁酒,见《论衡·对作》篇,今《论衡》无此二篇,知在所作《政务书》中。傅玄选入著作,撰集《魏书》,亦以其史传之稿,编入《傅子》,《傅子》四卷,严可均辑本,编入《全晋文》。颇有西汉以前人以文章为著作之意。然他家率皆论语居多,书疏殊寡。至于门人笔记,则尤绝无而仅有矣。详观子部体制之变迁,亦可知古今学术之得失矣。

东汉以后,以儒立教,以农立国,故所著子书,惟儒家著作得其近似。农家如《齐民要术》之类,亦出儒者之手。道家以魏、晋人重《老》、《庄》,作者较繁,然亦惟传注义疏之类多。若《参同契》、《抱朴子·内篇》之流,名为道家,实则神仙家言耳。法家若崔寔、刘廙之《政论》,桓范之《世要论》,皆本儒术,与管、商、申、韩之说异。至如《唐律》《疑狱集》之类,旧皆入史部刑法,其入之法家者,后人以意为之耳。名家惟有刘邵《人物志》,意在论辨人才,分别流品,与邓析、公孙龙之学不同。墨家无新著。纵横家仅《唐志》有梁元帝《补阙子》，已无一字之存。杂家者“兼儒墨，合名法，知国体之有此，见王治之无不贯”，故必杂取各家之长，如《吕览》、《鸿烈》而后可。后世杂家，若《抱朴子·外篇》、刘子《新论》之兼道家，《金楼子》、《颜氏家训》之兼释家，《长短经》之兼纵横家，此特于儒家之外，有所兼涉耳，未尝博综以成一家之学也。其他号称杂家者，大抵小说、类书之流耳。小说一家，《汉志》已不列九流，而后世之作，又不与稗官同，作者亦未尝自拟古子，故名则是而实则非也。《隋志》以后，无阴阳家之目。后世之所谓阴阳五行者，于《汉志》当属《数术略》。兵书，《汉志》自为一略，医家属方技，皆不名诸子。然则古之诸子号称九流者，东汉以后，惟有儒家耳。其他诸家，大率以别子旁宗入继，非其嫡系。必求其学之所自出，几于无类可归，目录家自以其意，强为分隶。而魏、晋以后儒家，名为子书，实则词章，章学诚所以有伪体子书之讥也。《文史通义·诗教下》。

古书多造作故事

昔者孔子作《春秋》，有"所见异辞"、"所闻异辞"、"传闻异辞"之例，见《公羊》桓二年《传》。而孟子亦言"尽信书不如无书"，《孟子·尽心下》。史书记事不能尽实，势之所必至也。自宋以后，雕版盛行，著书甚易。士大夫把弱翰，赍油素，有所闻则记之。以当时之人，叙当时之事，宜乎所作皆成信史。然而宋人李大性有《典故辨疑》，二十卷，书不传，自序见《通考》卷二百，专辨私史之误。李心传有《旧闻证误》，原书十五卷已佚，四库馆自《永乐大典》辑出，编成四卷，《函海》有刻本。《提要》云："凡所见私史小说，上自朝廷制度沿革，下及岁月之参差，姓名之错互，皆一一详征博引，以折衷其是非。"明人王世贞有《史乘考误》，十一卷在《弇山堂别集》内。潘柽章有《国史考异》，六卷，辨《明实录》及私史之误，潘祖藩刻入《功顺堂丛书》。此皆勒为专书，裒然成帙者。其他一篇半简，偶有考订，散见群书，不知凡几。宋、明之世，著作之弊，尚复如此，况在周、秦以前，简册繁重，口说流行，展转传讹。郢书燕说，固当什百于今。故孟子辟好事之说，王充著《书虚》之篇，惜其辨之犹不能尽耳。

夫左史记动，右史记言，既是据事直书，故其立言有体。其或载笔偶疏，大抵传闻致误。如"王沈《魏录》，滥述贬甄之诏；陆机《晋史》，虚张拒葛之锋。秦人不死，验符生之厚诬；蜀老犹存，知诸葛之多枉"。《史通·曲笔》篇。是则毁誉任情，高下在手，用舍由乎臆说，威福行乎笔端，有愧“三长”，殊难更仆。然必影附事迹，历叙源流，既皆实有其人，固非绝无可考。曲折虽多，因缘终在。但词气之间，略存轩轾耳，未有假设甲乙，借定主宾，纯搆虚词，羌无故事者也。若夫诸子短书，百家杂说，皆以立意为宗，不以叙事为主；意主于达，故譬喻以致其思；事为之宾，故附会以圆其说；本出荒唐，难与庄论。惟儒者著书，较为矜慎耳。而或者采彼寓言，认为实录，如马贞之补史迁，刘恕之修《外纪》，罗泌之侈谈邃古，宛斯之追纪三代，是皆见欺于古人，不免贻讥于来者矣。

是故诸子之书，百家之说，因文见意，随物赋形。或引古以证其言，或设喻以宣其奥。譬如童子成谣，诗人咏物，兴之所至，称心而谈。若必为之训诂，务为穿凿，不惟事等刻舟，亦且味同嚼蜡矣。夫引古不必皆虚，而设喻自难尽实，彼原假此为波澜，何须加之以考据。推求其故，约有七端：

一曰：托之古人，以自尊其道也。《韩非子·显学》篇曰：“儒分为八，墨离为三，取舍相反不同，而皆自谓真孔、墨。孔、墨不可复生，将谁使定后世之学乎？孔子、墨子，俱道尧、舜，而取舍不同，皆自谓真尧、舜。尧、舜不复生，将谁使定儒墨之诚乎？殷、周七百余岁，虞、夏二千余岁，而不能定儒墨之真。今乃欲审尧、舜之道于三千岁之前，意者其不可必乎？无参验而必之者，愚也；弗能必而据之者，诬也。故明据先王，必定尧、舜者，非愚则诬也，愚诬之学，杂反之行，明主弗受也。”案《荀子·非十二子》篇曰：“略法先王而不知其统，犹然而材剧志大，闻见杂博，案往旧造说，谓之五行；甚僻违而无类，幽隐而无说，闭约而无解，案饰其辞而祇敬之曰：‘此真先君子之言也。’子思唱之，孟轲和之，世俗之沟犹瞀儒，讙讙然不知其非也，遂受而传之，以为仲尼、子游为兹厚于后世，王先谦《集解》引郭嵩焘曰："荀子屡言仲尼、子弓，不及子游，本篇后云子游氏之贱儒，与子张、子夏同讥，则此子游必子弓之误。"是则子思、孟轲之罪也。"荀子谓子思、孟子所言，皆非孔子之真，则必自以为真孔子矣，孔子不复生，何由定其真与伪？韩非子之言，未必非为其师而发。八儒有孟氏之儒，有孙氏之儒，顾广圻谓孙氏即孙卿。荀子之诋思、孟，虽不必当其罪；然足见八儒所传孔子之说，取舍相反不同，以其不同而相攻也。夫岂独儒墨之道尧、舜、孔、墨者不同耶，即百家之言数术、方伎者，亦皆自以为真黄、农；道家之言清静神仙者，皆自以为真老子；释氏之教宗禅宗，亦皆以为真佛；推之其他学术，凡有宗派者，莫不皆然。盖其始有得其一偏者，有传之久而失其初意者，有以私意妄为推测者，又其甚则直假借以为号召，杜撰以欺人者。莫不案饰其辞，而祗敬之曰："古圣人之言行如此如此也。"哄然聚讼，终竟无以相胜，则亦各尊所闻，各行所知而已。

二曰：造为古事，以自饰其非也。昔周人相传有伊尹割烹要汤之说，孟子辨之。翟灏曰："按吕不韦书有《本味》一篇，言有侁氏得婴儿于空桑之中，令烰人养之，是为伊尹。汤请有侁为婚，有侁以伊尹为媵送女。尹说汤以至味，极论水火调剂之事，周举天下鱼肉之美，菜果之美，和之美，饭之美，水之美者，而云非为天子不得具，割烹要汤之说，无如此篇之详尽者。其文若果之美者，箕山之东有卢橘，应劭《史记注》引之。饭之美者，元山之禾，许慎《说文》引之，所称书目俱不曰《吕览》，而曰《伊尹》。考班固《艺文志》有《伊尹》二十七篇，列于小说家，盖吕氏聚敛群书为书。所谓《本味》篇，乃劖自《伊尹说》中，故汉人之及见原书者，犹标著其原目如此。夫小说之怪诞猥鄙，何足挂唇，而其时枉己辱身之徒，援以自卫，津津乐道，至辗转传闻于孟子之门，又乌可不辨论哉？"余谓伊尹之时，去周已远，此事出于战国时游说之士之所传述，可以断言，翟氏谓枉己辱身者援以自卫，得其情矣。又有“孔子主癰疽与待人瘠环”之说，孟子援孔子之拒弥子瑕以辨之，而后世复有孔子因弥子瑕之说。翟氏曰：“案弥子欲借重孔子，孔子拒之，此文甚明。吕氏《慎大览》乃云：‘孔子道弥子瑕见厘夫人，因也。’《淮南・泰族训》亦云：‘孔子欲行王道，七十说而无所偶，故因卫夫人、弥子瑕而欲通其道。’当时之谤孔子者，且不仅造为癰疽瘠环言矣。”翟氏说均见《四书考异》卷三十一。余谓此非谤孔子也，乃借孔子以自饰其非也。以为如孔子之为人，尚因欲行其道，不惜自污，则枉尺直寻，宜若可为。吾虽吮癰舐痔，亦可以免于讥矣。《孔丛子・答问》篇曰：“今世人有言高者，必以极天为称，言下者，必以深渊为名，是资势之谈，而无其实者也，好事而未凿也，必言经以自辅，援圣以自贤，欲以取信于群愚而度其说也。”若诸子之书，其义皆然。是则孟子所谓好事者为之者，古人已推明其故矣。

三曰：因愤世嫉俗，乃谬引古事以致其讥也。《后汉书・孔融传》曰：“初，曹操攻屠邺城，袁氏妇子多见侵略，而操子丕纳袁熙妻甄氏。融乃与操书，称‘武王伐纣以妲己赐周公。’操不悟，后问出何经典；对曰：‘以今度之，想当然耳。’”诸子百家之中，类此者不乏其例。朱一新《无邪堂答问》卷四云：“子书虚造故事，如巢、许洗耳挂瓢之类，乃借以讥战国攘夺之风，并非事实，故史公于许由深致疑词，庄生所谓寓言十九也。”

四曰：心有爱憎，意有向背，则多溢美溢恶之言，叙事遂过其实也。《记》曰：“故好而知其恶，恶而知其美者，天下鲜矣！”《论语》曰：“纣之不善，不如是之甚也，是以君子恶居下流，天下之恶皆归焉。”《风俗通・正失》篇记刘向对成帝论汉文帝事云：“世之毁誉，莫能得实，审形者少，随声者多，或至以无为有。故曰：'尧、舜不胜其善，桀、纣不胜其恶。'桀、纣非杀父与君也，而世有杀君父者，人皆无道如桀、纣，皆字下疑脱一"言"字。此不胜其恶，故若文帝之仁贤，不胜其善，世俗褒扬谓其德比成王，治几太平也。"《论衡·艺增》篇云："世俗所患，患言事增其实。著文垂辞，辞出溢其真，称美过其善，进恶没其罪。何则？俗人好奇，不奇，言不用也，故誉人不增其美，则闻者不快其意，毁人不益其恶，则听者不惬于心。闻一增以为十，见百益以为千，使夫纯朴之事，十剖百判，审然之语，千反万畔。墨子哭于练丝，杨子哭于歧道，盖伤失本，悲离其实也。蜚流之言，百传之语，出小人之口，驰闾巷之间，其犹是也。诸子之文，笔墨之疏，人贤所著，妙思所集，宜如其实。犹或增之。傥经义之言，如其实乎。言审莫过圣人，经艺万世不易，犹或出溢，增过其实。增过其实皆有事。为不妄乱，误以少为多也。"《论衡》此篇，所举经艺中以少为多之语，如"协和万国""鹤鸣九皋"之类，乃古人修辞通例。汪中《述学》中《释三九文》，及刘师培《古书疑义举例补》中《虚数不可实指例》，释之甚详。王充不达其旨，条举辨驳，转觉辞费，且与前半篇之意亦不合，兹不具论。夫刘向所谓随声毁誉，王充所谓俗人好奇，皆指不明掌故者侈口妄谈，涂泽粉饰，添枝附叶，取快一时。载笔者不察，从而实之，所谓"俗语不实，流为丹青"也。《中论·贵验》篇云："谤言也，皆缘类而作，倚事而兴，加其似者也。"倚类而加其似，则其是非犹不大相远，虽不免溢美溢恶，然其人实有美恶可指，传者乃稍甚其辞，故尚不失好恶之公。特其失实而远于事情者，不可不辨耳。然而世人喜言人之恶，恶称人之美。《新论·伤谗》篇曰："誉者，扬善之枢也；毁者，宣恶之机也。扬善生于性美，宣恶出于情妒。性善以成德为恒，情妒以伤人为务。故誉以论善，即辞以极善为功，毁以誉过，则言以穷恶为巧。何者？俗人好奇，不奇不用也。誉人不增其义，则闻者不快于心，毁人不溢其恶，则听者不满于耳。代之善人少，而恶人多，则誉者寂寞，而谗者喧哗，是以洗垢求痕，吹毛觅瑕，挥空成有，转白为黑，提轻当重，引寸至尺。墨子所以悲素丝，杨朱所以泣歧路，以其变为青黄，迴成左右也。”刘子此论，全本《论衡》而其意不同。盖彼所指者出于无心，而此所斥者，成于有意也。夫至于转白为黑，则几于无是非之心矣，然而古今人著书立说，似此者亦正多。如魏收作《魏书》，“夙有怨者，多没其善，每言‘何物小子，敢共魏收作色’，举之则使升天，按之则使入地”。见《北齐书·魏收传》。作史且然，况于诸子传记，不以记事为职者乎？若夫为学不同，操术复异，则笔诛口伐，甚于敌国。皆务道人之短，形己之长，如儒、墨之相攻，老、释之相轧。其丑诋之辞，乌可尽信哉！

五曰：诸子著书，词人作赋，义有奥衍，辞有往复，则设为故事以证其义，假为问答以尽其辞，不必实有其人，亦不必真有此问也。《孝经序》正义引刘炫《述义》曰：“炫谓孔子自作《孝经》，本非曾参请业而对也。夫子运偶凌迟，礼乐崩坏，名教将绝，特感圣心，因弟子有请问之道，师儒有教诲之义，故假曾子之言以为对扬之体，乃非曾子实有问也。若疑而始问，达以申辞，则曾子应每章一问，仲尼应每问一答。按经，夫子先自言之，非参请也。诸章以次演之，非待问也。且辞义血脉，文连旨环，而开宗题其端绪，余章广而成之，非一问一答之势也。理有所极，方始发问，又非请业请答之事。首章言‘先王有至德要道’，则下章云‘此之谓要道也，非至德其孰能顺民？’皆遥结首章，答曾子也。俞樾曰：“按答字上疑夺非字。”举此为例，凡有数科。必其主为曾子言，首章答曾子已了，何由不待曾子问，更自述而明之。且首起曾参侍坐，与之论孝，开宗明义，上陈天子，下陈庶人，语尽无更端，于曾子未有请，故假参叹孝之大，又说以孝为理之功。理，治也，此唐人避讳所改。邢《疏》因之，未及改回。说之已终，欲言其圣道莫大于孝，又假参问，乃说圣人之德不加于孝。在前论敬顺之道，未有规谏之事，故须更借曾子言，陈谏诤之义。此皆孔子须参问，非参须问孔子也。庄周之斥鷃笑鹏，罔两问影，屈原之渔父鼓枻，太卜拂龟，马卿之乌有、亡是，扬雄之翰林、子墨，宁非师祖制作，以为楷模者乎？”俞樾《古书疑义举例》引入卷三《寓名例》中云：“刘氏此论，最为通达，似非博览周、秦古书，通于圣贤著述之体，未有不河汉斯言者。”余谓刘氏谓《孝经》为孔子自作，殊无以见其必然。然其言实妙达文章之理，宜俞氏之倾服也。考《庄子·寓言》篇云：“寓言十九，重言十七。”郭象注云：“寄之他人，则十言而九见信，世之所重，则十言而七见信。”《史记·庄子传》云：“著书十余万言，大抵率寓言也。作《渔父》、《盗跖》、《胠箧》，以诋訾孔子之徒，以明老子之术，畏累虚、亢桑子之属，皆空语无事实。”《索隐》引《别录》云：“又作人姓名，使相与语，是寄辞于其人，故庄子有《寓言》篇。”刘氏之论《孝经》，盖即从此悟入，后人著述中，亦有可与刘氏之言相为发明者，今并详征以资互证。《史通·杂说》篇曰：“自战国以下，词人属文，皆伪立主客，假相酬答：至于屈原《离骚》辞，称遇渔父于江渚，宋玉《高唐赋》，云梦神女于阳台。夫言并文章，句结音韵，以兹叙事，足验凭虚。而司马迁、习凿齿之徒，皆采为逸事，编诸史籍，疑误后学，不其甚耶？”又曰：“嵇康撰《高士传》，取《庄子》、《楚辞》二渔父事，合成一篇。夫以园吏之寓言，骚人之假说，而定为实录，斯已谬矣；况此二渔父者，较年则前后别时，论地则南北殊壤，而辄并之为一，岂非惑哉？”又曰：

"庄周著书，以寓言为主，嵇康述《高士传》，多引其虚辞。至若神有混沌，编诸首录，苟以此为实，则其流甚多。至如龟鳖竞长，蚿蛇相怜，鸒鸠笑而后言，鲋鱼忿以作色，向使康撰《幽明录》、《齐谐记》，并可引为真事矣。夫识理如此，何为而薄周、孔哉？"顾炎武《日知录》卷十九云："古人为赋，多假设之辞，序述往事，以为点缀，不必一一符同也，子虚、亡是公、乌有先生之文，已肇相如矣；后之作者，实祖此意。谢庄《月赋》：'陈王初丧应、刘，端忧多暇。'又曰：'抽毫进牍，以命仲宣。'按王粲以建安二十一年从征吴，二十二年春道病卒，徐、陈、应、刘一时俱逝，亦是岁也。至明帝太和六年，植封陈王，岂可掎摭史传，以议此赋之不合哉？庾信《枯树赋》，既言殷仲文出为东阳太守，乃复有桓大司马，亦同此例。原注：仲文为桓玄侍中，桓大司马，则玄之父温也。此乃因殷仲文有此树婆娑之言，桓元子有木犹如此之叹，二事凑合成文。而《长门赋》所云陈皇后复得幸者，亦本无其事，俳谐之文，不当与之庄论也。"又云："陈后复幸之云，正如马融《长笛赋》所谓'屈平适乐国，介推还受禄'也。"按马赋云："屈平适乐国，介推还受禄，澹台载尸归，皋鱼节其哭，长万辍逆谋，渠弥不复恶，蒯聩能退敌，不占成节鄂。"凡八句，皆反言之，本无其事。黄汝成《集释》引杨氏曰：杨氏名宁，曾校《日知录》。"《庄子》：'孔子见孙叔敖'，又云：'庄子见鲁哀公'，年代阔绝。古人作文，既多寓言，便不论也。"愚案后人如符朗著书，全学庄子，《晋书》本传云：著《符子》数十篇行于世，亦老庄之流也。《隋志》道家有《符子》二十卷，书亡于宋，严可均《全晋文》一百五十二辑其遗文为一卷。名托古人，事皆乌有。而罗泌、马骕二家，采之类书，引入著述，或信为实然，或辨其附托。不知其为畏累虚、亢桑子之流，本自空语无事实。信之者固是受欺，辨之者亦殊多事也。必以此为例，则明人刘基著《郁离子》，凡其叙事立言，皆托诸春秋战国，亦可引以注《史记》、《国策》耶？

六曰：古人引书，唯于经史特为谨严，至于诸子用事，正如诗人运典，苟有助于文章，固不问其真伪也。《乐记》曰："昔者舜作五弦之琴，以歌《南风》。"郑《注》云："其辞未闻。"王肃《圣证论》引《尸子》及《家语》以难郑，马昭云："《家语》王肃所增加，非郑所见，又《尸子》杂说，不可取证正经，故言未闻也。"见孔疏。颜师古《汉书·高祖纪》注云："史家不详著高祖母之姓氏，无得记之，至于皇甫谧等，妄引谶记，好奇骋博，强为高祖父母名字，皆非正史所说，盖无取焉。"又《匡衡传》注云："今有《西京杂记》者，其书浅俗，出于里巷，多有妄说，乃云'匡衡小名鼎'，盖绝知者之听。"夫《尸子》之记《南风》，言非诡诞，葛洪之撰《西京》，词有据依，而康成以为未闻，师古摈之绝听，岂非以诸子杂记，难可胜信乎？昔太史公作《五帝本纪》，不信百家之言，作《大宛传》，不信《山海经》、《禹本纪》，史家实录，当如是矣。若夫《吕氏春秋》、《淮南子》之类，援引故事，掇拾残篇，莫不利钝杂陈，疑信参半，盖采之诸子，自成一家，聊用古书，助成己说，既取神而遗貌，亦得意以忘言，本非考据者流，故能游方之外也。又如《韩诗外传》、《新序》、《说苑》之类，述多于作，事广于言，乍观其体，颇类史书，细按其文，殊乖事实。牴牾莫保，讹谬滋多。良由韩婴之传，本为释经，更生之书，将以进御。故其采传记也，所以陈古以戒今；《汉书·刘向传》云："采传记行事著《新序》、《说苑》凡五十篇奏之。"其采杂说也，所以断章而取义。《汉书·艺文志》云："汉兴，鲁申公为诗训故，而齐辕固、燕韩生皆为之传，或取《春秋》采杂说，咸非其本义。"意有所在，言岂一端？若责以史氏之成规，绳以《春秋》之书法，则失古人著书之意矣。《史通·杂说》篇曰："刘向造《洪范五行》及《新序》、《说苑》、《列女》、《神仙》

诸传,《神仙传》即《列仙传》,避上文"列女"字改为"神仙"。《列仙传》非向所作,知几考之不详。皆广陈虚事,多构伪辞,非其识不周而才不足,盖以世人多可欺故也。夫传闻失真,书事失实,盖事有不获已,人所不能免也。至于故为异说以惑后来,则过之尤甚者矣。"夫刘向之书,事采旧闻,辞非己出,将欲悟主,何至欺人?知几以寻章摘句之技,为引绳切墨之谈,虽曰言皆有据,终嫌智类拘墟也。朱一新曰:"诸子书发摅己意,往往借古事以申其说,年岁舛谬,事实颠倒,皆所不计,后世为词章者,亦多此体。至刘子政作《新序》、《说苑》,冀以感悟时君,取足达意而止,亦不复计事实之舛误也。盖文章体制不同,议论之文,源出于子,自成一家,不妨有此,若纪事之文出于史,考证之文出于经,则固不得如此也。"斯言也,可谓好学深思,心知其意者矣。

七曰:方士说鬼,文士好奇,无所用心,聊以快意,乃虚构异闻,造为小说也。谶纬之书,刘、班不录,事虽妄诞,语固新奇,达士之所深讥,文人之所笃好。《文心雕龙·正纬》篇曰:"通儒讨核,谓起哀、平。桓谭疾其虚伪,尹敏戏其深瑕,张衡发其僻谬,荀悦明其诡诞。四贤博练,论之精矣。若乃羲、农、轩、皞之源,山渎钟律之要,白鱼赤鸟之符,黄金紫玉之瑞,事丰奇伟,辞富膏腴,无益经典,而有助文章,是以后来辞人,采摭英华。"余谓怪迂之谈,起于方士,昔穆公梦之帝所,秦谶始传;《史记·赵世家》记扁鹊之言,谓秦穆公七日而寤曰:"我之帝所甚乐。帝告我云云。"公孙支书而藏之,秦谶于是出矣。始皇问及鬼神,图书遂奏。《史记·秦始皇本纪》云:"使燕人卢生求羡门高誓。"又云:"燕人卢生使入海以鬼神事,因奏录图书曰:'亡秦者胡也。'"案卢生盖方士。五德终始,著于邹子之徒;《史记·封禅书》曰:"自齐威、宣之时,邹子之徒,论著终始五德之运。邹衍以阴阳主运,显于诸侯,而燕、齐海上之方士传其术不能通。然则怪迂阿谀苟合之徒自此兴,不可胜数也。”九百《虞初》,本自武帝之世。《汉志》小说家有《虞初周说》九百四十三篇,注云:“河南人,武帝时以方士侍郎,号黄车使者。”师古曰:“即张衡《西京赋》‘小说九百,本自《虞初》’者也。”谶纬之与小说,方技之与神仙,相为因缘,亦已久矣。及至魏、晋之后,六经告退,《庄》、《老》方滋,风尚浮华,文词靡丽,于是不经之书,杂然并作。观《洞冥》托之郭宪,《拾遗》造自王嘉,并皆方术之流,宪在《后汉书·方术传》,嘉在《晋书·艺术传》。故多荒唐之论。《史通·杂述》篇曰:“逸事者,皆前史所遗,后人所记,求诸异说,为益实多。及妄者为之,则苟载传闻而无诠择,由是真伪不别,是非相乱,如郭子横之《洞冥》,王子年之《拾遗》,全构虚辞,用惊愚俗,此其为弊之甚者也。”盖此二书,凡所纪述,并杜撰无稽,凭虚臆造。而朱彝尊《经义考》,疑李克授经伏生,遂称郭宪,《经义考》卷二百八十四云:“按郭子横《洞冥记》,谓伏生受书于秦博士李克,然不见于他书,未敢深信。”纪昀等《四库目》,谓张华奏书晋武,亦引《拾遗》,《四库提要》卷一百四十二云:“《博物志》十卷,晋张华撰。考王嘉《拾遗记》称华造《博物志》四百卷,奏于武帝,武帝诏可更芟截浮疑,分为十卷云云,是其书作于武帝时。”案《洞冥》《拾遗》同一不经,《提要》讥《经义考》引《洞冥》伏生受书李克,为“嗜博贪奇,有失别择”,而甫隔数页,遽引《拾遗》,所谓尤而效之也。采稗官之浮词,入典籍之目录,斯其疑误后学,过于子玄之所讥矣。爰逮齐、梁,人矜博洽,诈伪之作,其流实繁。或假托古书,或虚造新事,但可用作谈资,不当认为信史。至于唐人之《云仙散录》、《杜阳杂编》,自谓闻诸宾朋,《提要》卷一百四十二云:“《杜阳杂编》三卷,唐苏鹗撰。其中述奇技宝物类涉不经,虽必举所闻之人以实之,殆亦俗语之为丹青也。”采之传记,《云仙散录》亦作《云仙杂记》,《提要》卷一百四十二云："旧本题唐金城冯贽撰，实伪书也。所引书目，皆历代史志所未载。"而其人既多不知名，其书亦未见著录。惟纪载繁华，文词缛丽，则《洞冥》、《拾遗》之支流余裔也。

凡此七端，略言其概，自余细目，难可殚陈。然则古书之记载，举不足信，凡有著述，皆不当引用乎？曰：何为其然也。桓谭《新论》云：'庄周寓言，乃云尧问孔子，《淮南子》云共和争帝，地维绝，皆为妄作，故世人多云短书不可用。然论天间莫明于圣人，庄周等虽虚诞，故当采其善。何云尽弃耶？'《御览》卷六百二引。夫以庄周寓言，尚难尽弃，况诸子所记，多出古书，虽有托词，不尽伪作。譬之后人诗词所用典故，纵或引自杂书，亦多原出经史也。在博观而慎取之耳。语曰："明其为贼，敌乃可灭。"欲辨纪载之伪，当抉其疏漏之端，穷源竟委，抵隙蹈瑕，持兹实据，破彼虚言，必获真赃，乃能诘盗。若意虽以为未安，而事却不可尽考，则姑云未详，以待论定。如曰断之自我，是谓尤而效之。盖厚诬古人，与贻误后学，其揆一也。李大性《典故辨疑序》曰："非敢远慕昔人，作指瑕纠缪之书，以诒攻诃之诮。独取熙朝美事，及名卿才大夫之卓卓可称，而其事为野史语录所翳者，辨而明之，参其岁月，质其名氏爵里，而考证焉。其或传闻异词，难以示信，以意逆志，虽知是非，而未有晓然依据，则姑置弗辩。必得所证而后为之说焉。"夫实事求是，多闻阙疑，昔者先儒，尝从事于斯矣。

卷三　论编次第三

古书单篇别行之例

古之诸子，即后世之文集，前篇已论之详矣。既是因事为文，则其书不作于一时，其先后亦都无次第。随时所作，即以行世。论政之文，则藏之于故府；论学之文，则为学者所传录。迨及暮年或其身后，乃聚而编次之。其编次也，或出于手定，或出于门弟子及其子孙，甚或迟至数十百年，乃由后人收拾丛残为之定著。后世之文集亦多如此，其例不胜枚举。姑以人人所习知之唐、宋诗文集言之：韩集编于门人李汉，柳集编自友人刘禹锡。李太白《草堂集》为李阳冰所编，而今本则出于宋敏求。欧阳修文惟《居士集》为修所自编，而今本则出于周必大。苏轼《东坡集》，自其生时已有刻本，而《大全集》则不知出自何人。《东坡七集》中之《续集》为明人所编。秦、汉诸子，惟《吕氏春秋》、《淮南子》之类为有统系条理，乃一时所成，且并自定篇目，《吕氏春秋·序意》篇曰："惟秦八年，岁在涒滩，秋，甲子朔，朔之日，良人请问十二纪。"《淮南子·要略》篇，详载二十篇篇名。其他则多是散篇杂著，其初原无一定之本也。

夫既本是单篇，故分合原无一定。有抄集数篇，即为一种者，有以一二篇单行者。其以数篇为一种者，已详于"书名研究篇"中。其以一二篇单行者，则有三例：

一为本是单篇，后人收入总集，其后又自总集内析出单行也。如《尚书》之典、谟、训、诰，为后世诏令奏议之祖，其中兼有虞、夏、商、周书，本非一时之作。大、小戴记，《汉志》记百三十一篇，注云：“七十子后学者所记也。”亦是后人之所撰集。《隋志》云：“汉初河间献王献之。”其初本是零星抄合，故皆可单篇别行，学者随其所用，即由全书内析出，自为一书。全祖望曰：“《汉书·艺文志》有《中庸说》二篇，《隋书·经籍志》有宋戴颙《中庸传》二卷，又梁武帝有《中庸讲疏》一卷，又《中庸义》五卷，《宋史》仁宗曾以御书《大学》赐进士王尧臣等；近儒多据此数条，以为旧有专本之证。然仆以为不足辨者：古人著书，原多以一二篇单行。《尚书》或只用《禹贡》、《后汉书·循吏》王景等传，永平十二年，赐景《山海经》《河渠书》《禹贡图》，《晋书·裴秀传》作《禹贡地域图》，十八篇。《洪范》；《隋志》：《尚书洪范五行传论》十一卷，汉光禄大夫刘向注。案即《汉志》之刘向《五行传记》，向本传所载书名，与《隋志》合。《仪礼》或只用《丧服》；《隋志·礼类》，著录丧服书自马融《丧服经传》以下凡四十余家。《大戴礼》或只用《夏时》。《隋志》：《夏小正》一卷，戴德撰。案此《夏小正》之传也；宋傅崧卿有校本，今存。即《礼记》之四十九篇，或以《曲礼》，《经义考》卷一百七十八，有王劭勘定《曲礼》，引孔颖达《疏》言，“隋秘监王劭勘晋、宋古本，皆无稷曰明粢一句。”案此是王劭《读书记》中之一条，未必即是单篇别行。宋上官均有《曲礼讲义》二卷，见《宋志》。或以《檀弓》，《经义考》录目陈骙《檀弓评》以下凡十三部，皆宋、明人。或以《乐记》，《汉志》：乐记二十三篇，《礼记·乐记》疏言刘向校书得《乐记》二十三篇，今《乐记》所断取十一篇。案《汉志》所录，盖未编入《礼记》以前单行之本。固未尝不以专本也。”见《鲒埼亭集》卷四十一，《答朱宪齐辨西河毛氏大学证文书》。案全氏所举诸篇，惟《乐记》本是专书别行，与《礼记》删节之本不同。《曲礼》、《檀弓》之单行，出自宋人，与《大学》同。此类举之，不胜其举。若《禹贡》、《洪范》、《丧服》、《夏小正》，则皆汉人作注时，自全书内析出者也。

二为古书数篇，本自单行，后人收入全书，而其单行之本，尚并存不废也。《汉志》《论语》内有《孔子三朝》七篇，刘向《别录》曰："孔子三见哀公，作《三朝》七篇，今在《大戴礼》。"《艺文类聚》卷五十五引，今七篇具在。颜师古谓《大戴礼》有其一篇，非是。言今在《大戴礼》者，明古本原自单行也。又《汉志》《孝经》类有《弟子职》一篇，应劭曰："管仲所作，在《管子书》。"《七略·兵书略》"兵权谋"内，有《伊尹》、《太公》、《管子》、《孙卿子》、《鹖冠子》、《苏子》、《蒯通》、《陆贾》、《淮南王》二百五十九种："兵技巧"有《墨子》，班固始省去。见固自注。此数人者，皆于《诸子略》中自有专书，刘歆又著录于兵家者，因其初本是单篇别行，故因古本收入。此如后世收藏家目录，既收丛书，又分著单行之本。事本寻常，无足深怪。特是刘向父子校书之时，原是合中外所藏诸篇，编为全书，其他数篇单行者，不别著于录；而此独不嫌重复者，以此数人，本在九流之内，自为一家之学，而又兼著兵书。使不别著于录，则兵家之书为不完。犹之《四库提要》已收《文忠集》，则不复收《居士集》，附《存目》。而其《六一词》亦在全集内，仍不能不复收入词曲之中也。《孔子三朝》与《论语》同为孔子一家之言，本非专为言礼而作。若因收入《大戴礼》遂没其本书，譬如因有《陆放翁全集》，汲古阁刻本。遂于史部内不收其《南唐书》；因有《亭林著述》，朱记荣刻本。遂于经部内不收其《音学五书》，可乎？章学诚不知此义，其《校雠通义》乃谓《弟子职》、《三朝记》为刘歆裁篇别出，若先有《管子》、《大戴礼》而后有《弟子职》、《三朝记》者，不免颠倒事实矣。章氏能知《夏小正》在戴记之先，而不知《三朝记》亦在戴记之先，岂非不充其类也乎。

三为本是全书，后人于其中抄出一部分，以便诵读也。刘歆《让太常博士书》曰："至孝武皇帝，然后邹、鲁、梁、赵，颇有《诗》、《礼》、《春秋》先师，皆起于建元之间。当此之时，一人不能独尽其经，或为《雅》，或为《颂》，相合而成。"按《汉志》云："三百五篇遭秦而全者，以其讽诵不独在竹帛故也。"然则汉初非无全《诗》也。然而或为《雅》，或为《颂》者，遗经初传，学者不能通其义，则各就己之所长，性之所近，取其一部分诵习之也，古人读书尽多如此。因其时竹帛繁重，抄写不易，往往因某事欲读某篇，则只抄取此一篇观之。如《太史公》百三十篇，《汉书》一百卷，本无单篇别行；而《后汉书·窦融传》言"帝赐融以《外属图》及太史公五宗、外戚《世家》《魏其侯列传》。诏报曰：'每追念外属，孝景皇帝，出自窦氏，定王之子，朕之所祖。昔魏其一言，继统以正，长君、少君尊奉师傅，修成淑德，旋及子孙，此皇太后神灵，上天祐汉也。'"窦融为景帝母窦太后之弟广国即少君。七世孙，而光武为景帝子长沙定王之后。其赐此数篇书之意，具见于诏书。又《循吏·王景传》云："永平十二年，议修汴渠，乃引见景，问以理水形便，帝善之。又以尝修浚仪，功业有成，乃赐景《山海经》、《河渠书》、《禹贡图》。"此以《河渠书》单赐者。以景善治水，故赐以水利书也。王国维《观堂集林》卷十一，《太史公行年考》，谓汉世百三十篇，往往有写以别行者，即以此二条为证。又《清河孝王庆传》云："帝将诛窦氏，欲得《外戚传》，惧左右不敢使；乃令庆私从千乘王求，夜独内之。"凡此数事，皆于全书内独抄其一二篇。后世刻板既行，尚不乏此例。如陈寿《三国志》，本是一书，而宋人有单刻其《吴志》者。黄丕烈藏书，见《简明目录标注》，及《郘亭知见传本书目》。又有宋刻《蜀志》，乃残本，非单行。郑樵《通志》二百卷，有纪，有谱，有略，有传，而宋人有单刻其十二略者。明正德时及清乾隆十三年金坛于氏皆有重刻本。马端临独得此本，未见原书，乃曰："岂彼二百卷者，自为一书，亦名曰《通志》，而于此《序》复言其意耶？或并其二十略共为一书耶？"见《通考》卷二百一。今人皆知马氏之误。窃意古书残缺不完，未必不由于此。后人执残本以议全书，如马氏之说者，正复不少。惜不能复得全书，无由发其覆耳。

叙刘向之校雠编次

《史记·自序》曰："秦拨去古文，焚灭诗书，故明堂石室、金匮玉版，图籍散乱。"案古之简策，每简或两行，或一行，字数自四十字至八字不等。其编而为策，用韦或丝，详王国维《简牍检署考》。丝编一断，则简策凌越失次，易于亡失。《六国表》曰："秦既得意，烧天下诗书，诸侯史记尤甚，为其有所刺讥也。诗书所以复见者，多藏人家；而史记独藏周室，以故灭。"然则秦之焚书，并石室金匮之藏，亦不免毁弃，此所以图籍散乱也。国家之藏书如此，则民间之冒禁私藏者，兵火之余，残缺佚脱，盖可知矣。荀悦曰："秦之灭学也，书藏于屋壁，绝义于朝野，逮至汉兴，收摭散滞，固已无全学矣。文有磨灭，言有楚、夏，出有先后，或学者先意，有所借定，后进相放，弥以滋蔓，故一源十流，天水违行，而讼者纷如也。"《申鉴·时事》篇。葛洪曰："古书之多隐，未必昔人故欲难晓。经荒历乱，埋藏积久，简编朽绝，亡失者多；或杂续残缺，或脱去章句，是以难知，似若至深耳。"《抱朴子·外·钧世》篇。故《汉书·儒林传》曰："秦时禁书，伏生壁藏之，其后大兵起流亡。汉定，伏生求其书，亡数十篇，独得二十九篇，即以教于齐、鲁之间。"当时之书类此者多矣。《汉书·艺文志》曰："汉兴改秦之败，大收篇籍，广开献书之路。迄孝武世，书缺简脱，礼崩乐坏。"《隋书·经籍志》曰："秦政焚诗书，坑儒士，学者逃乱，窜伏山林，或失本经，口以传说。惠帝除挟书之律，儒者始以其业行于民间，犹以去圣既远，经籍散逸，简札错乱，传说纰缪，遂使《书》分为二，《诗》分为三，《论语》有齐鲁之殊，《春秋》有数家之传。其余互有踳驳，不可胜言。"以此数书之言观之，则知先汉之校书，乃必不可缓之事也。汉武帝建藏书之策，置写书之官，尝命军政杨仆，捃摭遗逸，纪奏《兵录》。并见《汉书》。《兵录》者，校定兵书之目录。说详《目录学发微·目录源流考》。其他六艺诸子传说，亦必都经雠校，史略之不言耳。盖古人写书，未有不校者也。

成帝时，以书颇亡失，使谒者陈农求遗书于天下，诏光禄大夫刘向校中秘书。向卒，哀帝使向子歆卒父业。见《成帝纪》及《艺文志》。向所作书录，多言所校雠某书若干篇。应劭《风俗通》曰："案刘向《别录》：'雠校，一人读书，校其上下，得谬误为校；一人持本，一人读书，若怨家相对为雠。'"书录又多言"以杀青，书可缮写"。《风俗通》曰："谨案刘向《别录》曰'杀青'者，直治竹作简书之耳。新竹有汗，善朽蠹，凡作简者，皆于火上炙乾之。陈、楚谓之汗，汗者，去其汁也。吴、越曰杀，杀亦治也。刘向为孝成皇帝典校书籍二十余年，皆先书竹，为易刊定，可缮写者以上素也。"以上二条，今本所无，散见《初学记》《文选注》《御览》等书，严可均《全后汉文》卷三十六合辑之，今据引用。其叙向校雠之事甚详。《汉志》《易》小序曰："刘向以中古文经，校施孟、梁丘《经》，或脱去'无咎悔亡'，唯费氏《经》与古文同。"又《尚书》小序曰："刘向以中古文校欧阳、大小夏侯三家经文，《酒诰》脱简一，《召诰》脱简二。率简二十五字者，脱亦二十五字；简二十二字者，脱亦二十二字。文字异者七百有余，脱者数十。"又《孝经》小序曰："汉兴，长孙氏博士江翁、少府后仓、谏大夫翼奉、安昌侯张禹传之，各自名家，经文皆同。唯孔氏壁中古文为异。'父母生之，续莫大焉，故亲生之膝下。'诸家说不安处，古文字读皆异。”此条虽不明引刘向，然《汉志》全本刘歆《七略》，此亦歆自叙其校书之意见也。此皆叙向、歆校今古文之异同也。然今文别自名家，传习已久，向必不能以中古文校改，使之归于划一，盖惟各存其本文，而别著校勘之语。《周易》箕子之《明夷》，《释文》引刘向曰：“今《易》‘箕子’作‘荄滋’。”此其校语之仅存者。向《战国策书录》曰：“本书多误脱为半字，以赵为肖，以齐为立，如此字者多，皆定。”《晏子书录》曰：“中书以夭为芳，又为备，先为牛，章为长，孙星衍《晏子音义》曰：“夭芳牛先形相近，又备章长声相近，又读异。”如此类者多，谨颇略揃，孙星衍曰：“揃即笺异文。《说文》，笺表识书也。”皆已定。”《列子书录》曰：“中或字误以尽为进，以贤为形，如此甚众，及在新书有栈，栈亦即揃、笺之异文。校雠从中书已定。”又《北堂书钞》卷一百一引刘歆《七略》曰：“古文或误以典为与，以陶为阴，如此类多。”书录两言揃、栈，则其所校皆有笺识。然谓之已定，则于其误字，已迳据别本刊定之矣。此阮孝绪所谓“刘向校书，辄为一录，论其指归，辨其讹谬也。”见《七录序》。

以上叙校雠

秦焚书之后，图籍既散乱失次，汉兴复出，自必加以编定。高祖之时，张良、韩信尝序次《兵法》。见《汉志》。序次者，次第其篇章之先后，使之有序也。刘向校书，亦先从事于此。编次之法，其别有二：

凡经书皆以中古文校今文。其篇数多寡不同，则两本并存，不删除复重。　《汉志》云：“《古文尚书》者，出孔子壁中，孔安国悉得其书，以考二十九篇，得多十六篇。安国献之，遭巫蛊事未列于学官。刘向以中古文校欧阳、大小夏侯三家。”而《尚书》古文经四十六卷，与今文经二十九卷，《志》凡今文经皆只注明某家，不加今文字,此条注云:“大、小夏侯二家,欧阳《经》三十二卷。”并著于录。又云,“《礼古经》者,出于鲁淹中,及《孔氏学》,十七篇,原作七十篇,从刘敞及钱大昭说改正。文相似,多三十九篇。”而《礼古经》五十六卷,与今文经十七篇,原亦作七十篇注云:“后氏、戴氏。”亦并著于录。《孝经》古今文皆为一篇,然古文二十二章,颜《注》引刘向云:“《庶人》章分为二,《曾子敢问》章分为三,又多一章,凡二十二章。”而今文只十八章,注云:“长孙氏、江氏、后氏、翼氏四家。”则亦并著于录,不以古文篇数合之今文。若《易》亦有中古文,然只录《易经》十二篇,不分今古文者,以今文所脱,只“无咎悔亡”,其他篇数皆相合也。《春秋》分著《古经》十二卷,《公羊》、《穀梁经》十一卷者,不惟分卷不同,以左氏有续经,公、穀无续经也。《论语》以古二十一篇,《注》云:“出孔子壁中,有两《子张》。”与齐二十二篇、鲁二十篇并录者,齐、鲁虽同是今文,而齐多《问王》、《知道》二篇也。凡经书篇数,各本不同,不以之互相校补,著为定本者,因中秘之所藏,与博士之所习,原非一本,势不能以一人之力变易之也。此与诸子之情事不同,故义例亦异,非为尊经之故也。

凡诸子传记,皆以各本相校,删除重复,著为定本。　古人著书,既多单篇别行,不自编次,则其本多寡不同。加以暴秦焚书,图籍散乱,老屋坏壁,久无全书,故有以数篇为一本者,有以数十篇为一本者,此有彼无,纷然不一。分之则残阙,合之则复重。成帝既诏向校中秘书,又求遗书于天下。天下之书既集,向乃用各本雠对,互相除补,别为编次:先书竹简,刊定讹谬,然后缮写上素,著为目录,谓之定著。《晏子书录》曰:“所校中书《晏子》十一篇。臣向谨与长社尉臣参校雠,太史书五篇,臣向书一篇,参书十三篇。凡中外书三十篇,为八百三十八章。除复重二十二篇,六百三十八章。定著八篇二百一十五章。外书无有三十六章,中书无有七十章,中外皆有以相定。"《孙卿书录》云:"所校雠中《孙卿书》凡三百二十二篇以相校。除复重二百九十篇,定著二十二篇,皆已定。"《列子书录》云:"所校中书《列子》五篇。臣向谨与长社尉臣参校雠,太常书三篇,太史书四篇,臣向书六篇,臣参书二篇,内外书凡二十篇,以校除复重十二篇,定著八篇,中书多,外书少,章乱布在诸篇。"《邓析子书录》曰:"中《邓析》四篇,臣叙书一篇,凡中外书五篇,以相校,除复重为一篇。"《初学记》卷二十一引刘向《别录》云:"所校雠中《易传》,《淮南二字原本无,据《玉海》卷三十五引《初学记》补。九师道训》,除复重定著十二篇。"又云:"所校雠中《易传》古五子书,除复重,定著十八篇,分六十四卦著之。"此可见刘向未校书之前,除古文经之外,其余诸子传记,非残缺即重复。今日所传之本,大抵为刘向之所编次,诸子中如《吕氏春秋》,当是吕不韦原本,非刘向所重定。然古书似此者,盖居极少数。使后人得见周、秦诸子学说之全者,向之力也。惟兵书曾经韩信、杨仆两次编定。

古人著书,既不题撰人,又不自署书名。后之传录其书者,知其出于某家之学,则题为某氏某子,或某姓名。有本是一书,至汉而散乱失次分为数本者。即后世之书,初刻重刻及宋、元、明本往往多寡不同。有其初本未编次,一家之学分为数种者。如后人之诗文,甫得数卷,即为一集。又有后学解释其书,如汉儒之笺注;弟子记其言论,如宋儒之语录;子孙撰其逸事,如家传;门徒志其学行,如序跋;说详《辨附益》篇。或别自单行,或附在本书,或分著篇章,或随文附益。大抵古人之治学也,本以道术为公器,其限断不严,故先师之所作,与后师之所述,杂糅而不分。其著书也,姑以竹帛代口耳,其体例不精。故简端之所题,与卷末之所记,搀越而失次。后之传其书者，惟取其便于讲习诵读，不问其出自谁何之手也。及刘向校书，合中外之本，辨其某家之学，出于某子，某篇之简，应入某书，遂删除重复，别行编次，定著为若干篇。盖因其学以类其书，因其书以传其人，犹之后人为先贤编所著书大全集之类耳。第后人之编集刻书，年谱传状之类，皆退归附录；有所题识，则低一格，或双行小注；有所附益，则用阴文字别之，曰增曰补；古人无是也。既皆不可辨别，惟有条其原文序次之而已。如前之所言，是知古人之书，不皆手著。果其学有师承，则述与作同功，笔与口并用。传之既久，家法浸亡，依托之说，窜乱之文，相次搀入，刘向当诸子百家学术衰微之日，望文归类，岂能尽辨。此如宋人为唐人编诗文集，往往误收他人之作，势之所必至也。然而班固之赞向、歆也，曰："《七略》剖判艺文，综百家之绪。"若果真伪不分，朱紫无别，何以谓之剖判？不知刘向于此，亦尝致力矣。《晏子书录》云："其书六篇，皆忠谏其君，文章可观，义理可法，皆合六经之义。又有复重，文辞颇异，不敢遗失，复列以为一篇。又有颇不合经术，似非晏子之言，疑后世辩士所为者，亦不敢失，复以为一篇，凡八篇。"则其别择，不可谓不严。然今所传周、秦古书，不皆如此者，向之校书，未毕业而卒，盖未能推广其例，遍及群书。又前汉中秘之书，烬于王莽之乱，今本多非向所校定故也。

向所编校，有但定其篇第者，如《管子》、《孙卿子》之类是也。有并改其章次者，如《晏子》是也。又有合同类之书数种，离合其篇章，编为一书者。《战国策书录》曰："所校中《战国策》书，中书余卷错乱，又有国别者八篇，少不足。臣向因国别者，略以时次之，分别不以序者以相补，除复重得三十三篇。中书本号或曰《国策》，或曰《国事》，或曰《短长》，或曰《事语》，或曰《长书》，或曰《修书》。

臣向以为战国时游士辅所用之国，为之策谋，宜为《战国策》。”夫除去复重，尚得三十三篇，而以国别者仅八篇，是其体例不同，以书之性质言之，则曰《国策》、《国事》、《事语》。以书之形式言之，则曰《短长》、《长书》、《修书》，是其书名不同。此不但不出一人，亦本非一书。然向以其皆战国游士之策谋，便可都为一编。向所编《楚辞》，亦《国策》之类。况诸子之书，源出于一人，同为一家之学者乎。将以防简策之散佚，而使后人有以窥见古人学术之全，合而编之，正辨章旧闻之大者。此所以《孙子兵法》八十三篇为一书，不以十三篇别著于录。而《谋》八十一篇，《言》七十一篇，《兵》八十五篇，同为《太公》二百三十七篇，而入之于道家也。至刘向所序六十七篇，《新序》、《说苑》、《世说》、《列女传颂图》，皆出一人亲手所著者，更无论矣。扬雄所序三十八篇，乃班固所续入，故不引。乃章学诚谓：“《汉志》之疏，由于以人类书，不能以书类人。”又谓：“《孙子》八十三篇，用同而书体有异，则当别而次之，任宏部次不精，遂滋后人之惑。”见《校雠通义》卷三。案《汉志》云：“步兵校尉任宏校兵书。”果若所言，则著录《晏子春秋》，当以中书十一篇为一书。太史书五篇，以及臣向书一篇，臣参书十三篇，又皆各为一书，不必除复重，亦不必以中外之书相定，而刘向之次序群书，皆为多事矣。何者？《史记》所载，与今世所传之《孙子》十三篇，乃其别本单行，犹之中书《晏子》十一篇也。且果若所言，则《孙卿》乃儒家，不当有《赋篇》；韩非乃法家，不当有《解老》、《喻老》；墨子乃墨家，不当有《备城门》以下诸篇，皆兵书。而后人之编丛书大全集者，皆在所必禁矣。不第此也，《蔡邕集》有《明堂月令论》、《明堂问答》，宋欧静刊本。《陶渊明集》有《五孝传》及《圣贤群辅录》，北齐阳休之所编十卷本。《柳宗元外集》有《非国语》。若谓不当以人类书，则别集中与此相类者,皆当刊去之矣。又不第此也,《汉志》诗赋别为一略,不与他文同编。而词曲起于五代,宋、元以后,自为一体,为古之别集所无。若谓不当以人类书,则又将取诸家之集,离而析之,分著于录,岂不治丝而棼乎?故章氏之说,虽或持之有故,言之成理,而于势有所不行,即不能执之以议古人也。

古书中如《易》十二篇,《诗》三百五篇,《春秋》十二篇之类,此皆秦以前之原本,无所亡失。向盖校其脱误而已,不须更为定著也。诸子传记之中亦当有似此者。其有复重残缺,经向别加编次者,皆题之曰《新书》,以别于中秘旧藏及民间之本。如《荀子书录》云:"《荀卿新书》三十二篇。"《列子书录》云:"《新书》有栈。"《别录》又有《蹴鞠新书》二十五篇。释玄应《大般涅槃经音义》引。由此推之,则隋、唐《志》之《晁氏新书》,今所传之《贾子新书》,盖皆刘向之所题,后人但以为贾谊书名者,误也。今《管》、《晏》诸子所载向之《叙录》,皆无"新书"字,盖为浅人之所删削,独《荀子》尚存其旧。至他书并不载向《叙》,则孰为新编,孰为旧本,不可考矣。

《史记·申不害传》云:"著书二篇,号曰《申子》。"而《汉志》《申子》六篇。《史记集解》引《别录》曰:"今民间所有上下二篇,中书六篇,皆合二篇,已备过太史公所记也。"盖向取古人一家之学,聚而编之,不必与《史记》相符,故自发其凡如此。然今所传古书,往往与《史记》所言篇数合,与《汉志》不同。如《孟子》、《孙子》、陆贾《新语》皆是。盖犹是民间相传之旧,非向所校定之新书。则因汉中秘所藏,臣下见之至为不易故也。《汉书·叙传》曰:"斿班斿也。与刘向校秘书,以选受诏进读群书,上器其能,赐以秘书之副。时书不布,至东平思王以叔父求太史公诸子书,大将军白不许。"是则向所校之书,当时不许传布,班斿得之,以为异数。考《霍光传》

云："山光之子。又坐写秘书，显光妻，山母。为上书献城西第，入马千匹，以赎山罪，书报闻。师古曰：不许之。会事发觉，按谓谋反事。山自杀。"而《百官公卿表》云："蒲侯苏昌为太常，坐籍霍山书，泄秘书免。"师古曰："以秘书借霍山。"此可见汉法之严矣。成帝时秘书之不得传布，以此也。扬雄《答刘歆书》云："有诏令尚书给笔墨，得观书于石室。"见《方言》卷首。然则中秘之藏，人臣非受诏不得观矣。《叙传》又言班嗣家有赐书，桓谭欲借之而嗣不许，亦可见其时士大夫得之之难。未几而值王莽之乱，秘书并从焚烬。见《隋书·牛弘传》。故今人得见秦、汉古书者，刘向之功也。然犹有书名卷数与《汉志》不同，莫能知其真伪者，如《素问》、《本草》、《六韬》、《鬼谷子》之类。书不传布之过也。学者之读古书，当先考之《汉书·艺文志》，而后旁通互证，参验以求其是，毋徒取其一字一言，执意必之见，过信过疑，则庶乎可与稽古。然非明于刘向编校之故，则不能读《汉志》，故不惜详言之也。

以上叙编次

古书之分内外篇

古有一人所著书，而分为内外者。陆德明《庄子音义》曰："内者对外立名。"见《经典释文》卷二十六。此但释其字义而已，未尝言所以分内外之故也。成玄英《庄子疏序》则曰："《内篇》者，内以对外立名。内则谈于理本，外则语其事迹。"此但可释《庄子》而已，未能悉通之于他书也。今按《汉志》所著录，有以内外分为二书者，有但总题为若干篇，而其书中自分内外者。从而考之，盖非一例，吾尝即其名以求其实，按其质以察其文，然后于其编次之义，可得而言也。今为举例以明之。

凡以内外分为二书者，必其同为一家之学，而体例不同者也。古人之为经作传，有依经循文解释者，今存者，如《毛诗传》是也。有所见则说之，不必依经循文者，伏生之书传是也。夫惟不必依循经文，故《论语》、《孝经》，亦可谓之传，而附于六艺，本无内外之分。惟一家之学，一人之书，而兼备二体，则题其不同者为外传以为识别。故《汉志》《诗》家有《韩内传》四卷，《韩外传》六卷，《春秋》家《公羊》、《穀梁》皆有《外传》。《公羊外传》五十篇，《穀梁外传》二十篇。今《韩内传》已亡，所传十卷，并题曰"外传"，然亦非完书。清赵怀玉校本附辑佚文一卷。诸书所引，亦多内外传互混，就今之《外传》考之，其体正似《尚书大传》，至于公、穀《外传》皆不传，无以考其异同。沈钦韩《汉书疏证》谓董仲舒《春秋繁露》即《公羊外传》，其说别无显证，当存疑。惟《左氏传》之外，又有《国语》。《志》注云："左丘明著。"二书具存，可以互考。左氏依经作传，而《国语》则每事自为一章，略如后世之纪事本末。韦昭《叙》曰："左丘明因圣言以摅意，托王义以流藻，此谓内传。其明识高远，雅思未尽，故复采录前世穆王以来，按此所以著周之始衰，为东迁之渐。下讫鲁悼智伯之诛，此因内传亦终于此，故复著其事以结春秋之局。以为《国语》。其文不主于经，故号曰《外传》。"即其不主于经一语，可以推知《韩诗》及《公》、《穀》内、外传之所以异矣。《论衡·案书》篇曰："《国语》者，左氏之外传也，左氏传经，辞语尚略，故复选录《国语》之辞以实之。"王充去刘向不远，知当时已有《外传》之名。然《汉志》不题《外传》者，因已有《国语》之名，不必复用内外以为识别也。王氏《补注》引钱大昕说，颇致疑于此，盖未达此义。今姑不问《左传》、《国语》为左丘明所著与否，而汉人则固以为一人之书。内、外传云者，亦汉人称之，此可以悟一家之学，分题内外之故矣。淮南王所著书名曰《鸿烈》。因其尚有他篇无书名，故但统名之曰《淮南》，高诱序曰："刘向校定撰具，名之《淮南》。"而别为内、外。颜师古曰："《内篇》言道，《外篇》杂说。"然《汉志》并著录于杂家。盖淮南虽喜言道，而实兼采儒、墨、名、法，与外篇杂说，仍是一家之学。特以其体例不同，不可以合于《鸿烈》，故题为内、外以别之。《方技略》内黄帝、扁鹊、白氏皆有内、外经，今惟有《黄帝内经》，其他皆不存，无以知其体例。然内外皆是医经，其为一家之学，则固灼然可知也。至于道家有伊尹，而小说家又有《伊尹说》；道家、兵家均有《力牧》；杂家、兵家均有《尉缭》、《伍子胥》；纵横家、兵家均有《庞煖》；小说家、兵家均有《师旷》；此举有姓名者言之，其他两家内同名某子者尚多，以恐非一人，故不引。皆一人而有两书。以其学非一家，既已分著于录，读者自能别之，则固不题为内外也。其后晋葛洪著《抱朴子》，《自叙》曰：“《内篇》言神仙方药，鬼怪变化，养生延年，禳邪却祸之事，属道家。《外篇》言人间得失，世事臧否，属儒家。”夫汉、魏以后著书，本可自命书名，不必效颦周、秦，称为某子。即欲刻意摹古，而二书所言，非既一事，何妨别为题目。而乃通为内外篇。及《隋志》分著于录，遂使道家有内而无外，杂家有外而无内。《七略》、《汉志》盖未尝有此。此效《淮南子》而失之者也。

凡一书之内，自分内外者，多出于刘向，其外篇大抵较为肤浅，或并疑为依托者也。古书既多单篇单行，刘向始合中外之本定著为若干篇，作者既不自署姓名，则虽同题为某子，本非一人之笔，其间孰为手著，孰为口传，孰为依托，有必不可得而辨者。盖不独诸篇互有得失，即一篇之内，亦往往是非相糅莒。向之编次，乃有三例：一为但合诸本，除其重复而序次其先后，通为一书，此其间或本是一人之作，或因无可考证，不敢强为分别。或非向所自校，今姑不论。一为就原有之篇目，取其文体不类者，分之以为外篇。一为原书篇章真赝相杂，乃为之别加编次，取各篇中之可疑者，类聚之以为外篇。

其就原有之篇目分为外篇者，如《史记·孟子传》云：“退而与万章之徒，作《孟子》七篇。”而《汉志》乃有《孟子》十一篇。《风俗通》卷八云“孟轲作书中外十一篇”，此必刘向根据《史记》，以其溢出之数，编为外书也。赵岐《孟子题辞》曰：“于是退而论集所与高第弟子公孙丑、万章之徒难疑答问，又自撰其法度之言，著书七篇，二百六十一章。又有《外书》四篇，《性善辩》、《文说》、《孝经》、《为政》，其文不能弘深，不与内篇相似，似非孟子本真，后世依放而托之者也。”疑岐亦依刘向《别录》而为之说，此可以见分内外篇之意矣。陆德明《经典释文叙录》曰:"庄生宏才命世,辞趣华深。正言若反,故莫能畅其弘致,致后人增足,渐失其真。故郭子玄云:'一曲之才,妄窜奇说。若《阏奕》、《意脩》之首,首即篇也,如诗之以一篇为一首。《危言》、《游凫》、《子胥》之篇,凡诸巧杂,十分有三。'《汉书·艺文志》《庄子》五十二篇,即司马彪孟氏所注是也。言多诡诞,或似《山海经》,或类占梦书,故注者以意去取。其《内篇》众家并同。自余或有《外》而无《杂》,唯子玄所注,特会庄生之旨。"陆氏言司马彪所注即《汉志》之《庄子》,而彪书分《内篇》七,《外篇》二十八,《杂篇》十四,此盖刘向定著之本也。郭象所举巧杂诸篇名,皆不在《内篇》之中,故德明谓后人增足,渐失其真,与赵岐言《外书》"似非《孟子》本真"者同。然《史记·庄子传》云:"作《渔父》、《盗跖》、《胠箧》,以诋訿孔子之徒,以明老子之术,畏累虚、亢桑子之属,皆空语无事实。"今《胠箧》在《外篇》,《渔父》、《盗跖》、《庚桑楚》在《杂篇》,洪颐煊《读书丛录》卷十四曰:"《庚桑楚》篇,'老聃之役,有庚桑楚者,偏得老聃之道,以北居畏垒之山。'颐煊案亢桑子即庚桑楚。畏累虚,即畏垒山,《索隐》以畏累虚为《庄子》篇名非是。"而太史公皆以为庄子所自作。然则史公所见之本,必无内外杂篇之别可知也。刘向定著之时,始分别编次,今取郭本所存之外、杂篇观之,多不如《内篇》之弘深,惟《天下》篇则甚精。无论子玄之所删也。向之鉴别,可谓精矣。其取原书别加编次,类聚其可疑以为外篇者。如《晏子书录》云:"其书六篇,皆忠谏其君,文章可观,义理可法,皆合六经之义。又有复重,文辞颇异,不敢遗失,复列以为一篇。又有颇不合经术,似非晏子言,疑后世辩士所为者,故亦不敢失,复以为一篇。凡八篇。"又《篇目》云:"《外篇》重而异者第七,《外篇》不合经术者第八。"见浙江局刻黄以周校本。其《外篇》第七,每章之下皆有注言"此章与某章旨同而辞少异，故著于此篇"。其《外篇》第八，第一章下注云："此并下五章，皆毁诋孔子，殊不合经术，故著于此篇。"均见卢文弨《群书拾补》校元刻本。此皆刘向之校语。全书二百十五章，皆有章名，辄至一二十字，如云"《庄公矜勇力不顾行义晏子谏》第一"，"《景公饮酒酣愿诸大夫无为礼晏子谏》第二"，他皆似此。与他书之但有篇名无章名者迥异，亦向编次时之所为。盖向既取中外书三十篇，除其复重者二十二篇，则所余者正得八篇。而今八篇之中，其两外篇皆就诸篇之中，取其旨同而辞异，若辞旨皆同，是为复重。已径除之矣。及不合经术者以为之。是已解散其篇第，离析其章句，分者合之，合者分之，非复原书之本来面目矣。既已别加编次，则旧本篇名皆不可用，故重为定著之如此。又于七八两篇之下，自著其所以列入《外篇》之意。向所校定，未有详于此书者。就此书向所自言者考之，则知他书之分内外篇，必皆因其辞旨重复，传闻异辞，或疑其非本人之言，出于依托者也。观《孟子》、《庄子》可见矣。

夫周、秦子书之有内外篇，犹后世诗文之有内外集也。古人著书不自收拾，往往甫得一二篇，即由学者传录，故无定本。自淮南王安、司马迁，始自定篇目。汉、魏以后人著作，多效法之，故出于后人编定者盖少。惟诗文持以应世，时时增益，日出而不已，必至身后始能收拾编为全集，与古之诸子情事颇肖。故其体例往往相同。凡人之作诗文，有不及存稿者，有自以为不满，随时删去者。其编集之时，若出于其子弟门人及朋友之手，则去取谨严，此类皆所不收。传之既久，后人偶得遗稿，惜其放失，则又搜辑成帙，或遂重为编定，杂入原书卷第之中。其较为矜慎者，乃不敢以乱原次，别编之为外集。夫既出于其人之所弃余，则自视其内集为肤浅。

而又因时代既远，鉴别难精，往往杂入伪作。名愈盛者，其伪愈多。陈振孙曰："《昌黎集》四十卷，《外集》十卷，唐韩愈撰，李汉序。汉，文公婿也。其言'辱知最厚，且亲收拾遗文，无所失坠'者，惧后之伪妄，辄附益其中也。'外有《注论语》十卷传学者，《顺宗实录》五卷列于史官，不在集中。'今《实录》在《外集》。然则世所谓《外集》者，自《实录》外皆伪妄，或韩公及其婿所删去也。"又曰："朱侍讲熹，以方氏本校定《外集》，皆如旧本。独用方本益《大颠三书》，末云吏部侍郎潮州刺史者，非也。退之自刑部侍郎贬潮，晚乃由兵部为吏部，流俗但称韩吏部耳。其书盖国初所刻，故其谬如此。"见《书录解题》卷十六。《与大颠书》之伪，前人辩之甚多。郑珍《巢经室文集》卷六有《书后》一篇，更以公往潮州日月道里考之，益为精核，兹不备引。王应麟曰："柳文多有非子厚之文者，宋景文公谓'《集外文》一卷，其中多后人妄取他人之文冒柳州之名者'。然非特外集也。"见《困学纪闻》卷十七。夫韩、柳之外集如此，推之他集可知矣，推之周、秦诸子之外篇益可知矣。

诸子中如《孟子》七篇，《孙子》十三篇，皆见于《史记》，篇数与今本同，然《孟子》特其内篇，《孙子》乃其书中之一种耳，此或出之作者所自定。至于他书，如《管子》、《晏子》之类，刘向所校中书及民间书，多者至九十余篇，《管子》太史书九十六篇。少者数篇，以至一篇。此数篇、数十篇者，恐是六国及汉初人随其所得为之编录，譬之宋人为唐人纂诗文集，其中岂能无误收。及至刘向收拾散亡，合中外之本，为之定著，苟非彼此复重，即一章半简，皆所不遗。虽文字小有同异，亦并著之。观《晏子》第七篇，及《墨子》之《尚贤》、《尚同》、《兼爱》，各分上中下三篇可见。此三篇文字相同者居半。夫向之去周、秦也，远矣。此如宋、明人之编汉魏六朝人别集，但搜辑序次之而已。虽明知其非真,以其相传既久,与其过而废也,宁过而存之。故《晏子录》曰:"似非晏子言,疑后世辩士所为者,亦不敢失。"斯固古今校书之通例也,在读者自择之耳。向之编次群书也,有合各本通为一书者,有意有所疑,别次以为外篇者。使向当时尽用《晏子》之例,岂不甚善。然今所传古书分内外篇者殊少,此其故有二:一由向虽领校秘书,然惟六艺、诸子、诗赋三略为所自校。观同时校书者除任宏、尹咸、李柱国之外,又有杜参、见《晏子书录》及《汉志·杜参赋》下颜《注》引《别录》。班斿、见《汉书·叙传》。刘伋、见《七录序》。原作俊,从孙星衍《续古文苑注》改。刘歆见《汉志》及本传并《初学记》卷二十五引《别录》,言校《列女传》。数人。又有太常属臣望,校《山海经》,见《刘歆表》。若《后汉书·苏竟传》,言竟与刘歆校书,则在王莽时。度当时官属,当尚不止此。则虽此三略之书,亦或不免假手,向但总校之而已。观《汉志》历叙向之校中古文经,及今《晏子》书校记之详,《庄子》书编次之精,疑向特于经传及儒家道家,尤所尽心焉,盖向初本好道,而其学则长于儒也。校之者才识不一,斯其鉴别不能皆精。况向未卒业而死,刘歆继之。父子好尚不同,未必尽守向例。且即令向皆手自校雠,而尽取古今之书,离合编次之,使尽如《晏子》,此其于事必有不暇给者矣。一由汉秘书之禁甚严,今之所传,不皆是向、歆所校,前篇固已言之矣。

诗文之见于外集者,不皆伪作也。当时失不收拾,佚而复出,亦固有精湛者存,特以多是作者不存之稿,及删去之文,则少年之作,未定之论,往往杂出于其间,故大率较内集为肤浅,然内集不皆手定,又岂可尽信哉。诸子亦犹是也。刘向之叙《晏子》,郭象之论《庄子》,第就外篇立言耳。即此二篇而考之,知古书之多有可疑,汉、晋人已发之矣。因其中之有可疑也,而遂尽指为伪作,则唐、宋人之集，又何异于古书，将谓其中一无可信耶？若谓依托之作，周、秦多于唐、宋，则古人之书，不皆手著，其故正多，当于《辨附益》篇缕晰言之。

卷四　辨附益第四

古书不皆手著

自汉武以后，九流之学，多失其传。文士著书，强名诸子，既无门徒讲授，故其书皆手自削草，躬加撰集，盖自是而著述始专。然其书虽著录子部，其实无异文章。详前汉、魏诸子篇。至齐、梁文笔大盛，著子书者乃渐少。后人习读汉以后书，又因《隋志》于古书皆题某人撰，妄求其人以实之，遂谓古人著书，亦如后世作文，必皆本人手著。于其中杂入后人之词者，辄指为伪作，真伪之分，当别求证据，不得仅执此为断。而秦、汉以上无完书矣。不知古人著述之体，正不如是也。

孙星衍曰："古之爱士者，率有传书。由身没之后，宾客记录遗事，报其知遇，如《管》、《晏》、《吕氏春秋》，皆不必其人自著。"《燕丹子序》，见本书卷首。又曰："《晏子》书成在战国之世，凡称子书，多非自著，无足怪者。"《问字堂集》卷三《晏子春秋序》，亦见《音义》卷首。严可均《鬻子序》云："古书不必手著，《鬻子》盖康王、昭王后周史臣所录，或鬻子子孙记述先世嘉言，为楚国之令典。"《铁桥漫稿》卷五。又《书管子后》云："近人编书目者谓此书多言管子后事，盖后人附益者多，余不谓然。先秦诸子，皆门弟子或宾客或子孙撰定，不必手著。"《漫稿》卷八。章学诚曰："春秋之时，管子尝有书矣，然载一时之典章政教，则犹周公之有官礼也。记管子之言行，则习管氏法者所缀辑，而非管仲所著述。或谓管仲之书，不当称管仲之谥。阎氏若璩又谓'后人所加,非《管子》之本文'。皆不知古人并无私自著书之事,皆是后人缀辑。"《文史通义·诗教上》。孙诒让曰:"《墨子》书今存五十三篇,盖多门弟子所述,不必其自著也。"《墨子间诂》后附《墨子传略》。此数人者,皆通儒,孙、严尤多读古书,明于著作之体,而其言如此,胜于姚际恒辈远矣。

章氏又曰:"诸子思以其学易天下,固将以其所谓道者争天下之莫可加,而语言文字,未尝私其所出也。先民旧章,存录而不为识别者,《幼官》、《弟子》之篇,按此谓《弟子职》。《月令》、《土方》之训是也。自注:"《管子地图》,《淮南地形》,皆土训之遗。"辑其言行,不必尽其身所论述者,管仲之述其身后死事,韩非之载其李斯《驳议》是也。"《通义·言公上》。今案章氏所谓诸子存录先民旧章者,犹之唐律之中有李悝《法经》,杜佑《通典》有《开元礼》也。此类甚多,非本篇所详,姑置不论。其后人辑其言行者,推按其事,约有数端,兹分疏之如左:

一曰:编书之人记其平生行事附入本书,如后人文集附列传、行状、碑志之类也。

凡读古人之书,辄思知其人,论其世,此古今学者之所同也。司马迁《史记》所作诸子列传,大抵为读其书有所感而发。《管晏传》云:"吾读管氏《牧民》、《山高》、《乘马》、《轻重》、《九府》,及《晏子春秋》,详哉其言之也。既见其著书,欲观其行事,故次其传。"此不啻为以后老、庄、申、韩、司马、孙、吴、商君、孟、荀、虞卿、鲁连、邹阳、屈、贾诸传之凡例。故传中必叙其所著书,又言余读其书某某篇,皆所谓"见其著书欲观其行事"之意也。及刘向奉诏校书,每一书已,辄撰一录,皆叙其行事,如《太史公》列传之体。但《史记》自为一家之言,其百三十篇已有成书,故所作列传不附诸子之内。而刘向职司校雠，其《叙录》虽附本书，明题护左都水使者光禄大夫臣向言，后人一望而知为向之所作，不至与原书相混，若夫六国、秦、汉间人治诸子之学者，辑录其遗文，追叙其学说，知后人读其书，必欲观其行事，于是考之于国史，记其所传闻，笔之于书，以为论世知人之助。彼本述而不作，非欲自为一家之言，为求读之之便利，故即附入本书，与刘向著录之意同。当时本无自署姓名之例，故不知为何人所作，后之传录编次其书者，亦但取其为一家之学，有益于学者而已，固不暇一一为之辨别，且亦无须辨别也。如《管子》《大匡》、《中匡》、《小匡》篇，叙管仲傅公子纠及相齐之事，是即管子之传也。其《戒》篇曰："管仲寝疾，桓公往问之曰：'仲父之疾甚矣。若不可讳也，不幸而不起此疾，彼政我将安移之？'管仲对曰：'隰朋可。'管仲又言曰：'易牙、竖刁、卫公子开方，君必去之。'桓公曰：'诺。'管子遂卒。卒十月，隰朋亦卒。公薨，易牙与卫公子，内与竖刁因共杀群吏而立公子无亏，孝公奔宋。宋襄公率诸侯以伐齐，立孝公而还。"其《小称》篇又曰："管仲有病，桓公往问之。管仲摄衣冠起对曰：'臣愿君之远易牙、竖刁、堂巫、公子开方。'管仲死，已葬。处期年，四子作难，围公一室，不得出。公曰：'死者无知则已。若有知，吾何面目以见仲父于地下。'乃援素幭以裹首而绝。死十一日，虫出于户，乃知桓公之死也。"其言明白如此，虽三尺童子，亦知其非管仲所自著也。而宋叶适乃曰："《管子》非一人之笔，亦非一时之书，莫知其谁所为。以其言毛嫱、西施、吴王好剑推之，当是春秋末年。"见《习学记言》卷四十五。夫既非一时之书，何以知其皆在春秋末年耶？姚际恒作《古今伪书考》，因之，遂列入真书而杂以伪之内，不知此自古书之通例，非伪也。俞樾曰："《国语·齐语》是齐国史记，《小匡》一篇多与《齐语》同；盖管氏之徒剌取国史以为家乘。"《古书疑义》卷三《古书传述亦有异同例》。此真明于古人著作之体矣。凡古书叙其身后之事者多,不遑悉举,皆当以此例之。《庄子·杂篇·列御寇》云:"庄子将死,弟子欲厚葬之。"此与《管子》记管仲之死同。或曰"此寓言也",然《杂篇》本多后人所记,安知不出于庄子身后乎?晋傅玄谓"《管子》书过半是后之好事者所加,乃说管仲死后事"。刘恕《通鉴外纪》卷一下引。唐孔颖达曰:"世有《管子》书,或是后人所录。"见《左传正义》卷八,姚际恒及《提要》皆未引。此说尚近是。《四库提要》乃曰:"大抵后人附会多于仲之本书。仲卒桓公之前,而篇中处处称桓公,其不出仲手,已无疑义。"是真辩乎其所不必辩者矣。以后世之事明之,《后汉书·李固传》曰:"固所著表章、奏议、教令、对策、记铭十一篇,弟子赵承等悲叹不已,乃共论固言迹,以为《德行》一篇。"严可均辑魏杜恕《笃论序》曰:"裴松之所引《杜氏新书》,即《笃论》之末篇。其书前数篇出恕手,后述叙家世历官,引及魏书,并引及王隐《晋书》,知东晋时编附,故称《新书》。"见《全三国文》卷四十二,及《铁桥漫稿》卷六。此与同、秦诸子之叙身后事者何以异?使此二书尚存,又将劳后人之辩论,以为真书而杂以伪,或出于好事者之所加矣。但此皆自为一篇附之卷末,不杂入书中,体例较明。又自汉以后,为人编集者,大抵有序一篇,或直录史传,或记所见闻,皆以叙作者之行事为主,即刘向《叙录》之意。其直录史传者,如《古文苑》有《董仲舒集叙》一篇,岱南阁本卷八,章樵注本卷十七。即节钞《汉书》本传。《北堂书钞》所引《刘向集序》,卷九十九。《刘歆集序》,卷九十九。皆《汉书》中语。此与《管子·小匡》篇用《齐语》者何以异?其记所见闻者,如无名氏之徐幹《中论序》、卷首。缪袭《上仲长统昌言表》、《魏志·刘劭传》注引。陈寿《上诸葛亮故事表》之类,附《蜀志》

亮本传后。皆详叙作者始末,此与子书内后人记述行事者又何以异?但明题为序、表不编入本书卷数,则体例更明矣。至初唐人作序,犹多用列传之体。其后遂取墓志、行状之类附入之,明标作者,而序乃不复及行事。如刘禹锡作《柳先生集序》云:"凡子厚名氏,与其纪年,暨行己之大方,有退之之志若祭文在,今附于第一通之末云。"《书录解题》卷十六云:"今世所行本不附志文,非当时本也。"是墓志、祭文犹可杂入卷中。至宋以后人编集,于此类多别为附录,不使与原书相杂,体例益为谨严矣。然自是唐、宋以后之事,不可以例周、秦诸子也。古书之附纪行事,与文集之附传状、碑志,体虽异而意则同。后人不能深察著述变迁之迹,而好执当时之例以议古人,于是考辩论说,不胜其纷纷矣。

二曰:古书既多后人所编定,故于其最有关系之议论,并载同时人之辩驳,以著其学之废兴,说之行否,亦使读者互相印证,因以考见其生平,即后世文集中附录往还书札赠答诗文之例也。《史记·韩非传》曰:"秦王见《孤愤》,《五蠹》之书,因急攻韩。韩王始不用非,及急,乃遣非使秦,秦王悦之。李斯、姚贾毁之曰:'非终为韩不为秦。'秦王下吏治非,李斯遣人遗非药,使自杀。"今《韩非子·存韩》篇,即非使秦时所上书,末附李斯《驳议》曰:"诏以韩客所上书,书言韩之未可举,下臣斯,甚以为不然。非之来也,未必不以其能存韩也,为重于韩也。辩说属辞,饰非诈谋,以钓利于秦,而以韩利窥陛下。夫秦、韩之交亲,则非重矣,此自便之计也。臣视非之言,文其淫说,靡辩才甚,臣恐陛下淫非之辩,而听其盗心,因不详察事情。"此即斯之所以毁非,所谓为韩不为秦也。又曰"臣斯请往见韩王,使来入见大王,见因内其身而勿遣,稍召其社稷之臣,以与韩人为市,则韩可深割也。秦遂遣斯使韩也。李斯往诏韩王,未得见,因上书”云云。盖斯必欲毁非,因请身自使韩以伐其谋,使非不得以存韩自重,非之卒见杀于斯者以此。后人编非之书者,悼非之不得其死,故备书其始末于首篇,韩非子以《初见秦》为第一,《存韩》为第二,然《初见秦》据《战国·秦策》乃张仪说,故当以《存韩》为第一。犹全书之序也。且不独《韩非子》为然也。《商子书》以《更法》为第一,其言曰:“孝公平画,公孙鞅、甘龙、杜挚三大夫御于君。君曰:‘吾欲变法,恐天下之议我也。’”其后即著鞅与甘龙、杜挚相辩杂之语,终之曰:“孝公曰:‘善。’于是遂出《垦草令》。”而第二篇即《垦令》。盖亦编书者著其变法之事于首,以明其说之得行也。《公孙龙子·迹府第一》曰:“公孙龙,六国时辩士也。疾名实之散乱,因资材之所长,为守白之论,假物取譬以守白辩,谓白马为非马也,欲推是辩以正名实而化天下焉。”此下即叙龙与孔穿会赵平原君家,与穿相辩难之语。观其称龙为六国时辩士,必非龙所自叙,盖亦后人著之于首编,以为全书之纲领也。后人之书莫不有序,有一书而至三四序者,又有年谱、传状、碑志、祭文、哀词、诔词、谥议之类,皆编为附录,动盈数卷,则其书中不必复杂以他人之说矣。然犹往往录入同时往还赠答之作,如《王维集》附裴迪诗,《杜甫集》附严武等诗,盖欲人比而观之,以尽其意也。然此犹无与辩驳之事。若《柳宗元集》附刘禹锡《天论》三篇,《柳集》为禹锡所编,此即刘所附入。《韩愈集》附张籍书二篇,见《韩文五百家注》。此注者所附入。则相与辩驳矣。虽不必尽关系其生平,然使人得因以考其说之当否,亦《韩非子》附李斯《驳议》之类也。

三曰:古书中所载之文词对答,或由记者附著其始末,使读者知事之究竟,犹之后人奏议中之录批答,而校书者之附案说也。严可均《全上古三代秦汉三国六朝文凡例》曰:“唐以前旧集,体例不与今同。如扬雄《上书谏勿许单于朝》,《御览》八百十一引雄集曰'单于上书愿朝,哀帝以问公卿,公卿以虚费府帑,可且勿许。单于使辞去未发,雄上书谏'云云,所以识其缘起也。末又引雄集曰:'天子召还匈奴使者,复报单于书而许之,赐雄黄金十斤。'所以竟其事也。诸引旧集,此类甚多。"见卷首,亦见《漫稿》卷六。今案许慎《说文》后附许冲《上说文表》,末云:"召上书者汝南许冲诣左掖门会,令并赍所上书。十月十九日,中黄门饶喜以诏书赐召陵公乘许冲布四十匹,即日受诏朱雀掖门,敕勿谢。"当冲上书时,慎已病,此必许冲或后人所录入。然则扬雄集所载上书始末,亦未必雄所自记矣。《汉书·魏相传》曰:"高皇帝所述书《天子所服第八》曰:'大谒者臣章受诏长乐宫曰:令群臣议天子所服,以安治天下。相国臣何,御史大夫臣昌,谨与将军臣陵,太子太傅臣通等议,大谒者襄章奏,制曰可。'"《汉志》儒家有《高祖传》十三篇,注曰:"高祖与大臣述古语及诏策也。"此所引《天子所服》,即其篇名。第八者,书之第八篇也。观其叙事,必不出于高祖之手明矣。以此推之,周、秦诸子中凡记载问答兼叙事实者,尤不必本人之所手著也。汉、魏人集今传者甚少,惟《蔡邕集》犹出旧本。其第六卷有表疏五篇,文前多载缘起,而以答诏问灾异八事一篇为尤详,具载年月时刻及群臣坐次,及中常侍所问之语。"受诏书各一通,尺一,本板草书,给财用笔墨为对。"此不知为邕自记,抑编集者之所叙。至唐以后,作者既不记始末,编集者又不悉当时情事,遂使读者不知其事之从违,言之行否,可玩其辞采,而不足以备考证矣。

四曰:古书之中有记载古事、古言者,此或其人平日所诵说,弟子熟闻而笔记之,或是读书时之劄记,后人录之以为书也。《荀子·大略》篇文多细碎,以数句说一事。《宥坐》、《子道》、《法行》、

《哀公》、《尧问》五篇，杂叙古事，案而不断，文体皆不与他篇同。杨倞于《大略》篇注曰："此篇盖弟子杂录荀卿之语，皆略举其要，不可以一事名篇，故总谓之大略也。"于《宥坐》篇注曰："此以下皆荀卿及弟子所引记传杂事。"吾因此以悟《贾子新书》中《连语》诸篇，多记古事，亦必弟子之所记。其《先醒》篇称"怀王问于贾君"，考古人自称为某子者，或有之矣，未有自名为君者，此明为弟子或其子孙之词也。其中所引多出自先秦古书，最可宝贵。陈振孙乃谓"今书皆录《汉书》，非《汉书》所有者辄浅驳不足观，宜非谊本书。"《书录解题》卷九。不知将何以处《荀子》？不敢议荀而独以疑贾，徒见其轻于立论而已。古书似此者甚多，皆可以此推之。

五曰：诸子之中，有门人附记之语，即后世之题跋也。《荀子·尧问》篇末曰："为说者曰：孙卿不及孔子，是不然。孙卿迫于乱世，鰌于严刑，上无贤主，下遇暴秦，礼义不行，教化不成。"又曰："孙卿怀将圣之心，蒙佯狂之色，视天下以愚。《诗》曰：'既明且哲，以保其身'，此之谓也。是其所以名声不白，徒与不众，光辉不博也。今之学者，得孙卿之遗言余教，足以为天下法式表仪。所存者神，所过者化，观其善行，孔子弗过。世不详察，云非圣人，奈何！天下不治，孙卿不遇，时也。"又曰："今为说者，又不察其实，乃信其名，时世不同，誉何由生？不得为政，功安能成？志修德厚，孰谓不贤乎？"首末三百余言，推崇荀卿甚至，全如题跋之体。考刘向目录《尧问》篇第三十，杨倞注本第三十二。其后尚有《君子》篇、《赋》篇，是题跋杂入书中矣。要之古人编书，本无定例，不得以此议之也。

凡读古人之书，当通知当时之文体。俞樾曰："周、秦、两汉至于今远矣，执今人寻行数墨之文法，而以读周、秦、两汉之书，譬犹执山野之夫，而与言甘泉、建章之巨丽也。"《古书疑义举例序》。斯言信矣，然俞氏之所斤斤者，文字句读之间耳。余则谓当先明古人著作之体，然后可以读古书。古人作文，既不自署姓名，又不以后人之词杂入前人著述为嫌，故乍观之似无所分别。且其时文体不备，无所谓书序、题跋、行状、语录。复因竹简繁重，撰述不多，后师所作，即附先师以行，不似后世人人有集，敝帚自享，以为千金，惟恐人之盗句也。故凡其生平公牍之文，弟子记录之稿，皆聚而编之。亦以其宗旨一贯，自成一家之学故也。夫古书之伪作者多矣，当别为专篇以明之。若因其非一人之笔，而遂指全书为伪作，则不知古人言公之旨。譬之习于豪强兼并之俗，而议三代之井田也。

此篇所言，皆就古书之中有弟子门人附录，文义白而可据者举之以为例。此外又有口耳相传，至后世始著竹帛，及随时羼乱增益者，其说甚繁，当别详述。

余嘉锡先生学术年表*

1884 年(光绪十年)

正月十三日生于湖南常德(旧称武陵)。名嘉锡,字季豫。号狷庵、狷翁,书斋名"读已见书斋",自称武陵余嘉锡。

1900 年(光绪二十六年)

开始从事《四库提要辨证》之著述。

1901 年(光绪二十七年)

中乡试举人。此前曾作《孔子弟子年表》。后至北京被选为吏部文选司主事。

1911 年

辛亥革命后,于常德学堂任教。

1920 年

馆于赵尔巽家,教授其子弟,并辅佐审阅《清史稿》初稿。后在北京大学及其他大学为讲师,主讲目录学。

1928 年

12 月,撰成《新续古名家杂剧跋》。

1929 年

4 月,撰成《书仪顾堂题跋后》。

---

* 此年表由曾贻芬依据周祖谟、余淑宜所撰《余嘉锡先生传略》,整理而成。

1930 年

开始撰写《目录学发微》,1948 年基本完成,1963 年由中华书局出版。同年,亦开始撰写《古书通例》,1985 年由上海古籍出版社出版。

1931 年

出任辅仁大学教授,兼国文系主任。

12 月,撰成《晋辟雍碑考证》。

1932 年

6 月,撰成《王西庄先生窥园图记卷子跋》。

1933 年

10 月,撰成《汉池阴张君残碑跋》。

11 月,撰成《跋施愚山试鸿博后家书》。

1935 年

5 月,撰成《跋王石臞父子手稿》。

1936 年

3 月,撰成《牟子理惑论检讨》。

8 月,撰成《积微居小学金石文字论丛序》。

1937 年

4 月,撰成《小说家出于稗官说》。

7 月,排印《四库提要辨证》的史部、子部未完稿十二卷。开始撰著《世说新语笺疏》,至 1953 年完成,1983 年 8 月由中华书局出版。

1938 年

春,撰成《藏园群书题记序》。

1940 年

12 月,撰成《述也是园旧藏古今杂剧序》。

1941 年

撰成《疑年录稽疑》。

10 月,撰成《太史公书亡篇》考。

1942 年

又兼任辅仁大学文学院院长。

撰成《殷芸小说辑记》。

1943 年

2 月,撰成《跋旧抄本中兴馆阁录》。

1945 年

7 月,撰成《杨家将故事考信录》,完成《读已见书斋随笔》。

1947 年

以《四库提要辨证》一书,当选中央研究院院士。

1949 年

新中国成立,聘为中国科学院语言研究所专门委员。

1952 年

撰成《元和姓纂提要辨证》。

1953 年

9 月,撰成《宋江三十六人考实》。

1954 年

完成《四库提要辨证》,并撰写《四库提要辨证序》,1958 年 10 月由科学出版社出版。

1955 年

除夕,不幸于寓所辞世。

(1962 年周祖谟将余嘉锡先生所著论学的单文和读书笔记编成《余嘉锡论学杂著》,陈垣先生为其作序,1963 年 1 月由中华书局出版。1995 年增补改名为《余嘉锡文史论集》,1997 年由岳麓书社出版。

余嘉锡先生在大学执教十八年,先后教授过“目录学”、“秦汉史”、“古书校读法”、“《世说新语》研究”、“《汉书·艺文志》理董”、“经学通论”、“骈体文解读”、“楚辞”等课程。)

《目录学发微》述要

曾贻芬

《目录学发微》是余嘉锡先生多年教授“目录学”的集成之作，也是研究目录学的经典著作之一。

此书仅十余万字，从史的角度出发，阐明了目录学的意义功用、目录学的体制、目录学的源流、目录类例的沿革等，以客观、发展的眼光看待目录学的产生、流变，并对其未来发展趋向，有所预期，对目录学长期以来存在的分歧问题，做了明确、中肯的结论。其中关于目录学可独立成学、目录学即学术史、目录书类是发展的论述，特别值得关注。

目录学是不是一门独立的学科，至今学界的看法仍不一致，还有人认为目录学应当从属于校雠学。目录之名，起于刘向、刘歆校书之时。《汉书·叙传》曰：“刘向司籍，九流以别，爰著目录，略序洪烈。”据《汉志·兵书略序》言，“武帝时，军政杨仆招摭遗逸，纪奏《兵录》”。这应是最早的校书之事，但因其书亡佚，相关记载简略，未引起重视罢了。汉成帝河平三年，刘向受诏校书，《汉书·艺文志》始有记载，据流传下来的刘向撰《别录》，可知其校书分编书、编目两大步骤。汉以前书籍多是以竹简、木牍为书写材料的，其既笨重，所写字数又少，故图书多单篇别行。基于图书这样的流传形式，校书必须先编书，第一广集众本；第二审阅篇章，删去重复，确定所存篇章；第三通过校雠考订讹误。所谓“校雠”，即刘向所说：“一人读书，校其上下，得其谬误为校。一人持本，一人读书，若怨家相对，为雠。”然后“改易刊定”所发现的讹误，可缮写者即可上素、誊写，再冠以确定的书名，这样校书中编书之第一步骤即告成。编目就是由刘向“条其篇目，撮其指意，录而奏之”，最后由他的儿子刘歆根据这些书录编撰成我国第一部综合书目《七略》，而班固的《汉书·艺文志》就是改编《七略》而成，对后世目录学发展有重大影响。由于纸的发明和普遍使用，改变了图书单篇别行的状况，撰著群书目录，不再需要编书，更不必校雠。宋郑樵撰《校雠略》，论图书的搜求、整理、编目，实际上是研究目录学理论的论著，遗憾的是，他以“校雠”定目录之名，对后世造成深刻影响。清章学诚亦以《校雠通义》命名其论目录学的专著，并称“乃谓古人别有目录之学，真属诧闻”。余嘉锡先生从正名的角度，指出郑、章诸人犯了以点盖面的概念错误，称“据《风俗通》引刘向《别录》，释校雠之义，言校其上下得谬误为校，则校雠正是审订文字，渔仲、实斋著书论目录之学，而目为校雠，命名已误”。认为目录学自可独立成学。时至今日，仍有人坚持目录不能自立为学的观点，甚至将目录、版本、校勘三学共统于校雠学之下。由此可知余嘉锡先生正视学术的发展与专学的分野，指出郑、章谬误症结之所在，有多么重要，现在仍具有生命力。

余先生明确指出目录学“要以能叙学术源流者为正宗”。他区分了我国历代书目不外三种类型，并说明了各类书目的特点。一是部类后有小序，书名下有解题，在论其指归，辨其谬误；二是有小序而无解题，在穷源至委，竟其流别，以辨章学术，考镜源流；三是只有书名，在类例分明，使百家九流，各有条理，并究其本末，以见学术之源流沿袭。大抵史志目录都是如此,但不论哪种书目,它的宗旨皆在“辨章学术,考镜源流”。并强调它们不同于自名赏鉴之私家藏书目,也不同于仅便检索的图书馆书目。这对我们了解我国古代书目的特点是有重要意义的。

为了深入说明这个问题,从目录的篇目、叙录、小序、板本序跋四方面阐述其“辨章学术,考镜源流”的宗旨。篇目及板本序跋考一书之源流,前者考其内容,后者考其流传。著有篇目,即可知此书的篇数、顺序,乃至简明要旨,就能勾出此书的大致构架,这从《史记·太史公自叙》、《汉书·叙传》皆开列篇目,得到印证。在图书单篇别行的情况下,篇目著录尤显必要。图书流传经过载体,以及书写、雕版的变化,其间纷纭复杂,余先生条分缕析,厘清其始末。值得注意的是,他关注目录迻录他人序跋,考证出此举始自梁释僧祐《出三藏记集》,而在马端临《文献通考·经籍考》中,得到进一步发挥,其书除主采晁公武、陈振孙书外,时从文集及本书抄出序跋,间有书亡而序存者,亦为录入。余先生对此颇为称道,曰“虽不完备,然其体制极善,于学者深为有益”。与其同时代的目录学家莫伯骥撰《五十万卷楼藏书目录初编》,即大量迻录他人序跋,故五十万卷楼藏书虽毁于抗日战争时期,但还能通过《初编》,对其有所了解,可谓是不幸中之大幸矣。同时也证明了余先生赞同目录迻录他人序跋,是多么有远见。

余先生认为刘向作叙录,与司马迁、扬雄自叙大体相同,其体制似列传,对于作者之功业学术性情,并平生轶事,凡有可考,无所不尽。汉魏六朝人们作书叙,也是以叙述作者生平事迹及其学问为主。这就能说明目录学即学术史。为了进一步证明这一结论,余先生从作者之行事、作者之时代、作者之学术三个方面分而论之。其间余先生提出的几个问题，值得注意。首先，王俭作《七志》，“不述作者之意，但于书名之下每立一传”，余先生指出此作法已变叙之名，从传之实，其原因则是叙录本与列传相近，点出传录体目录产生的必然性。其次，言及叙录在最常见的史志目录中的变化。班固取《七略》作《艺文志》，虽删去叙录，然尚间存作者行事于注中，这是为遵修史之体例；《隋志》只载官爵；宋、明史志只记姓名。从而不难看出，史志目录对叙录的逐渐淡化。《新唐书·艺文志》的作法，则略有新意，撰述人未立传者，就详注始末于《艺文志》。这些变化，对于考镜一人之流的叙录，意味着什么？后人又当作何思考呢？再次，提醒撰目录者，“自揣学识未足衡量百家，不如多考证而少议论，于事实疑误者，博引群书”。又强调作目录不同于私人著述，旨在成一家之言，必须博采众长，善观其通，贵在兼收并蓄。

对于小序，余先生认为其多推本刘、班，实因唐以前目录多亡于宋初，宋代的晁公武、陈振孙及清纪昀，各以己意编录论叙，与刘略、班志不尽相同，故不能不追溯其本源，否则难以寻考一家之源流。在阐述过程中，余先生不惜篇幅，将同出刘歆的《汉书·艺文志》小序与《让太常博士书》相比对，发现《书》则为古文争立之意多，《志》则恨传注支离之意多。这是因为刘歆明白著述与目录体例不同，虽力主古文，然《七略》立言则相对公允。余先生赞赏刘歆的做法，故言目录“只须敷事实，明白是非，言外之意读者自能得之，无取意气用声，极口诋諆”。

官修目录是目录的主流，余先生考溯其沿革变化的同时，亦颇关注私家目录的出现、发展。根据《梁书·任昉传》载，任昉“家虽贫，聚书至万余卷，率多异本。昉卒后，高祖使学士贺踪共沈约勘其书目，官所无者，就昉家取之”。余先生认为此书目是任昉私人藏书书目，是见于史书最早的私家藏书目，应是后进私家藏书目之权舆。北齐宋孝王撰《关东风俗传》，专记北齐邺下事，设《坟籍志》，唯取当时人之撰著。刘知几对此举颇为欣赏，称其深得“虽有丝麻，无弃菅蒯”之意。余先生以为后来郡县方志多志艺文，即源于此，而唯取当代人著述，则为《千顷堂书目》、《明史·艺文志》所仿效。余先生对私家藏书目以及《坟籍志》的阐述，使得读者对古代目录学的发展的轨迹有了更完整、全面的认识。此前曾称叙录略如列传，而余先生又通过列传发现了目录的线索。《魏书·孙惠蔚传》载，孙惠蔚上疏请依“前丞臣卢昶所撰《甲乙新录》”校完秘书典籍，所提卢昶《甲乙新录》仅此一见。对孙疏，《北史》删削太多，《玉海》卷五二也只有数句，《文献通考·经籍考》则不置一词。余先生在书中详录孙疏，既反映北朝目录学也在发展，也为少有记载的北朝文化增添些许内容。不难看出，由于余先生谙熟中国的历史和文化，将目录学置于其中，考镜其源流，与学术发展融会贯通，我们从《目录学发微》中学到的不仅仅是目录学。

说到类例，余先生以为刘歆《七略》将群书分为六略三十八种，晋荀勖变六略为甲乙丙丁四部，就是所谓类例，也就是分类。当时并无类例之名，此名始见于《隋书·许善心传》，而极言类例重要者，则是郑樵。余先生当然主张类例心推本于学术之源，但他从历代著目录者皆在兰台、秘阁职掌图书，在著目录时必兼计储藏之法，不像郑樵、焦竑等仰屋著书，按目分来而已，所以批评郑、焦只强调以图书内容性质分类忽略简篇卷帙多寡对分类的影响。如《史记》在《汉书·艺文志》中附在春秋类，就是因为当时史书尚少，不足以为一部。纵观中国目录的分类，从刘歆《七略》、汉魏时之四部、荀勖之四部、经史子集四部、王俭《七志》、阮孝绪《七录》、《隋志》之四部，乃至《书目答问》在四部之外，另设一丛书部，分类在变化是显而易见的。余先生强调“今之学术，日新月异而岁不同，决非昔之类例所能赅括”。他主张顺应图书的发展而变化类例，而“必谓四部之法不可变，甚且欲返之于《七略》，无源而强祖之以为源，非流而强纳之心为流，甚非所以‘辨章学术，考镜源流’也”。他赞成张之洞关于藏书家书目和读书家书目的提法，前者待图书馆学者讨论之，后者以备学术之史。二者各治其书，然而《七略》、四部之成法，都不应成为目录分类的藩篱。余先生发展的学术眼光，反映出他深得目录学“辨章学术，考镜源流”之真谛。

本书还有一点值得关注，即与正文相得益彰的自注。自注所涉内容范围广泛，注明引文出处，解释引文内容，考辨引文是非，提出引文讹误，或是正文表述的延长，甚至还批评引文作者有掠人之美之嫌等等。如文中引郑樵《校雠略》之《泛释无义论》“今《崇文总目》出新意，每书之下必著说焉”，下有注曰：“案此乃向、歆、王俭、阮孝绪之成法，安得谓《崇文总目》始出新意。樵最推重《隋志》，又尝引用《七录》，不知何以于二书所叙源流略不一考。”又如文中引日本岛田翰《古文旧书考》卷一《书册装潢考》，有注曰：“岛田氏此条，多本之汪继培之《周代书册制度考》，但稍详耳。而文中无一言及于汪氏，未免意存掠美。”又如引《史通・书志》篇“班汉定其流别，编为《艺文志》，论其妄载，事等上篇”，下有注曰：“上篇谓《天文志》。知几以为史不当有天文、艺文、五行等志，故云妄载。”以上数例抑或可以说明小注不仅能帮助我们更好地理解正文，而且带给我们更丰富的知识和有益的启示，同时不影响正文的体例。余先生对传统的自注有所继承和发展，是不言而喻的。

我们从《目录学发微》中，既能学到系统、全面的目录学知识，而且可以体察到老一辈学者严谨务实、开放的治学态度，这些都将令我们受益终生。《目录学发微》的确是一部必读的经典著述。